管理是一种风格

——彻底执行的上上策

〔英〕朱利安·伯金肖　著

郝亚洲　孙燕清　译

商务印书馆
The Commercial Press
创于1897

2012年·北京

Julian Birkinshaw

REINVENTING MANAGEMENT: SMARTER CHOICES FOR GETTING WORK DONE

This edition first published 2010 © 2010 John Wiley & Sons, Ltd.

图书在版编目(CIP)数据

管理是一种风格/(英)伯金肖著;郝亚洲,孙燕清译. —北京:
商务印书馆,2012
ISBN 978 - 7 - 100 - 08679 - 0

Ⅰ.①管… Ⅱ.①伯…②郝…③孙… Ⅲ.①企业管理
Ⅳ.①F270

中国版本图书馆 CIP 数据核字(2011)第 216282 号

管理是一种风格
——彻底执行的上上策

〔英〕朱利安·伯金肖 著

郝亚洲 孙燕清 译

商 务 印 书 馆 出 版
(北京王府井大街36号 邮政编码100710)
商 务 印 书 馆 发 行
北京市松源印刷有限公司印刷
ISBN 978 - 7 - 100 - 08679 - 0

2012 年 9 月第 1 版　　　开本 880×1230 1/32
2012 年 9 月北京第 1 次印刷　　印张 7⅝
定价:20.00 元

谨以此书献给劳拉(Laura)、罗丝(Ross)、
邓肯(Duncan)和利萨(Lisa)

前言

FOREWORD

这本书会告诉你管理是什么，它为什么如此重要，以及你如何能够认真地对待管理，为你的公司创造竞争优势。

可能你以为市面上有关这个话题的书已然卷帙浩繁，考虑到有经理头衔的人如过江之鲫，以及许多组织中存在的管理糟糕透顶。然而，事实却是专门写管理本质的管理学作家实属凤毛麟角。仅有区区几个孤独的声音——以彼得·德鲁克（Peter Drucker）和亨利·明茨伯格（Henry Mintzberg）最为显赫。他们一直提醒我们管理的重要性，但是绝大多数作者都偏向于关注那些更有诱惑力的主题，比如领导力、变革以及战略。

有两个关于管理实践的偏见能帮助我们解释为什么管理得不到应有的重视。第一种偏见认为管理是简单的、永恒的、不变的。持这种观点的人认为，人类自从金字塔时代开始就一直实践着一群人管理着另一群人的活动，而且那些合作和控制的基本任务从古至今一成不变。所以，真有什么新鲜的东西值得学习吗？

事实上，是有的。当管理的功能在岁月的更迭中未曾改变时（即什么需要被完成），但是管理的方式（即如何完成）已经发生了戏剧性的变化。同时，在今天的商界中孕育着的科技的和社会的变化将会在未来产生更加重大的变化。

第二种偏见暗示组织真正需要的是领导，而不是经理。领导力可能是当下商业书籍中最为庞大的个体种类，每一所商学院都会开设课程以帮助你提高自身领导能力。而管理则牢牢地屈身于领导力的光环下，通常被视为一项必需但却乏味的活动。

但是，领导力这位新宠并没有明显地、真正地帮助我们商业组织提高灵活性或者竞争力。事实上，如果说今日商界问题之所在，当属公司不能像他们应该的那样，将其伟大计划有效地贯彻落实。这是目标与实现目标的能力之间的差距。而我相信，能够填补这个差距的正是管理工作，即通过他人完成任务的学科。

换句话说，管理与领导力同样重要。他们是拉着同一架马车的两匹马。我们需要给予管理更多的重视，这样才能将其拉回到和领导力平等的位置。

我展开自己的有关管理的研究始于五年前，那时我首次与加里·哈梅尔（Gary Hamel）合作，加里是伦敦商学院的访问教授，也是一家位于芝加哥的咨询公司 Strategos 的创始人。我们都对帮助公司提高对变化的适应能力以及变得更有企业家精神而怀有浓厚的兴趣。很快地，我们达成了共识，认为一个阻碍变化的最大路障就是绝大多数大公司惯用的陈旧的管理方式。于是，管理创新实验室（Management Innovation Lab，MLab）的概念应运而生，并得到了伦敦商学院、瑞士联合银行（UBS）、大卫和伊莱恩·波特慈善基金（the David and Elaine Potter Charitable Foundation）、英国特许人事与发展协会（CIPD），以及管理研究高级研究所（AIM Research）的支持。

我们决定 MLab 的使命就是"加快管理的进化进程"。许多人在听到我们向他们解释这个概念的时候都迷惑不解。你如何能够改革管理？到底什么是管理？你确定你说的是领导力，而不是管理吧？所有这些陈旧的偏见全都浮现出来了，但是我们丝毫不动摇。一开始，我们和少数几家具有革新意识的公司合作，帮助他们天马行空般地大胆设想具有创新性的管理方法，然后付诸实践。我们和世界上几十家公司的管理创新者建立关系——这些人曾经亲自部署自己试验性的管理方式，并且想借此来确认这些方法是不是确实有效。

两年前，我和我的同事迈克尔·摩尔（Michael Mol）共同出版了《追求卓越：150 年来最伟大的 50 项管理创新史》（*Giant Steps in Management*）。此书旨在梳理解读管理创新的历史——50 个关键创新，包括全面质量管理（Total Quality Management）、品牌管理（Brand Management），以及作业成本法（Activity Based Costing），是如何影响作为一个领域的管理学的发展进程的。我们有兴趣理解个体创新是如何发生的，以及它们又是如何共同作用，（在 150 年的时间里）给管理工作的本质带来了一个转型。

而在本书里，我转而关注未来。不再是关注个体的管理创新，我此次聚焦于我称之为公司的管理模式——由公司高层作出的、有意识的选择，旨在定义工作如何得以完成的。我相信简单地寻找改进单个管理元素的方法，比如提高薪酬管理体系，或者使计划系统更加有效，是不够的。与此相反，我认为挑战在于想出如何能够让这些谨慎英明的若干选择能恰如其分地在一起发挥效应，以及解决你的管理模式，作为一个整体，如何支持，并且丰富你的公司战略。

这本书向你提供了在公司中开展重塑管理活动所需的框架结构和工具。它将会描述公司用以协同活动，作出决策，设定目标，以及激励员工所需的整套方式方法。它也会帮助你作出更加明智的决定，前提是在你身处的特定的外界环境中，以成就你梦想成真。

致 谢

SEND THANKS

这本书是逾五载之劳作一点一滴累计而成，其中包含了与数以百计的高管访谈和与数十位同僚同仁的长谈。尽管若将每一个帮助我完成这本书的人一一列出，唯恐挂一漏万，但是我依然乐意对那些赐予我灵感与洞见的主要提供者表示感谢。

加里·哈梅尔是让我踏上这条旅程，并最终成书的那个人，当时我们于 2004 年第一次谈及对管理革新的需求。我帮助加里创立了管理创新实验室，经过多年的努力它已然成为我们试验和汇聚思想的重要载体。本书中的许多观点就是来自与加里的谈话，对此我深表感谢。同样我还要感谢其他参与到实验室中的成员：朱尔斯·戈达德（Jules Goddard）、杰里米·克拉克（Jeremy Clarke），艾伦·马查姆（Alan Matcham）、莉萨·瓦利肯盖斯（Lisa Valikangas）和斯图尔特·克瑞纳（Stuart Crainer）。实验室获得了由 UBS、大卫和伊莱恩·波特慈善基金（The David and Elaine Potter Charitable Foundation）、英国特许人事与发展协会，以及管理研究高级研究所(the Advanced Institute of Management Research)提供的赞助。

对于所有帮助过我将思想形成文字,并且准备在学术和管理类期刊上发表的共同作者们,我深表感谢。一些我们共同创作的论文在本书中明确被引用;其他论文则对本书有着更加间接的影响。所以,感谢蒂娜·安博斯(Tina Ambos),西里尔·布凯(Cyril Bouquet),安德鲁·坎贝尔(Andrew Campbell),克丽丝·吉布森(Cris Gibson),朱尔斯·戈达德,休·詹金斯(Huw Jenkins),莫滕·汉森(Morten Hansen),苏珊娜·海伍德(Suzanne Heywood),苏珊·希尔(Susan Hill),以及迈克尔·莫尔(Michael Mol)。

在准备撰写此书时,我采访了大概两百位企业高管。尽管我没有很好地保存所有采访记录,但是我很愿意感谢以下向我提供了有益案例或者洞见的人:弗朗西丝卡·巴恩斯(Francesca Barnes)、托德·贝迪利翁(Tod Bedilion)、埃德·贝文(Ed Bevan)、蒂姆·布鲁克斯(Tim Brooks))、兰迪·蔡斯(Randy Chase)、杰克·休斯(Jack Hughes)、利安尼·伊登(Lianne Eden)、哈里·哈里哈伦(Hari Hariharan)、莫德斯塔斯·吉尔布达斯(Modestas Gelbudas)、杰夫·霍伦德(Jeff·Hollender)、拉里·休斯顿(Larry Huston)、休·詹金斯(Huw Jenkins)、P. V. 坎南(P. V. Kannan)、特里·凯利(Terri Kelly)、格雷厄姆·基尔(Graham Kill)、拉斯·科尔林得(Lars Kolind)、斯里尼瓦斯·寇西克(Srinivas Koushik)、约翰·麦基(John Mackey)、德娜·麦卡勒姆(Dena McCallum)、吉姆·麦基翁(Jim Mckeown)、迈克尔·莫利纳罗(Michael Molinaro)、苏内儿·杰雅思·诺拉威尼(Sunil Jayantha Narawathne)、维尼特·纳亚尔(Vineet Nayar)、希拉里·纽伊迈耶(Hillary Neumayr)、杰里米·帕尔默(Jeremy Palmer)、约翰·铂金斯(John Perkins)、戴维·波特(David Potter)、罗宾·布拉特(Robyn Pratt)、荷马·拉威钱德拉(Hema Ravichandrar)、布鲁斯·雷纳(Bruce Rayner)、彼得·罗宾斯(Peter Robbins)、艾瑞克·施密特(Eric Schmidt)、阿特·施耐德曼(Art Schneiderman)、罗斯·史密斯(Ross Smith)、托尼·斯塔德勒曼(Toni Stadelmann)、亨利·斯图尔特(Henry Stewart)、克劳迪厄斯·萨特(Claudius Sutter)、雷德·韦(Reto

Wey)、麦克·温(Mike Wing)，以及戴维·袁(David Yuan)。

在过去的十年中，我以伦敦商学院作为我职业的家园，它为我写书的过程提供了最完美的环境。它既要保证学术严谨又要与管理实践相关的双重重点帮助我的思想一方面尽可能地务实，另一方面不会与我所依靠的学术辩论失去联系。所以我要谢谢劳拉·泰森(Laura Tyson)院长、罗宾·布坎南(Robbin Buchannan)院长，和安德鲁·李可曼(Andrew Likierman)院长，同样需要感谢那些帮助我成书的同事们，他们是琳达·格拉顿(Lynda Gratton)、迈克尔·雅各比蒂斯(Michael Jacobides)、科斯塔斯·马克蒂斯(Costas Markides)，法尼士·普伦南(Phanish Puranam)，唐·萨尔(Don Sull)，以及弗里克·弗穆尔伦(Freek Vermeulen)。当然了，休曼特·戈歇尔(Sumantra Ghoshal)也是我在伦敦商学院头几年对我影响极其深远的人物，他的离去对我们所有人而言都是一个巨大的损失。我的正式雇主，斯德哥尔摩经济学院(the Stockholm School of Economics)、多伦多大学(the University of Toronto)以及毅伟商学院(the Richard Ivey School of Business)都在这本书得以完成的过程中发挥了重要的影响。

实际上，这本书的写作过程非常之快，从2009年7月中旬到10月初仅用了大概3个月的时间。如此迅速的产出，若无卡伦·夏普(Karen Sharp)的巨大投入和努力是断然不可能实现的，卡伦将我的初稿转化成流畅连贯、可读的文本。她也在若干公司案例分析中作出过突出贡献。如此高速的写作过程的另一个原因是管理创新实验室早先整理的、大量的案例研究。为此，我要特别感谢斯图尔特·克瑞纳(Stuart Crainer)、德斯·蒂尔乐弗(Des Dearlovr)以及西蒙·考尔金(Simon Caulkin)的鼎力相助。此外，奈杰尔·欧文斯(Nigel Owens)、劳拉·伯金肖(Laura Brikinshaw)、阿利斯特·麦克莱伦(Allister Maclellan)，和罗西·罗伯逊(Rosie Robertson)都在写作过程中出手相助，或校订草稿章节，或帮助我做事实核查。

最后，我要感谢罗斯玛丽·尼克松(Rosemary Nixon)和凯茜·斯威尼(Kathe Sweeney)。他们在2008年夏天对最原初的动议所表现出的极大的热情，在写作过程中对我由始至终给予鼓励。

目　录

第一章

为什么管理会失败

2008 年 9 月 21 日,投资银行的终结之日。这一天,投行业里仅存的高盛(Goldman Sachs)和摩根斯坦利(Morgan Stanley)主动转型,成为了商业银行。而就在一周之前,雷曼兄弟(Lehman Brothers)刚刚轰然倒塌;与此同时,美林证券(Merrill Lynch)被美洲银行(Bank of America)收购;在更早些时候的 2008 年 3 月,贝尔斯登(Bear Stearns)被 JP 摩根(JP Morgan)收购。转瞬之间,独立投行彻底成为了历史。

已经有大量的书籍和文献开始探讨这回次贷危机的根源及其相应引发的金融风暴。显而易见,我们可以归咎为宏观经济政策的失败,整个市场经济运转系统的问题。同时,评级机构、监管机构、央行决策层,甚至是律师事务所会计师、商学院,都一并成为了这次金融风暴的责任者。但是,很少有人会认为传统投资银行的猝死也是一次管理的溃败。

当然,我这么说并不是想要为 CEO 开脱责任。毕竟斯坦·奥尼尔(Stan O'Neal,美林证券)、查克·普林思(Chuck Prince,花旗银行 Citibank)和彼德·武夫利(Peter Wulfli,UBS)曾经对已经在公司内部蔓延的危机视而不见。雷曼兄弟正是在迪科·福尔德(Dick Fuld)的引领下,迅速成长后戏剧性死亡。

但是,投资银行业的"管理的溃败"远不只是几个 CEO 个人的失败。投资银行的管理模式鼓励银行家们投机,允许他们将个人的利益置于员工和股东之上。事实上,这种因为管理模式的弊端而承受痛苦的公司,又何止投资领域呢。

雷曼兄弟之死

曾经产生过巨大价值的雷曼兄弟就这样在短时间内烟消云散了。1993 年,雷曼迎来了华尔街的传奇人物迪克·福尔德,他被称为"命令和控制型 CEO 的典范"。[1]福尔德鼓励自己的经理人团队尽忠,他的管理风格咄咄逼人,极具侵略性。"他的风格就是灾难的隐患。因为没有人敢于挑战他的权威,即使老板的决定是错误的,或者明知事情在向错误的方向发展。"一位曾经在雷曼工作的雇员说。

灾难终于出现了。2007 年,雷曼获得了 42 亿美元的利润,但这是他们置资本的必要标准而不顾,一味追求高风险、低回报的结果。当次贷危机爆发后,问题暴露了出来,雷曼才发现自己如此脆弱不堪。福尔德曾经试图寻找财力雄厚的竞争对手谋求合并,但是他无法接受对方开出的过低的估值,终于,在 2008 年 9 月 15 日,雷曼申请了破产。

雷曼失败的深层次原因究竟是什么? 迪克·福尔德积极进取的管理风格并不能完全作为解释,我们需要深入到企业管理体系的运作层面才能知道,到底发生了什么。

- **糟糕的风险管理**　和大多数竞争者一样,雷曼并没有意识到按揭证券的风险。更重要的是,没有人对这些产品的风险负责。由于总是依赖条条框框,而没有运用个人的判断去仔细考量环境的变化,雷曼作出了很多错误的决策。
- **不当的激励措施**　雷曼的员工深谙如何让自己的红利最大化,同时,他们也知道这样做会损失掉股东的长期利益。这种行为使得雷曼的激励措施出现了问题。比如,员工的工作目标往往是基于总收入，而非利润。并且，他们的个人回报优先于团队回报。

- **缺乏统一的愿景** 雷曼曾经计划在 2012 年成为行业内的龙头，但这不是愿景，而是一种取得行业领导者地位的欲望。雷曼并没有为自己的员工提供内在的工作动力，即员工并不是为了内心上的满足而工作。相反，他们辛勤工作是为了超越对手，这是外化的工作动力。这种情况下，愿景自然很难达到统一——纽约和伦敦两家分公司长久以来就在进行着明争暗斗。

当然，雷曼兄弟并非管理模式失败的孤证。雷曼的模式，它作为独立经纪商的脆弱本性，以及在面临次贷危机时暴露出来的种种问题，这些要素综合起来导致了雷曼最后的溃败。

重要的是，如果有一种更加有效的管理模式的话，一切都将变得不同。然而，现在看起来，管理已经不再是什么重要的事了。当我们谈到管理模式的时候，就意味着我们必须作出选择，用何种方式完成组织目标。关于投资银行的一个小秘密就是，它们的管理水平远远低于它们客户的。比如，业内的人士会因为技术能力而受到激励，而非管理能力；富有侵略性和威吓性的工作作风会受到包容；不鼓励有效的团队工作和观点共享。

其实，这些都不是新问题了。早在 2002 年，《经济学人》在一份银行业报告中就称投资银行"正处于最糟糕的管理状态中"。[2] 而回溯到 1993 年的那次金融危机，一位美国顶级投行的 CEO 在备忘录中记录了自己公司所有的管理问题，并写到"管理是最不可或缺的部分"。[3] 然而，扭曲的事实却是，数十年来，投资银行都在忽视管理，它们依然获得了最丰厚的利润。也许正因为这种可以轻易获取的回报，掩盖了管理上的漏洞。不过，2008 年的金融危机还是让所有的问题暴露于阳光之下。

通用汽车的破产

一定要明白，这种在设计上天生畸形并被糟糕执行的管理模式，并非只有投资银行。通用汽车是另一家有着悠久历史，并享有盛誉，然而也在

2009年被摘掉光环的公司。通用汽车被认为是二战后时代里现代工业的翘楚，并一直在世界最重要的制造领域里担当着领袖角色。然而，从1962年至2008年，通用汽车的市场占有率从51%一路下滑到22%。来自于日本的竞争对手是给通用汽车造成麻烦的源头，尽管历任CEO都不断努力，但依然无法摆脱下滑的颓势。2008年的金融危机成为了压死骆驼的最后一根稻草：由于信贷紧缩，消费者不再购买车辆，通用汽车的现金流被切断。2009年3月31日，公司申请了破产。[4]

　　和大多数情况一样，通用汽车的失败正是源于其早期的成功。阿尔弗雷德·斯隆（Alfred Sloan）创造性地确立了多支分机构以及专业化管理的公司模式，从而使通用汽车一举奠定了领导者地位。通过创建以目标效益为责任的半自治机构，以及组建了专门负责长期目标的公司骨干团队（这就是斯隆提出的著名的"集中政策控制下的分散经营"组织机构模式。——译者注），斯隆领导下的通用汽车很好地解决了规模经济和范围经济无法融合的难题。毫不夸张地说，通用汽车是两次世界大战期间管理最出众的公司。通用汽车的管理模式随着斯隆写的《我在通用汽车的岁月》（*My Years with General Motors*）和彼得·F.德鲁克（Peter F. Drucker）写的《公司的概念》（*Concept of the Corporation*）而被广泛传播。[5]

　　那么，通用汽车到底是哪里出问题了呢？这家公司是标准的官僚体制，有着清晰的等级制度、标准化的投入和产出。很多年来，甚至在通用汽车在供应链和消费者中占据主导地位的时候，这套官僚机制都运转得良好。1967年，经济学家约翰·肯尼斯·加尔布雷斯（John Kenneth Galbraith）在他那篇颇有影响力的论文《新工业国》（*The New Industrial State*）中是这样提及通用汽车的：

　　　　决定生产什么的主动权并不再希望通过市场向生产体系下达指令，从而满足自身需求的消费者，而是来自于希望控制被假设为服务对象的市场大型生产组织。[6]

这样的模式在三巨头时代里一直占据行业里的主导地位（三巨头是指通用、福特和克莱斯勒三家底特律汽车制造商。——译者注）。但是，随着1973年石油价格的波动、日本竞争者的崛起，以及消费者主权的再现，改变了这一切。在这样的情况下，作为通用汽车优势的形式化和程序化驱动的等级制度反而成为了劣势——新车型研发速度过慢，设计保守成本过高。1988年，通用汽车前副主席埃尔默·约翰逊（Elmer Johnson）在他那著名的备忘录中就曾十分清晰地总结了这些问题：

> ……我们面临的最严重的问题属于组织和文化方面的。

> ……因此，我们期待的更广范围内的变革就依赖于对500位公司高层进行根本性的文化转变，部分地改变这些人的会员身份，改变政策，改变流程，以及让当下思想得以强化的机制……我们的委员会和政策会议只不过是消磨时光的例行公事而已……我们的文化不鼓励公司高管之间可以公开地、坦诚地探讨问题的解决之道……500位高管中的大部分人每两年就换一次工作，他们没有担负长期项目的责任感。在某种程度上，他们就像联邦官僚机构中被选举或者被指定的官员。他们的来来去去对整体的运营影响不大。[7]

曾经的美国总统候选人罗斯·佩罗特（Ross Perot），在20世纪80年代将自己的公司EDS（电子数据系统公司）卖给通用汽车的时候，有过类似的表达，只不过他说得更加直白："在通用汽车，压力并不在于获取胜利的结果，而是来自于官僚制度和被整个的通用汽车体系认可。"[8] 换句话说，通用汽车正在被二战后赖以成功的要素所拖累——形式化的流程、审慎的计划、冷静的决策和日益牢固的公司层级制度。

现在说起来这些，也是人所共知。需要指出的是：通用汽车的破产和雷曼的倒闭一样，在很大程度上是管理模式的失败。但是，通用汽车和雷曼所犯的错误又截然不同：

- 雷曼通过外在的、物质的奖励来刺激员工，并且鼓励个人主义和冒险精神。通用汽车的员工薪水不高，但他们都热爱汽车工业。

公司会提拔有风险规避意识的忠心耿耿的员工。

- 雷曼通过信息系统实现合作和决策。通用汽车强调的则是流程和规则。

- 雷曼没有清晰的目标意识或者说更高级的使命感。通用汽车则有一个很明确的长期愿景——成为交通运输制造业的领导者。

和雷曼一样，通用汽车的失败可以归咎为很多原因。其中一些是外力，就通用汽车而言，比如日本的竞争者、油价的攀升。就雷曼兄弟而言，就是漏洞百出的体制和政策。

在这本书中，我要表达的观点却是，我们必须要学会向内看，看到公司潜意识中接受或者不接受的各种管理模式。我们将很快地考察何为管理模型，但是目前来说，我们认为就是让组织完成任务的一系列选择。管理模式一旦选择得好，就自然成为了企业的竞争优势；然而，一旦选择错误，企业也必将走向毁灭。雷曼和通用汽车用殊途同归的方式为我们说明，坚持一种早已过时的管理模式会为企业带来怎样的风险。安然和泰科的破产也是很好的例证。

令人失望的管理

今天，我们都知道管理就是努力去完成计划中的事情。但是，我们也看到了一种对管理失望的情绪在逐步蔓延。以下是一些例证：

- **管理作为一个职业，已经不再被尊重。**2008 年，盖洛普公司（Gallup）做了一份关于诚信和道德的问卷调查，受访者来自于 21 个不同的职业。仅仅有 12％的人认为商界的管理者有着高或很高的诚信度，这个比率一直以来都很低。这些老板们，只有不到 37％的人不是律师、政党领袖、房地产商、建筑承包商和银行家。[9] 在 2009 年，由《今日管理》做的一份调查中显示，31％的受访者对他们商业团队的信任度不高，或者干脆不信任。[10]

- **员工和他们的老板相处并不愉快。**人们在和谁交往的时候最快乐呢？根据经济学家理查·雷亚德（Richard Layard）关于幸福学的研究，[11]朋友和家人是排在第一位的；老板则排在了最后一位。雷亚德发现，人们宁愿独处，也不愿意和自己的老板交流。这是对管理职位的最大控诉。

- **缺少积极的角色模范。** 大家都知道为什么《呆伯特》（Dilbert）一直以来都这么畅销，也知道为什么情景喜剧《办公室》（The office）在大西洋两岸会大受欢迎，因为它们表现得都很真实。《呆伯特》里的尖头老板是一个以自我为中心的傻瓜；迈克尔·斯科特（如果你看的是英国版，这个人应该是戴维·布兰特）是一个没有自觉意识、智力总不及自己下属的人。如果这两个人物作为"管理者"形象而深入人心的话，问题就会很严重。有趣的是，"领导者"的概念有着更加吸引人的内涵，并且会成为积极的角色模范。不过，马上我就要开始讨论领导者和管理者的区别了。

除了在情景喜剧和连环漫画里，老板是不会一大早就想"今天我就要扮演混蛋的角色，我要让我的员工感到痛苦"。但是，其他的一些行为却收到了这样的效果。因为，老板就是工作环境的缔造者，这个结果是在过去大约150年中形成的。然而，一个尖锐的现实是，现在的大型商业组织已经成为了磨耗我们工作生命的地方。恐惧和不信任已经成为普遍现象。敌意和令人厌恶的行为被纵容。创新和激情被压抑住了。好的一面是，提升和改善的空间巨大。如果我们愿意做一些管理实践上的改进的话，无论是对勇于实践的公司，对于员工们，还是对整个社会，终将获得巨大的回报。

显然，目前并没有现成的解决之道可供参考。许多思想者和商业上的实践者都在面临一系列同样的问题，然后收效甚微。应该至少认识到这是值得我们为之努力的。从大的图景来看，管理已经失败了，雷曼和通用汽车的员工和股东可以证实这一点。从个人层面来讲，管理也失败了，我们每个人都能看到这一点。

我们必须反思管理。我们需要帮助管理者们找到最好的管理方法，帮助员工担负起责任,这些都是管理者本应该做到的。这些都是本书将要着重解决的挑战。

管理的堕落

　　管理究竟出了什么问题?我们不能简单归咎于少许几位不靠谱的管理者或者一些错误的决策,甚至是某些特殊的行业或者公司。这是一个系统性问题,需要重新回溯。大公司的管理者可能会被首当其冲地视为主要责任者,但是作为管理体系中的一部分的政策制定者、监管者、学者以及咨询顾问,也都难逃干系。

　　在讨论管理的问题之前,先明确何谓管理。从玛丽·帕克·芙丽特(Mary Parker Follett)、亨利·法约尔(Henri Fayol)、切斯特·伯纳德(Chester Barnard)到彼德·德鲁克,亨利·明茨伯格(Henry Mintzberg)、到加里·哈梅尔(Gary Hammel)都就这个概念提出了自己的看法。不过,在此为了简单起见,我引用的是维基百科中的定义:

　　　　管理就是一种将人们聚集起来共同完成期待的目标和项目的行为。

　　如果用少许的时间来想一下这句话,就会发现其中丢失了很多要素:没有提到计划、组织、员工、控制以及和管理相关的其他种种行为。没有提及公司和集团,更没有丝毫涉及等级和官僚。它只精确地表明了一点,管理是一个社会行为,就是把一群人组织起来,让他们实现依靠个人无法实现的目标。一位足球教练员也是管理者,正如乐团的指挥和童子军的领袖。我们在商业语境中讨论这个概念之前,需要先搞明白它在普遍语境中的含义。

　　作为一种社会行为和哲学,管理在过去的 100 年中已经堕落了。我所说的堕落,并非是指做了不道德的事或者撒了谎(尽管最近几年出现了大量管理者出现道德问题的案例)。而是说这个词汇已经被"污染"或"感染"了。和维基百科或者韦氏字典中的定义相比,它在口语的应用中演变成了更为狭隘和具有贬义色彩的词。在和人们聊天提及,或者在书中读到这个术语的时候,我注意到管理者常常被视为"关注内部,着重于运营细节,控制和协调下属的工作,搞办公室政治"的小官僚。[12]

不管正确与否,起码这是一个大众化的观点。但是,对管理本质的认识却过于局限了。当这样的认识反馈到了工作的层面,就使得管理在实践中走入了越来越窄的路径。这就是我为什么说这个词已经堕落了的原因。

这种堕落的原因主要有两点:

大型工业公司成为主流,其管理模式自然也就成为了主流。仔细阅读商业史的话,就会发现我们今天还在为之工作的大型公司已经存在150年了。1850年的时候,美国90%的白人男性或是作为农民,或是作为商人,或是作为手工艺者为自己工作着。同时在英国,最大的公司已经有300名雇员了。[13]但是在19世纪的后期,随着磨粉机、铁路、钢铁制造商和电力公司的相继涌现,工业革命成为了工作和组织性质发生巨变的导火索。在弗雷德里克·泰勒(Frederick Taylor)、吉尔勃斯夫妇(Frank and Lilian Gilbreth)和亨利·法约尔(Henri Fayol),这些管理先驱的帮助下,公司形成了规范化的架构、流程和沿用至今的层级体系,以适应高效、低成本的标准化生产。

这种工业管理模式取得了巨大的成功,在20世纪里,成为了推动经济发展的关键驱动力之一。[14]但是,这种管理的概念有一个负面的影响,因为它总是和大型公司中的等级制度、官僚模式紧密联系在一起。甚至是在今天,当提到管理这个词的时候,人们的脑海中还会浮现出等级、控制、正规化流程的画面,而这些和这个词汇暗含的意义又相去甚远。从1920年代开始,"管理"就和"大型工业公司"缠绕在一起,时至今日仍然密不可分。

如此狭隘的管理模式会带来很多麻烦。首先,它让我们一叶障目,看不到存在着的其他模式。体育队、社区、救助组织甚至是家庭,都和大型工业企业有着截然不同的运营规律。这些规律在今天都有着潜在的作用。有意思的是,管理思想家玛丽·帕克·芙丽特(Mary Parker Follett)早在 1920 年代作为波士顿社区组织者的时候,就表达出了关于授权和信任问题的先见之明。[15]同时代的其他学者都在研究大型工业企业,而她却专注于志愿者组织。当她提出了新奇的,并且在日后逐渐展示出影响力的关于管理会在更广泛的社会环境中适用的观点的时候,也就显得不足为奇了。我们需要更多的管理学者像她一样,去理解一些这种替代性的背景环境。

关于管理的狭隘认知对我们造成的另一个错误的认知是,大型工业企业和其他组织形式相比具有先天性优势。诚然,在工业革命中,这样的管理模式对规模经济和范围经济具有很好的适应性。但是,如果认为规模化生产就是工业组织的唯一模式的话,就是在错误地认知历史了。[16]在"历史进入大规模生产时代"一文中,学者查理斯·萨伯尔(Charles Sabel)和约翰逊·蔡特林(Jonathan Zeitlin)提出了在工业革命期间存在多种组织形式,包括由相对独立的公司组成的联盟,它们在一个自治区里协同合作,或者通过家庭关系和交叉持股,松散地联合在一起的中小型公司。像德国的巴登—符腾堡、意大利的爱米利—罗马涅这类通常集中在"工业区"的模式在 19 世纪末期非常有效,有一些延续到今天。萨伯尔和蔡特林并没有暗示是规模化生产将我们带入了歧途。准确地说,他们是为多元化而争论,其目的是出于认清各种管理模式——而并非一个层级分明的组织架构——具备了他们各自重要的价值。历史的经验对当下依然适用。

领导力应该通过管理来得以强化。第二个对管理造成冲击的原因是"领导力"作为一门学科强势地出现了。专门论述领导力的书籍出现于战后,蓬勃发展于 20 世纪 70 年代,更是成为了一种近期的现象。然而,经典的商业管理的文献至少在 100 年就出现了。今天,论述领导力的图书要远多于其他分支学科的书。除了像彼德·德鲁克和亨利·明茨伯格这样执著于管理本身的少数作者,在大部分的图书中,管理都要让位于领导力。

很清楚到底发生了什么。尽管在 1970 年代还很难理解,但现在,的确有很多研究商业的作者不得不削弱管理的角色,从而为领导力腾出更多的空间。在新的世界观中,管理者都是消极的、死板且狭隘的。领导者则是理想的变革实干者。领导力概念的革命带来的后果是可想而知的:人们对这个新颖、性感的思维方式蜂拥而至,同时造成了管理的倒退。举例而言,我每年都会被要求给我的员工写鉴定,其中一个问题是:"领导者和管理者是不一样的。这个人是领导者吗?"在这里臆测一个讨喜的回应是毫无益处的。这种对管理工作的简单直接的否定,直接影响了人们对于这两个概念的思维路径。

让我们看看在领导力和管理之间该如何辨别。表 1.1 是约翰·科特(John Kotter)和沃伦·本尼斯(Warren Bennis)两位最具影响力的领导力大师的观点。科特认为管理者的职责是计划、预算、组织和控制。而领导者的职责是设定方向、管理变革和激励员工。本尼斯认为管理者的职责是提高效率、遵守规定、接受现状。领导者则专注于改变规则,提高效能。无需多说,我认为这样两分法的观点是不准确的。坦白来讲,是鲁莽的。难道"激励员工"不是管理者的职责范围吗?"正确地做事"和"做正确的事"虽然是个有意思的文字游戏,不过并不能对于我们的正确理解有什么帮助。难道我们做的不是这两件事情吗?

表 1.1 领导力与管理相比较[17]

	管理者的角色	领导者的角色
沃伦·本尼斯	关注效率 接受现状 正确地做事	关注有效性 挑战现状 做正确的事
约翰·科特	处理复杂局面 计划和预算 控制和解决问题	处理变化 确定方向 激励员工

勤于思考的人正确的时候要比错误的时候多,现在,科特和本尼斯就变聪明了很多。他们从逻辑上很好地回应了我的批评:即"领导者"和"管理者"是同一个人在不同的时间里扮演的两个角色。我可以在早上以领导者的姿态宣布明年的计划,然后在下午以管理者的身份完成季度预算。

这样说的确可以解释得通。但是，我依旧认为夸大领导力在管理中的地位是没有什么好处的，因为管理——作为职业和作为概念来讲——对于商业世界来讲是极其重要的。我们应该努力将其强化，而不是削弱。

以下是我对于领导力和管理的看法。领导力是一个社会影响力的过程：它和一个人利用自己的个性、风格和行为来影响别人追随自己有关。管理则是将人们聚集在一起完成既定目标的行为。再进一步进行完全的区分，有人可能认为领导力就是说什么和怎么说，管理则是做什么和怎么做。我不会在两者之间分出孰优孰劣。领导力和管理本来就是互补的。

或者再简单来说，我们既是领导者也是管理者。我们需要通过理念、言语和行动去影响别人。我们也需要脚踏实地地将工作完成。

巴拉克·奥巴马（Barack Obama）是如何赢得总统竞选的？诚然，他拥有一个管理有序、具有创新能力的竞选阵营，但是我认为是他的领导力——他的愿景、魅力——起到了重要作用。也许，我们可以认为他的成功有 1/4 来自于有效的管理，3/4 来自于他的领导力。但是，现在他要在办公室中作出相应的改变了，兑现竞选时的承诺，解决矛盾以及摆在办公桌上需要优先处理的事务。我相信此刻他的工作要依靠 3/4 的管理和 1/4 的领导力，他的成败与否将主要依赖于他作为管理者的素质。

小结：管理的概念在过去的岁月中逐渐堕落，部分是因为大型工业企业的成功以及其特定的管理模式，部分是因为领导力在管理中比重的增加造成的泛滥。为了扭转局面，我们必须让管理走出这条死胡同。重新发现这个词的原意，并且提醒自己领导力和管理是两驾马车。

变革世界中的管理

目前为止，我已经描绘了一幅黑暗的前景，至少在一段时间以内，会更加黑暗。如果仍然像战后时代里，商业世界是可以被预知并且稳固的话，管理的失败算不了什么大事。但是自那以后，这个世界发生了重大变化。商业环境里的主要变化有证可查。我们虽不必深究细节，但是依然值得总结：

- 我们真处在经济和政治变革的时代，是世界经济被日益整合，从前封闭的区域开放了新市场，新的正在使用的和我们不同的操作规则的竞争者出现了。
- 我们身处信息交互的革命之中，它使得"世界计算机"[18]出现，并为我们提供了获取前所未有的信息的入口。
- 我们已经经历过很多次社会变革：人们的寿命和工作时间更长，但是人们更加忠诚于自己的职业身份而非为之效力的机构。他们力图沉浸于工作，而不是仅仅为了报酬。

这些趋势导致了公司的经济逻辑发生了根本性变化。在传统模式中，资本是稀缺资源，战略的任务是有效地将投入转变成产出。今天，知识是稀缺资源，企业的成功不单单依靠于效率，还有创造力和革新力。

这些趋势也让管理的本质发生了变化。全球化竞争的蓄势待发使得我们熟悉的传统的盎格鲁—美洲模式向本土文化规则转变，成为了必然。拥有自己生产资料的"知识工作者"的崛起，已经改变了老板和雇员之间的关系。互联网的发明使得分散在各个习俗环境中的人们可以接触到信息，并在一起工作。而这，在以前是不可能的。

当然，因人而异。这些趋势可能是威胁，也可能是机遇。说它们是威胁，因为回到传统的管理模式会更加困难。说它们是机遇，因为崭新的工作方法正在我们眼前勃兴。

不管怎么样，管理的再创造势在必行。但是，随着技术、经济和社会变革的进行，这项工作变得日益紧迫。我们会在前几章里里介绍这些话题，并且针对它们在管理中的应用展开讨论。

再造管理

管理的未来在哪里呢？在这些挑战面前，管理是否能被重新塑造成为一个原动力，更加有效地促进经济发展，同时更加积极地对员工需求作出反应？

有一种观点认为管理不能够被重新塑造。此种观点归结如下：根本来讲，管理就是个人之间如何共同工作，并且社会交往的基本规则数百年来没有发生变化——的确如此。商业的环境是既定的，管理的规则——我们如何设立目标，有效协作，监督工作——从来没有发生过改变。例如，斯坦福大学教授哈罗德·李维特(Harlold Leavitt)的新书《从上至下》(*Top Down*)列举了金字塔结构(hierarchy)的例子：

> 金字塔结构已经建构人们的行为几个世纪了。人们在将自己藏在普通人的外套下只是为了在众生平等的文化里做好生意，但是千万不要把你蒙蔽了……金字塔结构保留住了每一个人类大型机构的基本形态。[19]

其他几位顶级思想家，比如亨利·明茨伯格和彼得·德鲁克，也表达了类似的观点。在明茨伯格的新书《管理》(*Managing*)中，他认为管理工作的本质在过去几十年中几乎没有发生改变："随着时间推移，经理应付着各种各样不同的事情，但是却没有更换过不同的管理手段。管理工作本身丝毫没有变化。"[20]的确，一个有趣的现象就是绝大多数在管理上的重大革新——研发的工业化、规模化生产、去中心化、品牌管理、现金流折算——全都发生在1930年以前。大多数近期革新，比如六个西格玛、平衡记分卡、重组工程充其量不过是那些既有想法的一些边际性进步，而不是真正彻头彻尾的全新概念。由此想开去，我们可以这样给管理的进化下结论，那就是这个过程或多或少表现得行将就木，套用福山(Francis Fukayama)的一句名言，从管理进程的角度，我们业已来到"历史的终点"。

但是，我们并没有。对于持有人类行为的基本法则将不会改变这种观点，的确有它一定的合理性。然而，管理实践却是极大程度地具体情况具体分析，而且随着商业组织属性的演进发展，管理也将会随之而变。的确，在大型组织里总会有某种金字塔结构的需求存在，但是那种金字塔的本质，我们在第四章将会涉及，却能够发生戏剧性的潜在变化。

我不敢苟同"管理无法重塑"这个观点的另一个原因是,实践中一定有一个更好的途径去经营大公司。本章第一部分记录了一些迄今仍存在的管理问题,我相信我们不能自欺欺人地接受目前这样的现状。

另一派思想主张我们正处在创造一个全新管理模式的风口浪尖上。这个观点的逻辑是这样的:今天我们所知道的管理是为了工业革命时代应运而生的,当时资本还是一种稀缺的资源。而今天,稀缺资源是知识。企业赢得先机并不是依靠高效工作,而是不断创新,先发制人。至关重要的是,信息技术革命使全新的工作方法浮现成为可能。MIT 教授汤姆·马隆(Tom Malon)毫不含糊地表达了这样的观点:

我们正在另一场革命的初期阶段……这场变革必然会导致我们对于控制的理解发生一次更加剧烈深远的转变。有史以来,技术第一次让我们获得大型组织的经济效益,同时不用放弃那些小公司才具备的人类权益。这场变革已经开始。[21]

许多其他作家也有类似评论。比如,技术作家霍华德·雷格(Howard Rheingold)观察到"(由新技术产生的)最深刻的变革将会来临,像他们一贯的连带反应一样,开始于社交关系、企业、大众传播,以及基础设施铺陈完备的各级市场"。[22]《连线杂志》(*Wired*)编辑杰弗·豪(Jeff Howe)指出由互联网驱动的众包现象"将会改变工作和创新的本质属性"。[23]这样的论点如此之有说服力,当我们试图紧紧抓住互联网技术潜在的延伸能力,这样的观点恰恰就是我们所能引证的。

但是问题是,我对此有一个挥之不去的担忧,那就是我们曾经讨论过这样的话题。所有那些关于去中心化和垂直授权的观点已经被辩论了很久了。《财富》(*Fortune*)曾经在 1955 年发表了一系列关于"新管理"的文章,其中就对上述主题做过讨论。从那以后,每一个时期的管理学作家,包括那些声名显赫的,比如彼得·德鲁克、加里·哈默尔、罗莎贝斯·莫斯·坎特(Rosabeth Moss Kanter),以及苏曼德拉·戈沙尔(Sumantra Ghoshal),也都对他们自己那一套革命性的变革争辩长达数年。

哈佛教授罗伯特·伊克里斯(Robert Eccles)和尼廷·诺里亚(Nitin

Nohria)在《尘嚣之上》(*Beyond the Hype*)一书中写了一篇非常有深度的评论文章。在这篇创作于1992年的文章里,二人观察到在经理中间流传甚广的"新组织"中的五个原则——小点儿要比大点儿好,多样化少点要比多点好,竞争必须被合作替代,正式权威必须消逝,以及周期时间必须越来越短。不用说,这五个原则还要广泛流传20年。而伊克里斯和诺里亚在书中提出的一个问题——我们是不是(真的)正在从一个历史时期转变为另一个,而期间我们组织和工作都在发生着翻天覆地的变化?[24]在今天听起来依旧是那么与时俱进。

到底有没有第三条路呢?我们能不能找到一条切实有用的前进路线,从而避免以上两种思想流派的极端性呢?我相信会有的。

我们无需两手一摊,说管理已亡,因为这样的态度也就是接受了管理失败这样的事实,无能为力。我们也无需从无到有地创造一个全新的管理模式——其实我们无论在理论世界,还是在实践中,都有许许多多可以指导我们的想法和洞见能够为我所用。

我们需要重新审视管理到底是什么,对此建立起一套更加全面的理解,以便能作出更好的选择。通过回顾管理的基本定义——将人们组织到一起去完成既定目标的行为——我们就能够更加清晰地勾画出有关管理行为和原则的讨论的框架。有了这个新理解的辅助,我们就能够帮助经理在所知的所有可能性情况下,作出更好的选择,而不是建议他们提出一个从来不存在的想法。

这里有一个例子。为什么我们假定所有重大决定都是由公司金字塔塔尖上的那些人作出的呢?从传统方式而言,这肯定是通行惯例。但是有没有可能那些重要决定也许可以由一些不太金字塔式或者非金字塔式的方式作出呢?答案是肯定的。事实上,已经有一些书籍整本都在阐述"大众的智慧"以及"众包"技术,这些书中的观点都在佐证群众的眼睛是雪亮的。[25]所以,如果你还假定在未来所有的决定都是由金字塔尖的那几个人作出的话,那你可就错了,不过如果你认为众包将会完全取代传统的决策制定的构架,那你也错了。

平实的真相就是视情况而定——正确的模式取决于未来客观的偶然性事件的集合,包括所做决定本身的本质属性、公司规模和背景、员工利益和能力,等等。在下一章里,我们会探讨什么是管理模式。我们搭建了一个框架,把管理的四种关键活动刻画出来,并且通过传统和替代性两类原则控制每一种活动。适合你公司的正确管理模式是建立在你在框架内能够作出最恰当的选择。

本书中的关键信息

在商业战略领域,大家都在讨论通向成功,有两个不同却互补的路径——设计一个与众不同的战略地位以及有效实施一项具体的战略。西南航空公司(Southwest Airlines)、戴尔(Dell Computer)以及宜家(IKEA)都发展迅速,是因为它们发展并捍卫了一个与众不同的战略地位。丰田(Toyota)、麦当劳(McDonald's)以及特易购(Tesco)通过比同行们更完善有效地贯彻执行它们传统普通的战略(plain-vanilla strategy)而获得成功。[26]

同样的道理也适用在管理领域:对于你将要采用的管理模型,你可以作出与众不同的选择,同时你可以拥有高素质的经理,让他们发挥所长,出色地完成工作。最终这两条路径之间不需要任何折中。业绩卓越的公司在两个方面都能做到出类拔萃。但是我所强调的是,这本书关注的是前者,即你如何在一个特定的情况下选择最好的管理模式。当然,你雇用的员工的素质,以及他们完成工作的优秀程度也很重要,但是这些问题是其他书籍所关注的主题。本书的焦点就在管理的整体构建,即我们对于如何工作所做的决定。我们通过四个相互关联的步骤作出选择(图1.1)。

图1.1 作出更加明智的选择的四个关键步骤

- **理解：在你正在使用何种管理原则治理公司的问题上，你需要做到清楚直接**。这些原则都是隐性的，而且通常是一种潜意识层面的理解，但是它们却驱动着管理工作得以完成的那些日常流程和实践。第二章描述了一个框架用以阐明这些原则是什么，并且提供了一种工具，可以帮助你诊断你的企业暗含的、固有的选择。

- **评估：你需要评估你的企业的管理原则是不是与你所在的商业环境相符合**。无论你采用什么原则，风险总是相伴左右，所以为了你能够作出明智的选择，你需要理解每一种原则的优劣。第三章至第六章将会向你介绍四种主要的管理活动（协同活动，作出决定，设定目标，激励同仁），详细讨论每一种活动的优劣。接下来，第七章设置了一个整合的框架，以一个综合的角度去审视这些选择。

- **预测和试验：你需要做好实施新举措的准备，以此作为强化你的选择的途径**。只有当你找到了将你从众人中区分开来的有效途径时，属于你的管理模式才变成一种优势来源。所以通过预测工作的新方法并且付诸试验，如此采用创新的管理方式非常重要。因此第八章和第九章就把焦点放在了如何革新你的管理模式，第八章强调了在一家大型企业的中层开始变革所产生的挑战，第九章就同一问题但是侧重从首席执行官的角度来看。第九章结尾是一个详细的管理革新流程的步骤指导。

回顾雷曼兄弟和通用

在我们继续仔细地看清楚到底什么是精确意义上的管理模式之前，让我们先花一点时间回顾一下雷曼兄弟和通用汽车的例子。我认为雷曼遭受了两个致命错误所带来的打击：它缺乏任何类别的、更高级别的愿景去引导或者激励自己的员工，并且它聚焦于外在奖赏（比如，金钱）不惜以其他一切为代价,因此耗尽了团队意识、机构建设,以及忠诚。通用汽车饱受过度官僚和管理流程过分正规之害,以及错误地相信通用能够掌控它外部的商业环境。在每一个案例的表面特征之下,实则是一种对公司管理模式隐含不宣的观点,这种观点也影响到了建立在指导方针之上的具体实践。

然而,这两家公司并不是别无选择。高盛的合伙人模式建立在非常不同于雷曼所采用的自由代理人模式的基本原则(高盛的原则取得了巨大的成功)之上。在汽车行业,丰田建立在一整套的信念之上,这就是如何从员工那里获取最优的结果,而这与三大巨头可谓大相径庭,但是通用汽车却对完全内化这些原则无能为力。的确,通用汽车无论如何也摆脱不掉阿尔弗雷德·斯隆的传统。根据彼得·德鲁克的观察,他对于通用汽车长期以来的下坡路这样评价,"对于那些通用的管理层来说,政策就是'原则',永远有效。"[27]

值得注意的是,这样的公司铸成大错却是以两种截然不同(却相互关联)方式。错误一就是管理层潜意识里假设了(错误地)在他们的行业中有且只有一种有效的管理模式,比方说,这种模式就是他们一直沿袭使用的。错误二就是不能成功地随着商业环境的改变而调整他们既有的管理模式,以至于他们早期的优势逐渐变成了负担。

实践中很容易就走上歧途。比如十年前,让许多大型公司反复称颂的就是"把市场引进来"——使用类似市场的机制去克服官僚和金字塔带来的僵化问题。这条建议就是针对像通用汽车这样的公司。它在壳牌(Shell)和其他一些公司都发挥了很好的作用,因为它们创造了类似于风险投资的种子基金体系,比如颠覆游戏规则。但是对于雷曼和其他一些投资银行来说,这却是灾难性的,这些公司将它们自己置身于市场势力之中时,这也是它们遭遇毁灭的时候。同样地,对于安然(Enron)也是致命的。换言之,这里传递的信息就是适合大型石油公司的管理模式不一定就是适合投资银行的管理模式。但是更重要的是——努力塑造一个正确的管理模式是多么的重要!

第一章要点

管理就是将人们组织在一起去完成渴望达成的目标或者目的。不幸的是,这种定义在这些年被曲解、腐蚀,其结果就是现在许多人视管理为一种狭隘且过于机械化的行为。造成这种曲解的原因主要有两个。第一,现代工业型企业的发展使人们将一个大型工厂里使用的管理风格等同于普遍意义上的管理实践。第二,对领导力的关注在升温,却以管理本身为代价,结果经过了这些年改变,造成管理岗位的职位描述变得越来越狭隘,越来越没有吸引力。

2007 年到 2008 年的金融危机是一次管理的失败,正如它也反映了政策、政府或者监管的失败。雷曼兄弟惨剧的深层次因素是一个错误选择的管理模式,这样的模式鼓励银行家为了追求自己的利益不惜牺牲他们员工和股东的利益。另一方面,通用汽车的轰然倒下是另一套完全不同的管理失误所造成的,它将遵循通用传统系统优先于应市场需要而变。方式虽不同,然而两个公司的问题都指明将更多的关注投放到大型企业的管理中去。

本书力图将管理带回它的核心焦点。其主张是,公司应该在思索改进他们的管理实践方面舍得投入,正如他们在开发新产品和服务上所作的投资一样。这样的需求既是受到我们现行管理模式中的缺陷的刺激,也是受到 Web2.0 技术带给我们的新机遇的驱动。

当下对于管理有两种观点。一种观点认为管理作为一种纪律，本质上是和以前一样的；另一种观点认为我们需要彻底地重新思考管理的基本原则。本书则介绍了第三种路径——它认为经理对于他们工作方法的潜意识决策变得越来越谨慎，而且它展示了经理如何能够在未来作出更加聪明的选择，从而积累进步的机会，同时也能够留意那些负面风险。

第二章

你的管理模式是什么？

假设如下场景：你的公司处于一个利润率一般，但是高度竞争的行业板块中，你的客户视你公司的产品为普通可流通商品，他们可能会为一个领先品牌（你的品牌并不是其中之一）支付更多溢价，而且也没有很明显的市场差异性。技术创新的空间也很小，新的想法很快会被复制。员工流失率也非常高。

你该如何竞争？你该如何获得竞争优势？

两家截然不同的企业——一家是拥有 40 名雇员的快乐公司（Happy Ltd）以及另一家拥有 5.5 万名雇员的 HCL 科技公司（HCL Technologies，后简称 HCL）——采取了全新的措施来应对这种困境。他们决定在管理模式的基础上使自己与众不同。

通过管理模式创新来构建竞争优势

快乐公司是一家由亨利·斯图尔特（Henry Stewart）[1] 创建的 IT 培训公司，该公司位于伦敦，价值 400 万美元。斯图尔特曾经有过一次失败的创业经历，因为对人非常了解，他在 20 世纪 90 年代中期决定围绕一系列鲜明的管理原则设计并构建出一家伟大的公司。其中最基本的原则就是，当人们自我感觉很好时，他们工作得也最好。管理人员因管理能力卓著而被任命的，如果雇员觉得现任管理人员不适合他们，那么他们就可以撤换管理人员。管理人员的工作就是激励并支持自己的团队，而非监视员工。新员工从不会被要求提供资质证明，而是以他们的态度、潜力以及对自己培训风格反馈的回应度来决定的。鼓励犯错，所有的主要项目都是预批准的（比如，员工可以使用自己想到的解决方法，而无需先请示经理）。

斯图尔特解释道："最激进的事即管理人员的选任应根据他们对人的管理水平。通常来说，选择管理人员是看他们的技术竞争力以及从业时间。结果，人们离开公司的一大原因事为了离开管理他们的人。"

那么，斯图尔特的创新策略在英国 IT 培训市场上表现如何呢？该公司以 98.7％的客户满意度领先于行业，而且客户满意度也是快乐公司最重要的单项绩效考核指标，因为客户满意度会带来下一步的订单。"我们的基本营销哲学是，提供一流的服务，然后等电话铃响起"，斯图尔特认为。快乐公司的培训课程价格是每天 200 英镑，是前几大竞争者每天 90 英镑收费的两倍多。在 2001 年至 2007 年间，整个行业萎缩了 30％，但快乐公司的营收却翻了番。其员工流失率为行业平均值的一半，而且还有 2 000 名顾客预约了。不出意料，该公司在之后 4 年里即可以名列英国 20 大最适合人工作的企业之一。

HCL 科技公司是一家年营业额达 23 亿美元的印度 IT 服务公司[2]（其还有一家名为 HCL 信息系统公司的姊妹公司）。维尼特·纳亚尔（Vineet Nayar）在公司任职 20 年后于 2005 年就任公司总裁（随后就任首席执行官），而他执掌后所面对的困境正如我们之前所描述的。IT 服务市场的规模在增长，但由于客户需求正变得越发复杂，而且供应商之间也没有明显差异。而且 HCL 还是二线印度品牌，IBM、EDS 及 Accenture 等巨头占据市场主要份额。

面临这一局面，纳亚尔有一句绝妙的评论：他看到 IT 服务市场正成为一个商品市场。每一家公司都宣称自己以客户为中心,但他认为,能创造出解决方案的人只有员工。他认识到,当员工们和客户互动时,能给行业带来最大价值。他说:"因此员工的质量越高,也就是他们的能力、能动性、参与度越高,他们在这一交往中创造的价值也就越多。"

让 HCL 面对这一机遇的第一步即是不再美化公司。纳亚尔解释道:"我们大部分人都在说废话,告诉每个人我们公司是多么伟大。因此我们发布了一个名为'墙上魔镜'的大概念,我们还让公司跌入凡尘。我们在所有员工面前将这一概念提出来,而且我还面见了每一位员工。这一概念释放了我从未得见、无与伦比的能量。诚实的确会获得回报。"

既然精灵已经被从瓶中释放出来,随后纳亚尔开始一项改变 HCL 整个社会架构的进程——进行所有旨在"宠溺"员工,并给予员工们以信心和技能来做到最好的事情。这些创新包括:

- **反向责任制**。HCL 在全公司范围内启动了对所有管理人员的全方位评估,并将结果公布到网上供所有人查看。大约对 1 500 名管理人员进行了这种评估,纳亚尔认定这一活动取得了巨大成功。这些调查虽然不和薪酬或升迁挂钩,但测试的公众性质则让管理人员对此足够重视。

- **平行金字塔体系**。认识到"我们沉迷于金字塔体系给予我们以确定性的想法之中",纳亚尔想要摧毁这种"一个人说了算"的概念。因此 HCL 启动了"摧毁 CEO 办公室"行动。他们创建了一个平行金字塔体系——包含 32 个兴趣社区的组织,人们可以在这些兴趣社区中协作,并创造自身所处的金字塔体系之外的机会,从而让"一个人说了算"不再可能。3 年后,HCL 营收中来自新想法和创新的部分有 20% 来自于这些兴趣社区。

- **整洁行动**。说把员工摆在第一位很容易,但如何证明呢?HCL 的答案是在管理部门和员工之间签订服务水平协议。对于每一份员工抱怨——从破椅到有争议的奖金——员工都可以在一个网站上开具服务条,并将服务条送到质询部门。至关重要的是,只有员工才能开具这张服务条，而由于服务部门是以反应速度和时间来考核的，因此有快速解决的强烈动机。

通过这些以及其他创新，HCL 释放出了强烈信号：是一线员工创造了价值，组织起到的是支持作用，而非其他人员。

这些创新活动的结果怎样呢？相较于同行，HCL 的成长速度更快，且员工流失水平更低[3]。在 2009 年，HCL 赢得了《金融时报》(*Financial Times*)商业开创精神读者奖，以及翰威特(Hewitt)印度最佳雇主奖。纳亚尔说："在过去三年时间里，我们没有进入任何新市场；这三年里我们所做的一切都是专注于员工身上。我们增长的速度要比其他所有人都快。要么我们是太幸运了，要么就是我们做了些正确的事情。"

快乐公司和 HCL 展示了一个创新管理模式的力量。这两家公司都做得很好，因为它们的领导选择了创新地思考该如何管理——所实施的管理哲学以及为了增强这种哲学而采取的特殊行动。他们在接近组成管理核心活动的四大领域上作出了理智又不同寻常的选择。

- **在协作活动上采取新方法**。HCL 技术公司采取了将员工与项目匹配起来的新方法，而不是从顶层分配所有项目。快乐公司则足够小，协作活动通过个人关系来产生；斯图尔特积极地抵制官僚体系。

- **在决策制定上采取新方法**。斯图尔特"预先批准"所有筹资申请，而纳亚尔则鼓励员工对自己为客户想出的创造性解决方法负责。在这两个案例中，他们将决策制定下放到执行工作的人手上。

- **在确定目标上采取新方法**。快乐公司和 HCL 技术公司都详尽地表示"客户是第二位的"。让员工满意才是他们最关心的——其他所有事情都遵照这一点（我们将在第五章详细讨论）。

- **在激励员工上采取新方法**。两家公司都在寻找让员工产生做好工作的内在动因的方法——通过制造一个更具支持性、更令人享受的工作环境。

上面所述的两种方法之间的相似性很重要。它们之间的区别同样值得重视。请记住,快乐公司仍旧是一个由其创始人运营的,只有 40 人的公司。斯图尔特有将公司塑造得符合自己想法的机会,而且他也抓住了机会。开发出一种新的管理模式从来就不是一件容易的事情,但至少斯图尔特拥有选择谁——那些和他拥有同样世界观的人——来为他工作这样的权力。

纳亚尔面临的困难要大得多:他需要说服固有的管理团队以及 5.5 万名员工一件事,即公司需要作出改变,而他与众不同的想法则将帮助公司前进。我们将在第八章和第九章从细节上探讨植入新管理观念所面临的挑战,但在目前需要提到的是:在一家现有的公司内发展一种新的管理模式非常困难,但并非不可能。HCL 技术公司就证明了这一点。

下面就是重点:在一个你的新产品和新服务会被快速复制的竞争性市场内,你可能具备的竞争优势来自哪里?有一些证据表明,一个截然不同的商业模式(将在下文定义)能够产生长期效益。我认为一种新的管理模式也能做到这一点。在快乐公司和 HCL 技术公司这两个例子中,管理模式创新产生了更高程度的员工参与,而这反过来又让客户满意度和财务表现出现了提升。不过这一问题的争论要远大于此:管理模式创新也能让许多不同的战略信念得到巨大提升。比如,在整本书中我们会讨论到下面内容。

- 瑞士私人银行 UBS 财富管理公司是如何在 2001 年消除传统预算系统以促进自然增长的。
- 丹麦助听器企业奥迪康(Oticon)是如何在 20 世纪 90 年代创建一个基于项目的意面组织,迅速创造了战略的灵活性。
- 荷兰数字电视公司 Irdeto 是如何在 2006 年创建双核心总部以在组织内建立一个全球决策中心的。

英国石油巨头 BP 是如何在 20 世纪 90 年代实施同业互查以促进跨部门协作的。

在这些例子中,管理层在寻求实现重要的战略目标(自然增长、灵活性、创新、全球性存在、协作),而且他们转向了管理模式创新(消除预算流程、意面组织、双核心总部、同业互查)作为他们实施变革的机制。有时候这些创新能产生长期价值，有时候它们的影响力只是暂时的。但所有这些例子的中心思想就是，公司管理模式的改变能产生战略价值。

那么究竟什么是管理模式呢？怎么利用管理模式来创造竞争优势呢？我们将在后面讨论这些问题。

管理模式的定义

网络革命给管理术语所带来的一个影响深远的变化就是商业模式——一家企业该如何赚钱——这一术语。这一概念存在有几十年时间了，但拥有截然不同商业模式的"新"经济企业和"旧"经济企业之间的竞争帮助展示了商业模式的重要性。在考虑到企业的收入来源、成本结构以及自给还是购买时，商业模式可以作为思考企业作出根本选择时的方法。

在后网络时代，企业继续试验新商业模式，有一些成功的案例。但新的天才商业模式却很难找到，而且它们也不像曾经那样具有抵抗力。因此企业转而开始寻找另一种竞争优势——他们在寻找能持久的、难以复制的、在市场上有价值的差异性。

正如快乐公司和 HCL 技术公司所暗示的，企业的管理模式就很有可能成为竞争优势。事实上，询问"你的管理模式是什么"和询问"你的商业模式是什么"一样重要。彼得·德鲁克就表示，一个组织的商业模式——他称之为"商业的理论"——有三大组成部分：关于该组织环境的假设、该组织的特殊愿景，以及为了完成该组织愿景所需要的核心竞争力[4]。将这些假设组织到一起就定义了为什么要向这个组织付费，该组织认为什么结果有意义，为了保持自己的竞争地位必须该怎么执行。但知道这些问题的答案只完成一半；这些只是商业是什么以及为什么的答案。另一半——你的管理模式——则回答了如何做到这一同等重要的问题。

那么究竟什么是管理模式呢？下面给出一个正式定义：

　　　　管理模式即由企业管理层在关乎定义目标、激励劳动、协调活动以及分配资源时所做的选择，换句话说就是他们是如何定义怎么做管理工作的。

　　这一定义有两个重要方面。首先，它和做决定有关。航空业有多种共存的商业模式（全方位服务、全航线的国家航空公司；低价、点对点的固定航空公司；高峰包机航空公司；只有商务舱的航空公司），而每一家企业都清楚必须要对自己采取哪种商业模式作出明确选择。类似地，一些行业已经形成了在管理模式上竞争的格局。比如，Linux、Google 和微软都在截然不同的管理模式下运行（Linux 通过一个开源软件社区运行；Google 的管理模式则高度不正式、类似于在大学中；微软的结构要更加传统、层级分明），然而它们却在桌面电脑操作系统市场上直接竞争。丰田几十年来实行的管理模式都和通用、福特不同，尽管它们的商业模式极其相似。[5] 当然，快乐公司和 HCL 技术公司都是在各自行业内发展与众不同的管理模式的例子。

　　这一定义的第二个方面是，管理原则有四个特殊面。管理人员必须决定他们的组织——或他们部门——将往何处去（定义目标），他们还必须让人们同意往那个方向去（激励劳动）。这也意味着，他们通过做这些来横向管理（协调活动）和纵向管理（制定决策）。

　　这是管理活动的成熟列表吗？实际上，过去几年来，许多管理著作的作者都提出了自己的——通常要长得多——列表。表 2.1 列出了其中一些最知名的列表，包括亨利·法约尔、彼得·德鲁克和亨利·明茨伯格的。

表 2.1　对管理活动的四种观点[6]

管理学作者	管理活动
亨利·法约尔	预划（预测及规划）、组织、命令、控制
卢瑟·古利克及林德尔·厄威克	规划、组织、动员、指导、协作、报告、预算
彼得·德鲁克	制定目标、组织、激励和沟通、衡量、发展
亨利·明茨伯格	制订框架和计划、沟通和控制、领导和联系、做事和处理

将他们的活动列表和我自己的做比较，你会发现有许多重合的地方。而且显然我选择了将一些东西"杂糅"在一起，而其他人却选择将这些东西"拆开"了。但一个更重要的区别是，我所使用的术语，其前提并不是所有的管理都发生在层级分明的大型企业内。正如在第一章所说明的，"管理"这一术语的问题之一就是，它的使用范围变得太狭隘了。因此像动员、控制以及指导这些词发出了完全错误的信号，因为这些词都预设了一个特定的模式。管理人员真的需要控制和指导他们的员工吗？或者说，我们能不能想出一个替代模式，从而让员工得以控制自己的活动并设定自己的目标吗？我认为，应该尽量使用中性的方法来定义管理的各个层面，以便使它们对交响乐团和对汽车工厂一样具有关联性。

我的定义中有关管理的四大活动，或者说四大方面，都是"价值附加性"活动，能在整体上使组织实现自己的目标。它们在概念上是相互独立的，并组成了本书下面四章的结构。

有两处缺少的地方值得简单提提。首先，我并没有将"控制"（或"监控"）列为一项独立的活动，因为在我看来，它会切断那四种活动。它还有一种老大哥的腔调，在现代组织中使用也许不大合适。其次，我也没有将"使人发展"列为一项独立的活动。显然，作为商业学院教授的我认为，使人发展极其重要，但在本书特殊的世界观中它符合"激励劳动"的范畴，而非能发展出自己的一套理论。

组织框架：四大方面，八大原则

不管是作为本书的组织框架，还是作为管理人员们的实用指南，为了使这一定义变得有用，我们需要再另加一层复杂的层面——一个整合实践、流程和原则的框架。

组织内每天发生的工作可以被认为是管理实践。一般实践包括全方位反馈系统、质量周期以及前景规划。这些实践有时是所有公司都使用的整体方法，有时又是单个公司所使用的特殊手段。[7]

　　这样实践就被联系到一系列管理流程之中了。基本的例子有资源分配流程、绩效管理流程、新产品开发流程等等。这些流程是企业得以实现自己整体目标的机制。它们通过保证商业流程（供应、组装、完成订单等等将投入变成产出的流程）有效且高效地运作来间接地附加价值。

　　最终，管理流程以一系列基本管理原则为基础。一条原则就是一种关于事情运作或该如何运作的假设或信念。比如，外在激励——认为员工需要物质和直接奖励来保证良好工作的想法——就是一条被很多人认同的管理原则。管理原则经常被人在潜意识里接受，且极少受到挑战。但它们却极端重要，因为它们塑造了每天都使用的管理流程和管理实践。而且你现在需要清楚，本书的主题之一即为帮助企业提高对自己正在使用的管理原则的意识。

　　在这儿用冰山做比可能会有所帮助。管理实践是人们在工作中做的可见的日常之事。流程则在水面之下，不为普通的观察者所见，但该组织的架构师却能很好地理解它们。原则则深藏于水面之下，没人能看见，许多人甚至不知道它们的存在。

　　下面是一个简短的例子：投资银行使用并且滥用的奖金体系就是一种管理实践，而这一实践又从属为了从员工身上获得最大效益而设计的绩效管理流程的一部分。这一实践又基于学术理论"预期理论"——试图解释什么能激励个人更努力工作。很显然，大部分管理人员对预期理论一无所知，我们也不会期望他们会懂得这一理论。这一理论却存在着，且和其他许多种复杂理论一起影响着特定流程及实践的设计。

　　在接下来四章中的每一章里，我们都会依次讲到管理的四大层面，而且每章都会考察该层面上两大互相对立的原则。首先我们会考察企业不清不楚地使用了很多年的传统原则。之后我们会考察要么刚刚开始被采用，要么已经讨论了很久但是却没有得到广泛运用的替代原则。图2.1列出了所有这些层面和原则。不过我得承认，其中一些词——特别是"倾斜角"这个词可能会让你感觉特别复杂。但就目前而言，让你理解整体结构很重要，细节会在后面的章节中逐渐清晰。图2.1图表化展示了这一框架,表 2.2 则说明了这些术语的含义。

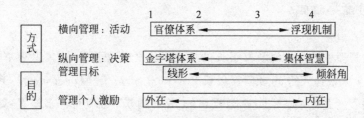

图 2.1　管理的四大层面

表 2.2　图 2.1 中管理原则的定义

官僚体系 是一种协调方法,协调那些依赖于正式规章及程序,以确保行为一致并持续产生收入的经济活动。	**浮现机制** 指的是,通过独立行动者们的自利行为而自发形成的协作。
金字塔体系 赋予了管理人员对下级的合法权威。之所以将权力赋予管理人员是因为珍视管理人员拥有的经验和智慧。	**集体智慧** 认为在特定的条件下,一大群人集合在一起的专业知识能产生比一小群专家更精确的预测、更好的决策。
线形原则 在商业语境中表示,所有员工都直接向着一个共同目标努力。	**倾斜角原则** 指的是间接追求目标通常能实现得最好。
外在激励 指来自于人之外的激励——如钱、胁迫或者威胁惩罚。	**内在激励** 指自任务或活动本身所产生的回报——如弹钢琴、乡间散布或解谜。

　　这一框架会当即引出两个问题。第一个问题是,框架是否暗示,随着时间推移会出现一种朝向右侧——那些替代管理原则,那些有着诱惑性名字的管理原则——出现不可阻挡的转变？第二个问题是,竞争优势和选择一个独特的管理模式有关,有关于该选择采用哪些原则的建议吗？有时选择左侧——而非右侧——的管理原则合理吗？有没有需要联系在一起的特定一类的原则？

　　这些问题我们会在稍后再做处理。现在,我们需要简短地回顾一下那些承传已久、不断发展的有关管理的思考及实践方式。

和以前一样吗？

管理思想上的创新有很长的历史了。之前我著有一书《追求卓越：150 年来最伟大的 50 项管理创新史》(*Giant Steps In Management*)，其中描述了过去 150 年里 50 个最重要的"管理创新"，而其他许多作者，如毛罗·桂仑(Mauro Guilen)、丹尼尔·雷恩(Daniel Wren)和埃里克·亚伯拉罕森(Eric Abrahamson)都曾提供过有趣的视角。但正如第一章中所说的，管理的进化并非一帆风顺，新的管理实践的发展既不符合逻辑也非线性。相反，我们看到的管理思想起起伏伏(见框 2.1：Ozco 的管理创新)。比如，在写作本书时，诱人的员工参与概念风行于全球各家企业和咨询公司中。员工参与关注的基本上就是让工作变得更加快乐，更加去机械化。这是一个重要话题，这一点毋庸置疑，但这一概念究竟有多少新意呢？简而言之，并不算很新。在过去的 150 年里，每一代人都在使用自己的口号追求着让工作变得更加快乐、更加去机械化这一目标。在 20 世纪 90 年代早期，这一口号是赋权；70 年代是工作生活的质量；60 年代是社会技术系统思维；30 年代是人际关系运动；而在 19 世纪 90 年代则是工作福利运动。

框 2.1 Ozco 的管理创新

Ozco 是一家开采与加工业的大型企业。[8] 在 20 世纪 80 年代，Ozco 的管理人员开始采用一位名叫艾略特·杰奎斯(Elliot Jaques)的咨询师的想法。杰奎斯的学术背景令人羡慕。他以对金字塔结构组织内较高层的人的研究而著称，其研究结果显示，较高层的人看得更远，也能处理更加复杂的问题。杰奎斯的研究成果最后整理成了分层系统思维(SST)，尽管人们能很好地接受这一思维，但也有一些争议，因为它只是对金字塔体系的重要性进行了重新肯定。

Ozco 欣赏杰奎斯的观点，并且启动了一项系统性项目来将这些观点整合到公司的结构和管理中去。这就涉及了调查所有人,分析他们的回答,采用新的架构和职位描述,重新思考培训和发展活动。Ozco不间断地实行了该计划数年。许多人感觉分层系统思维为公司的架构提供了一种逻辑清晰的方法。

但在大约 5 年之后,分层系统思维就失宠了。Ozco 和另一家公司合并了,而分层系统思维在新合并的实体中并未得到采用。如今 10 年过去了,这一思想的沉淀物仍在,一些高管仍旧使用分层系统思维技术,也反映出该思想所提供的结构的明晰性。但 Ozco 却前进了,现在采用了其他管理理念。

为什么分层系统思维无人青睐了呢？下面是一些亲历整个过程的人的看法:

- 付出的回报日益减少:在实行了分层系统思维 5 年之后,它的主要好处已经实现,不值得再附加投入。

- 其他优先级事物:分层系统思维优点仍在,但包括并购在内的其他事情当道了,让我们分心了。

- 对流行事物的怀疑:一些人将分层系统思维当作个人冒险、激情之下的行动。这对其他人产生了反作用,让其他人的兴趣迅速消退。

- 陈词滥调:分层系统思维一度很有价值,但其前金字塔体系的信息过时了。当它再也不适合时代潮流时,人们就放弃了它。

许多读者了解这些问题,而且也亲历过类似的组织变动。从怀疑论的眼光来看,这是另一个管理创新失败的例子,因为并未持久。但结果要比这种观点好上很多。变革项目肯定在很多方式上有助于Ozco,并且,以本书的语言来说,帮助 Ozco 加强并优化了其管理模式。但分层系统思维随后被弃而不用的事实并不能代表该项目失败了。管理进化经常是"前进两步,后退一步"。

那么我们究竟在管理领域内出作出了重大创新呢？还是一直在兜圈子呢？似乎这两种说法都正确，但大部分观察家却为管理实践缓慢的变革速度而感到困惑不已。[9]因此很值得问这个问题：为什么管理实践上的天才创新是如此之少？下面是我列出的四个答案，它们能从整体上解释发生了什么：

- **根深蒂固的想法很难打破。**管理学有一个世纪的历史了，其基础结合了工业化时代的组装实践和军事模拟。这样我们才得以谈论需求链、直线和职能、主管和下属。这些反映了我们看待自己工作的方式，反过来又会影响我们的行为。因此就像鱼没有水这一概念一样，大部分员工对一个非金字塔体系、非结构化的工作环境完全没有概念。

- **新的工作实践非常脆弱。**许多公司都试验过其他的工作方法，而它们的经验是，只有投入大量精力去维护新模式，新模式才能够起效。比如，英国飞机引擎制造商劳斯莱斯是实行自我导向式工作团队的先驱。研究表明，为了让这些自我管理团队有效运行，必须部署49道工作实践，而且只要有少数几道实践缺失，这些团队就会重新回归标准团队——重新回到命令控制结构。换句话说，并不是老观点让人停止不前，而是涉及行为变化的管理模式并非天生就有的。

- **公司对结果的兴趣要比对改进的实践大。**在《尘嚣之上》（*Beyond the Hype*）一书中，鲍勃·伊克斯（Bob Eccles）和尼汀·诺里亚（Nitin Nohria）表示，公司是否实现新管理模式的誓言并不真的重要，真正重要的是变革口号的重复会让人们采取行动。比如，Ozco使用分层系统思维的实验。我们还将深入探讨，对角色和责任分配的方式就产生了有用的改变，而且给予了这些改变以重心。根据本段观点，这些变化是否可以展示出来无关紧要，关键是公司管理实践得到了持续发展。

- **在艰难时代，公司害怕尝试新的东西。**在写作本书时，大部分公司依旧疲于应付经济的萎缩、需求的不稳定、赋税的增加和监管的不确定性等。我们都很熟悉"危机好，莫浪费"这句话，意思是在经济衰退时，反而能推进那些在经济状况良好时不被接受的变革。但人的天性实际上走的是相反的方向：我们勒紧腰带，回归到已经被验证能让事情处于掌控之内的方法上。肯定有特例（我们将在书中谈到这些特例），但在经济状况不好的情况下，大部分管理人员鲜有激情试验新的管理方法。

换句话说，随着时间推移，管理系统中会浮现出大量惰性。其中一些惰性来自于根深蒂固的行为和过时的技术。有一些则是因为没有强烈证据表明替代模式要更高级。电脑技术人员可以通过使用客观数据来证明，新的处理器的速度是旧式处理器的两倍。但 Ozco 公司分层系统思维的拥护者们（见框 2.1）却不能肯定地说明新管理模式比旧管理模式好，尽管有一些标记，包括更优越的员工表现、效率提升和生产力增强。在管理世界里，解释和主观评估的空间要比技术世界大。

讨论这个问题的目的只是要强调一个重要观点：管理学的实践不会很快或很容易就被改变。它们永远不会如此，我们也不应该期望未来它们会这样。甚至由——爱德华兹·戴明（W. Edwards Deming）提出，由丰田执行的"全面质量管理"都花了 10 年时间来改变。过去看来类似革命的事情，在管理界看来却都像是进化。

那么，有没有一扇窗户会对帮助公司发展新管理模式的机会敞开吗？目前的商业环境中有什么可以帮助克服这种惰性吗？有什么东西能使我们发展新管理模式的提议变得稍微容易一些吗？是的，有。我们之前提到过，商业环境中有一些大的变化正在进行。让我们细看其中四大变化——特定技术和社会变化可能为新的创新管理模式发展提供这么一扇机会之窗：

- **Web 2.0**。第一代互联网是单向沟通：用户可以阅读公司网站并进行网上订购。第二代互联网——亦即众所周知的 Web 2.0——的用户则变成了贡献者：我们在亚马逊上写评论；创建博客；为自己喜欢的故事投票;成为在线社交社区的成员。正如许多作者所观察到的,互动网络或广域电脑能让人们以全新方式进行互动。比如,我们会根据博文和评论的实际内容来衡量它们的价值,而非根据写博文的人在金字塔体系中的地位或职位。我们由于想要参与的天然欲望而为合作项目(如维基百科)贡献,而非为了获得物质回报。而如果我们不喜欢某个故事的官方版本,我们可以快速地和世界分享我们的异见。[10]人们能够很容易意识到,这些与大部分大型企业里的正常行为相悖的行为,却拥有在指导自我工作方式上引发巨大改变的潜力。

- **Y世代**。Y世代生于20世纪80年代之后,人数众多,都已进入工作年龄。他们对工作的期望以及技能储备与X世代、婴儿潮一代的人有很大不同。技术作家唐·泰普思科特(Don Tapscott)总结了这一代人与众不同的性格特点:希望在自己所做的一切事情上拥有自主权;喜好个性化;协作和关系一代;对速度有需求。[11]当然,关于这些性格特征到底只是人生阶段还是某代人的特质仍旧存在争议,但即便是最具有怀疑精神的观察家也承认,Y世代比婴儿潮一代要更精通技术,也更能处理多项任务。同样,这一点应用在未来工作场所的潜力也很大。

下面是一组相关数据:根据英国弹性福利提供商"You at work"的研究,Y世代员工对自己所在公司的投入更多,但工作期间花在Facebook和其他社交网站上的时间也要多得多。[12]正如"You at work"首席执行官布鲁斯·雷纳(Bruce Rayner)观察到的:"对于这些人来说,工作和玩乐——或员工和非员工——之间并没有界限。"这一洞见很重要,鉴于许多公司依旧禁止工作时使用Facebook,这一见解也在许多未被意识到的洞见之列。

- **在线游戏**。电脑游戏产业的规模非常庞大。根据一份报告估计,如今有逾1.5亿日常玩家使用一台或多台电脑、手机或游戏终端玩游戏。[13]但可能更重要的趋势是像《魔兽世界》(*World of*

Warcraft）这类大型多人在线的角色扮演类游戏的兴起。这些游戏要求玩家加入 2 人到 40 人的虚拟团队，划分角色和职责，协商并实行策略以完成一项特定任务。这些游戏和工作环境有十分明显的类比性，也非常真实，我们将在第六章看到有些公司已经试验"生产力"游戏，以便让传统工作能更高效地完成。顺便提一句，《魔兽世界》有大约 900 万用户，每人每月支付 15 美元。《魔兽世界》只是许多大型多人在线的角色扮演类游戏中的一款。这可是一桩大买卖。

- **社会意识**。最后，有一种更广泛但却不失真实的趋势——即更大的环境和社会意识。这主要体现在许多非政府组织（NGO）的增长上。如绿色和平组织在每年八国集团会议上抗议的反资本主义团体、接受全球变暖的大企业，以及所谓社会企业组织，都是怀有愿景而非营利而驱动的组织。Y 世代员工的性格特征之一就是，他们在决定买什么以及在哪儿工作时，他们会对公司诚信和开放度感兴趣，这很有可能是因为他们成长于一个对环境和全球化表示关注的前所未有的世界中。将这一趋势植入到管理之中也许看起来并不明显，但效果可能会非常好。在第五章，我们将探讨管理人员如何为自己所在的公司设定目标。比如，第七代公司（Seventh Generation）的整体目标就是让世界变得更美好，以及不同股东在塑造这些目标时所扮演的角色。

我们生活在一个巨大变革的时代吗？是的。前面几代人同样生活在巨大变革的时代？是的。因此我们要留意脚下的变化，但同时又不会被它们绊倒。

追随趋势还是坚定不移？

由于不断变化的技术和社会变革的驱动，尽管各家公司都有使自己的管理模式产生巨变的时机，然而现实却是，普遍而言管理进化并不是很快。因此,公司该做的正确的事就是挑选正确的管理模式,而非看起来异乎寻常的管理模式。

我就打开天窗说亮话了。我是乐观主义者,我喜欢变革。我认为应该问管理人员"我们能用更好的方法完成这项任务吗",而非让他们自己想"这就是为什么我们会一直采用这种方法的原因",或"这是新趋势,我们跟随这一趋势吧"。我认为,正在进行当中的技术和社会变革将会对我们未来管理组织产生巨大且积极的影响。

但我们也面临着一个真正的风险,即如果企业仅仅因为观念新而去追求它的话。进入管理学教材的每一种新概念最初都是作为一种将产生重大影响、改变世界的发明来展示的。之后人们更好地了解了这些概念的缺陷及其有效运用的局限性。比如,维基百科的成功激发了许多公司去尝试自己的社区产品。有一些成功了,如 istockphoto.com,一个免版税照片网站;一些部分成功了,如 IBM 的创新大讨论(将于第四章深入讨论);一些则完全失败了,如 100 万本企鹅图书项目,他们试图写一部维基小说。[14]当然,我们不可能提前知道哪些行得通、哪些行不通(这也是进行试验的目的);但我们需要评论员和理论家们对于一个特殊概念在多大程度上适用能够考虑得更加全面、更加诚实。

本书的态度是有条件的乐观主义。因此当我们探讨框架右侧正在兴起的管理原则,以及与这些原则配套的特定实践时,我们也仔细考察了应用它们的风险和局限性。事实是,这些新的实践并非万能的,能知道它们适合或不适合哪种类型的公司,知道得越清楚越好。

总之,我预测许多公司将会逐渐发生向表 2.1 右侧逐渐转变的运动。实际上,我做过简单调查,人们的回应也证实了这种看法:他们估计五年之后自己所在的公司将移向右侧(图 2.2)。然而,在我的调查里也有公司预测自己并不会有变化,有的公司也并不会按照自己预测的方向转变。

为了强调这一观点,需要举一个有趣的例子。管理学思想家加里·哈梅尔在 1999 年写过一篇极具影响力的文章"将硅谷精神带进企业内部"(Bringing Silicon Valley Inside)[15]。他表示,大部分大型企业的管理模

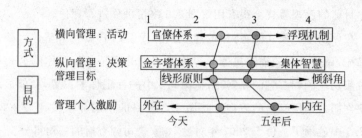

图 2.2 人们是如何看待管理模式变迁的

式受（前）苏联式的中央规划影响要比受自由市场原则的影响大，我们应该在发展出硅谷式的内部市场，用来分配人力、资源和想法。许多公司采用了这一想法，其中一些获得了巨大成功。比如，在那篇文章中，哈梅尔提到了壳牌石油的 GameChanger 项目——旨在向能源领域内拥有"改变游戏规则"潜力的创新技术项目提供种子资金——就取得了巨大成功（我们将在第三章详细讨论 GameChanger 项目）。但安然则采用了这种模式的变体，让其员工拥有在公司的"内部市场"上追求机会和找工作的巨大自由，其结果也是灾难性的。

请思考一会儿，硅谷管理模式应该位于表 2.2 的哪个位置。一个纯粹的市场体系是建立在物质回报和短期目标（两者都位于左侧）之上的，与自发协作和去中心化决策制定（两者都位于右侧）相对抗。这幅图是不是突然就变得不那么复杂了：硅谷管理模式既运用了左侧，也运用了右侧的原则，这些原则在壳牌运用得很好（只要他们还在运用这些原则），但却毁了安然（运用过度了）。我们将在本书稍后部分详细探讨这些主题。就目前而言，只需要了解到向框架右侧的转变的趋势并不是不可阻止的。也没有一个万能的管理模式。赢家将是那些作出了明智选择并在必要时对它们加以改良的公司。

轮到你了

在我们继续审视管理学的核心层面以及它们相对应的原则之前，评估你目前的管理模式会很有用。图 2.3 将帮助你进行评估。

在评估你的模式时，将你的组织或商业部门看做一个整体。是左侧的描述，还是右侧的描述更能形容你公司的管理特色？当你的公司试图同时实现左侧和右侧的原则时，在图 2.3 中的标记你的位置，就能显示出目前你们公司所倾向的方向。将图 2.3 题目的平均分值放到表 2.3 中。表 2.3 中显示了一份于 2007 年对逾 70 家公司调查后的平均得分。

表 2.3 看看你目前的管理模式在哪

	1	2	3	4
将问题 1 和问题 2 的平均得分放在这个栏里→ 官僚体系		●		浮现机制
将问题 3 和问题 4 的平均得分放在这个栏里→ 金字塔体系		●		集体智慧
将问题 5 和问题 6 的平均得分放在这个栏里→ 线形		●		倾斜角
将问题 7 和问题 8 的平均得分放在这个栏里→ 外在		●		内在

●=逾 70 家公司的平均得分

	1	2	3	4
	强烈同意左侧描述	稍强烈同意左侧描述	稍强烈同意左侧描述	强烈同意右侧描述
1. 产出是通过管理流程创造的，如投入的正式协作以及劳动的组织				产出是通过共同适应来创造的，如个人出于对自身最佳利益的考虑来行动，形成非正式的自发的劳动协作
2. 我们的默认假设是关于内部流程的信息（如预算数字、服务水平达成度）都是保密的，只有必要时才被告知				我们的默认假设是关于内部流程的信息向所有员工提供开放
3. 作出决策（并承担相应后果）的责任分配给了特定的个人				作出决策（并承担相应后果）的责任被视为整个团队的集体责任

图 2.3 评估你目前的管理模式

4. 管理人员们在处理事情时倾向于主要依赖自己的经验和知识	管理人员们在处理事情时倾向于融入并利用下属和公司外的不同知识
5. 喜好细化且总是详尽的目标	喜好宽泛且有时模糊的目标
6. 关注目标的短期成果（如季度或年度）	关注目标的长期成果（如十年或一代）
7. 通过让薪水、福利和奖金具有吸引力来招聘到优秀人才	通过专注于营造能感觉到的成就感以及对社会的贡献来招聘到优秀人才
8. 人们工作时间长是因为他们希望能得到晋升或获得更多奖金	人们工作时间长是因为他们享受这份工作

图 2.3（续图）

第二章要点

企业竞争优势的可持续来源之一就是提出一套与众不同的商业模式——管理人员为收入来源、成本结构以及自给还是购买决策所作的选择。另一个同样有前景的方法就是创造出一种与众不同的管理模式——一系列关于我们如何完成管理工作的详细选择。一些公司——如 HCL 技术公司和快乐公司——通过对工作完成方式进行有意识、刻意地改造实现了巨大成功。

管理原则包含四大主要活动或四大层面：确定目标、激励员工、协作活动、决策制定。对于这些层面的每一个单项而言，都存在一个使其运行的传统原则（比如，通过层级控制来作决策），以及一个正流行起来的替代原则（比如，通过一大群人的集体智慧来作决策）。通过识别出每一个层面的传统和替代原则，我们开发出了一个能让你诊断自己企业管理模式的框架。这将会暴露出过去你在关于如何管理这一问题上所作的潜意识选择。一旦你理解了自己的管理原则，就有可能对建立在这些原则之上的管理流程和实践作出改变。

　　管理实践的变化并不会很快。根深蒂固的习惯很难被打破，而新的工作实践又很脆弱。不过由于 Web 2.0 技术的兴起以及 Y 世代员工的增加，我们有机会对管理实践进行超越近几十年来的更大的改变。

　　本章提供了本书其他部分的框架，之后四章会逐个考察每一个层面，第七章则将这四个层面整合在一起，并给出四个整体管理模式。

第三章

协作活动：从官僚体系到浮现机制

　　德拉赫滕（Drachten）并不是那种能吸引很多游客的小镇。它坐落在荷兰北部，多风多雨，直到最近才因其运河、泥煤耕作历史以及飞利浦电子厂而闻名。但自从 2000 年开始，该镇对交通工程进行了一项让人激动的试验，这项试验吸引着全世界的游客源源不断地前来。前来的游客还不仅仅有城市规划者，还有记者、社会学家和管理咨询师，所有人都对将德拉赫滕的试验投入更广泛的运用怀有兴趣。

　　实行名为"共享空间"理念的先驱者名叫汉斯·蒙德曼（Hans Monderman）——一位想法新颖独特的荷兰交通工程师。他的理念很简单：要让道路变得更安全，你就得让它们变得更加危险。在他看来，道路上充斥了太多的指示和标志，让人们都停止了思考——他们不再有意识地为自己想出与其他道路使用者进行沟通的最好方法。按照蒙德曼的说法："（绝大多数）交通工程师的问题是，当道路出现问题时，他们总是试图在上面添加点东西。在我看来，拿掉一点东西的效果要好得多。"[1]

　　蒙德曼说服本地镇议会尝试他那不同寻常的想法。计划始建于 2000 年的核心部分就是改造位于德拉赫滕中心的关键交叉口 Laweiplein。那种传统的带有交通指示灯和一条条独立的车道、自行车道和人行道的交叉口的标志都被撕碎,用重新建造一个引人注目的、中间带有环形交叉路口的广场。道路标示、自行车道甚至连人行道都被移除,取而代之的是一个铺满绿茵的小岛、路上几条少的不能再少的白线,以及道边的一排喷泉。这样做的目标是"促进所有道路使用者的沟通与交流,以便实现道路安全与交通顺畅的目标,且能做到道路空间简洁"。[2]

这些改变产生什么效果了吗? 一份于 2007 年 1 月份发布的官方报告对此项目的评分极高:看起来交通相对有序且顺畅,促进了所有道路使用者的互动;如今,行人及自行车使用者在通过十字路口时无需长时间等待,交通安全似乎也得到了提升。而对于已于 2008 年去世的汉斯·蒙德曼来说,这是对他最初想法的重要肯定。"行人以及骑自行车的人过去总是会避免走这边,但正如你现在所看到的,汽车驾驶者会留意骑自行车的人,骑自行车的人会留意行人,每一个人都会留意其他人。交通指示和道路标志可不会促使人们产生这样的行为。你必须在道路的设计中考虑到这一点。"分享空间这一概念现在被世界上许多国家所采用,其中包括丹麦、英国和美国。

蒙德曼在共享空间上做的实验对管理学有哪些启示呢? 我希望这些启示足够明显。将贵组织的资本预算、战略规划以及绩效评估的程序想象成这些交通指示和道路标志吧。出于好意的管理人员采用了这些程序,希望这些程序能帮助你的组织运行得更顺畅。但要求组织成员遵守这些程序,你也默许他们停止自发积极的自我思考。分享空间概念颠覆了这种逻辑:当你只给出极少的规则和极疏松的组织架构时,大部分人都能自己判断出什么是最该做的事,也都能找到协调自己与他人活动的最佳方法。这一点虽然很简单,却恰恰也是被大部分城镇规划者所遗忘的一点,而大部分组织设计者也如此。

换言之,共享空间也是一个很形象的隐喻,我们可以用其理解一个替代模型,而这个替代模型解释了在一些大型组织中协作活动是如何发生的。标准模型——是通用汽车以及其他工业界先驱企业在过去 60 多年时间里完善的一种作业模式——亦即众人皆知的官僚体系。这一术语的定义将在下文予以恰当解释，它将协作活动的责任全部放到了首席执行官及其核心团队手中。我们所说的替代模型是指浮现机制，或者说自组织机制。浮现机制的规则要更宽松，协调工作的责任属于每一个从事协调工作的个人。

如今，我们所有人都知道官僚体系存在问题。的确，这些年来这个词已经变得污迹斑斑，几乎成了大型企业中存在的所有负面效应的缩写。但是我的看法略有不同：官僚体系最原初的概念有着非常积极的内涵，作为一种协作机制，它今天仍然具有巨大的益处，然而，相应的代价也同样可观。尽管浮现机制及自组织机制的概念很吸引人，但它们也不是包治百病的灵丹妙药。汉斯·蒙德曼从来也没有论争过共享空间的想法适用于一切地方：他依然认为公路上需要有清晰的标志和限速。而且他认为，对具有社会意识的荷兰人民来说，在道路使用上运用集体解决方法将特别有效。同样地，将浮现机制运用到组织设计上也有其局限，随后将提到这一点。

在本章，我们将探讨管理人员在决定如何进行协作活动时所面临的选择。我们将会研究官僚体系的真正含义，浮现机制是怎样表现的，以及在什么情况下该选择其中哪一种制度。尽管总是需要些许平衡，但是对于大部分公司来说，他们所面临的挑战和机遇就是不断向浮现机制的那一边转变。这里，我们的基本哲学就是"少即是多"：绝大多数组织太官僚了，因此我们完全可以有效地使用较少的正式流程去完成任务。解决这一问题的关键是知道改变什么、如何改变。

官僚体系没那么简单

官僚体系的概念变得如此臭名昭著实在具有讽刺意味，因为最初在使用这一概念时，它还被视为对抗糟糕管理的解药。德国社会学家马克斯·韦伯认为组织是用下列三种方法之一建立起来的：建立在一直沿袭的信仰和习俗之上（传统型支配）；建立在组织领袖的个人魅力上（魅力型支配）；或是建立在规则和程序上（法律型支配）。对于韦伯来说，第三种模型的组织形式要比其他两种模型更理性、更高效。如果说传统型支配像君主制政府，魅力型支配类似于独裁统治，那么以官僚体系为核心的法律型支配就几乎等同于民主制了——一种超越了特定情况或特定个人的组织方法，它基于法律，无关个人。

简单地说，官僚体系可以被视为一种协调经济活动的方法，这些经济活动有赖于正式的规章及程序去确保行为得到规范，并创造稳定的财富。人们经常将官僚体系与等级制度原则相混淆，但在本书构架中，这两者是有很大不同的。官僚体系是一个横向过程，人们通过它来协调工作；而等级制度是一个纵向过程，人们通过它来作决策并传达信息。[3] 虽然这两者之间有明显的关联性，但关键是管理者将他们在这两个维度上进行的选择视为不同且可分离的。

如今大型组织中对官僚体系的广泛运用证明了官僚体系的价值。正如韦伯所言，如果一个组织的目标是提高效能、稳定质量以及减少浪费，官僚体系很可能是安排工作最理想的形式。[4] 不过，和其他管理原则一样，官僚体系也有其局限，比如说对正式规章和程序的依赖，这会让工作去人性化，从而导致对客户作出及时反应的能力变弱、效率低下的工作程序，以及员工缺乏积极性，恰恰是这些问题也正在困扰着我们在第一章提到的通用汽车公司。

管理研究学者保罗·阿德勒（Paul Adler）和布莱恩·波利斯（Brian Borys）给官僚体系作出了如下两种角度的总结：

> 持负面观点的人表示，采取官僚体系的组织扼杀创新、滋生不满，并且使员工丧失动力。而在持正面观点的人看来，官僚体系提供了必需的指导，并且划清了职责范围，从而缓解角色压力，帮助个人不仅在实际上而且自我感觉上工作更有效率。[5]

有一个并非发生在商界的例子就很好地说明了官僚体系潜在的破坏性。2008 年英国发生了一件引起公众高度关注的悲剧事件，一个名叫彼得（Peter）的婴儿被其母亲及继父虐待致死。之前英国社会服务组织已经了解到了这一情况，并且造访了彼得大约 60 次，但却未及时行动。在进一步调查中，问题凸显出来，当地的社会服务组织建立起了一套高度官僚组织化的系统：强有力的信息技术支持、明晰的职责划分、对案例的反应以及跟进都有详尽的规章加以说明。（规划者）原本以为这样能减少开支，提高效率。但这意味着，社会工作者们需要花费 60％到 80％的时间在案头上，而非走出去实地和那些处于危险中的儿童的家人谈话。约见彼得及其母亲虽然有 60 次之多，但是却分派给数位不同的社会工作者，因此等到把整个故事浮出水面时，已经太晚了。对此事件的一项调查总结道，电脑技术"取代了社会工作者们采用详尽描述的口述方式记录案例，这种口述方式能让……不同的官员迅速找出复杂案例的细节变得更加容易"。[6] 用我们的专业术语来讲的话，官僚体系模型——通过电脑监控及在全国范围内强行设置的目标——将社会工作行业中被大多数人视为核心的个人责任排挤殆尽。

虽然这是一个极端的例子，但是它凸显了官僚体系经常表现出来的那种非人化、以效率为导向的本质。换句话说，我们在本章中的立场，是将官僚体系视为成熟的管理原则。它在相对传统的环境中运行良好，但却日益不能适应目前我们所见的知识密集型商业环境。

当如下情况，即当亟待解决的问题是推陈出新、应变融通或者个人参与度时，那么作为替代原则的浮现机制能提供更大的潜力。

不过，在讨论浮现机制之前，还有一点需要深入思考一下。在一篇有思想深度的评论文章中，保罗·阿德勒和布莱恩·波利斯写到，并非所有的官僚体系都是一样的。他俩花了大量时间来研究丰田的汽车制造厂——它是地球上生产效率、质量最高的组装厂，同时也是在正式规章和程序方面最官僚的企业。这两位管理研究学者称，有一些官僚体系是强制性的（强迫人们遵守一系列程序），而其他的官僚体系则是能动性的（为持续改进提供工具和方法论)。并非正式程序定义了事情进行的方式,而要取决于公司管理人员们解释和使用这些程序的方式。

浮现机制

在这里,浮现机制指的是通过独立行动者们的自利行为而自发形成的协作。[7]当我们看到,汽车、自行车以及行人各找各路,安然通过Laweiplein;当我们看到,一群自由职业程序员聚到一起,开发出一款新的开源软件;当我们看到,一队白蚁大军建起 20 英尺高的蚁堆,我们所见的即是浮现机制在起作用。

在过去 15 年里,学术界对浮现机制及其姊妹概念自组织兴趣巨大。[8]基于物理学对非线性动力学的洞见之上,社会科学以及自然科学领域的研究人员们问道,在没有人"维持秩序"的情况下,"秩序"是如何浮现出来的? 从本质上讲,答案就在于个体被设定去遵守几条简单的规则。当数十个或数百个这样的个体彼此互动时,某种程度的结构或模式就浮现了出来。这就是发生在自然界的事情,比如天鹅群聚、蜜蜂建巢。这一理论也可以解释许多社会现象,包括交通阻塞和人群疏散动力学。当然,基于独立个体自利行为的市场经济的整个概念也是建立在这一基本原则之上的。

自组织概念的领军人物玛格丽特·惠特利(Margaret Wheatley)就这些问题写过大量文章,她表示,正是澳大利亚大草原上白蚁巢的精美和复杂——就相对其建造者的身材大小来说,这堪称是地球上最高的建筑——激发了她。她观察道:

就靠它们自己,白蚁们只能挖挖小土堆。单个的白蚁就像单个的神经元,但作为一个协作群体,它们表现得就像有思维。它们释放用于交流的化学物质,随意走动,相撞,然后再作出回应。我认为这是对组织生活的绝佳写照。[9]

换言之,惠特利认为,浮现机制并不仅仅是一种理解社会秩序如何成形的方法，它还是我们作为个人及管理者应该如何思考工作的信条和药方。其他许多人也持有类似观点。在畅销书《边缘竞争》（*Competing on the Edge*）中，谷歌高管肖纳·布朗（Shona Brown）和斯坦福教授凯西·艾森哈特（Kathy Eisenhardt）表示，身处高速变化行业的高管们应该以将自己的组织置于混沌的边缘为目标，在这个边缘"系统能最有效地改变。结构臃肿的系统……过于僵硬而无法作出行动。而结构过于简单的系统却又太缺乏组织性"。[10]在他们看来，浮现行为——随意走动、相撞、回应——是尝试新机会的必要条件，但要它需要有厉兵秣马和集中发力的过程与之相辅相成。

浮现机制最理想的形式无外乎自发秩序。但出于写作本书的目的，我和布朗、艾森哈特持同一观点：作为一条管理原则，浮现机制就是通过部署引导性的组织结构，鼓励个人以一种集中的方式，去相互协调他们出于自愿而作出的活动。

官僚体系和浮现机制：永不停歇的双人舞

从另一方面来讲，浮现机制就是官僚体系的对照。许多公司发现它们在两种原则之间摇摆不定，因为它们在寻找一个能将二者结合的可行方案。

思考一下奥迪康（Oticon）公司的例子，这家丹麦助听器制造商在几年前以其"意面组织"而著称。面临市场地位的下滑，和来自西门子和飞利浦越来越强大的竞争威胁，奥迪康 CEO 拉斯·科林德（Lars Kolind）在1988 年开始实行一项激进的颠覆式计划。这项计划的核心就是，创建一个高速反馈、行动迅速的组织，提供大型组织无法匹敌的创新和服务。科林德去掉了正规组织结构，代之以自下而上的模型——员工们可以围绕着自己喜欢的开发项目自行组建团队。所有项目都遵循达尔文主义，获得客户兴趣及资金的项目才能存活下来，那些没有做到这些的项目则被砍掉了。为了巩固这一新模型，科林德使用了诸如"想人所未想"这样的激进口号,以及视觉标志——建筑物中间有一个大的透明斜坡,所有粉碎的文件都会滑下斜坡。[11]

奥迪康向一个弱官僚管理模型的转型获得了巨大成功,其财务表现在随后的 10 年中得到了极大提升。不过这个故事还没完。自 1996 年开始,奥迪康公司进行了几次结构调整,"意面组织"的许多方面都被放弃了。丹麦经济学家尼科莱·朱尔·福斯(Nicolai Juul Foss)在 2000 年早期对此做了跟踪研究。他观察到一些传统架构的元素悄然回归。奥迪康总部被划分成了三个商业团队;成立了一个能力中心,用来评估项目及指定项目领导人;还成立了一个由所有高管组成的事业发展部,来执掌公司战略。[12]

这些机构的转变极具指导意义。拉斯·科林德激发了这家公司去试验自组织机制,但随着这家公司的财务表现得到提升,以及科林德将日常的领导职责移交给其他人,奥迪康的组织原则构成出现了部分偏移,变得更加传统。在写作本书的时候,奥迪康正处于两个极端的中间某处。它仍旧"以大量的去中心化以及代表拥有决策权为特色",但"意面组织"的许多要素都被放弃了。[13]

奥迪康的实验对本章有两点重要启示。第一,尽管浮现机制以及自组织机制作为未来工作架构原则很有诱惑性,但是官僚体系仍将是未来数十年工作场所的重要组成部分。不仅仅是因为管理人员们在有组织的工作程序中感觉要得心应手。这毕竟是他们相当熟悉的办事风格,而且还因为有许多证据显示,正规的程序也有价值。事实上,尽管其组织形式淡化了以前的激进色彩,但现在奥迪康依旧成绩卓越。

第二,许多组织会在官僚体系原则与浮现机制原则之间不停地跳来跳去。第一步通常会采用基于浮现机制的计划,比如引入奥迪康的"意面组织",或如瑞士联合银行(UBS)一样取消传统预算系统(见第七章)。而一旦新模型的缺陷暴露,官僚体制就会重新回到控制地位。而当官僚体系的不足渐渐凸显,这场此消彼长的戏将会再次上演。公司会一直经历这种轮回,即便有时它们会被戏称为"为了变化而变化",但在这两个极端之间，它们也能提供某种程度的动态平衡。[14]

官僚体系和浮现机制位于这个连贯的谱系的两极，而在两极之间才是现实存在的一连串协作机制（见图 3.1）。位于最左端的是传统型官僚体系，它与韦伯的理想模型最接近，并且在当今许多政府部门及一些像通用这样的大公司中广泛运用。传统型官僚体系的右侧是灵活型官僚体系，它能够继续提供在传统型官僚体系内特有的规章和程序所带来的绝大部分好处，而且其局限性也少了些。位于中间的是内部市场模型，可以看做是在一个现存企业内部进行的协作浮现流程。最右侧是网络模型以及纯粹市场模型，它们都是建立在浮现机制的原则之上的。在纯粹市场模型中，工作是通过纯粹的商业交易来进行协调的；而在网络模型中，管理人员们创造一些没有束缚的方法，来鼓励公司和个人与他们紧密协作。

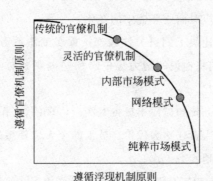

图 3.1　合作谱系：比较不同合作方式的框架图

这是一个搭建得很完善的框架，能让人理解公司和个人互相协作的不同方式。[15]这张图有意思的地方并不在这个谱系的两端（两端的很好理解），而是位于中间的混合模型。在某种程度上，它们调和了冲突的官僚体系和浮现机制。在本章余下的部分，我们将转而重点讨论这三种模型——灵活型官僚体系、内部市场模型，以及网络模型，并逐一剖析它们的优劣。

灵活型官僚体系

没有哪一个大型企业能对官僚体系有免疫力。我们将在第七章看到,一个公司成长得越大(特别是以员工数量来定义时),其越可能倾向于发展出正式流程,以便安排工作和保持控制。但正如我们所知的,这些流程伴有巨大的代价,并以以下三项最为重要:

- **正式流程需要付出巨大的时间成本**。员工为了走流程而走,他们不再思考这些流程最初被创造的初衷,于是他们开始玩"把戏"。这一点在制定预算的流程上表现得最真实了,按照两位顶级评论员杰罗米·霍普(Jeremy Hope)以及罗宾·弗雷泽(Robin Fraser)的说法,制定预算流程"耗费时间,几乎毫无价值,而且不能让经理们快速应对商业环境中的变化"。[16]
- **正式流程让员工们只关注内部**。重要工作不得不让位于紧急任务,员工们将他们的精力集中于那些主要面向内部的流程,结果忽略了客户。
- **员工怠工**。正如前面小彼得案例所体现的,工作正式化的发展趋势是以个人责任感为代价。员工的个人责任感越低,员工就越不认真负责地卖力工作。

这些问题众人皆知。不过,要全部去除这些正式流程需要下猛药:奥迪康的"意面组织"即为激进重构的例子,我们将在本章后半部分见到其他的例子。因此,许多企业会倾向于选择一个比较循序渐进的方法,也就是我们提到的灵活型官僚体系。从本质上讲,这些方法的设计是为了保留大型企业所重视的那些由结构和规模带来的好处,同时也引进一部分当企业处于较小规模时通常具有的灵活和反应能力。

现在有许多方法能让一个大型企业变得更灵活。其中一些方法包括拆分部门、建立类似市场的系统,我们都将在下面介绍的模型中谈到。在传统架构内,你可以取消报告流程,给予与行动相关人以更多自主权;还可以解散许多委员会并简化程序；可以划清角色和职责。所有这些方法都是有价值的。但本章重点并非是这些已经备受关注的实践活动，而是那些根本性原则以及这些隐性原则在实践中鲜为人知的实际操作。

那么，是什么样的原则鼓励了个人自发地进行协作，而不是按照规章或遵从一些级别更高的人的吩咐去照办呢？有三点很重要。

同业互查。在学术界，同业互查原则有一个窄但是清晰的意义：那就是我们坚持平等地检测及评估彼此的研究成果，绝不对一个更高级的团体或一系列正式规章表示顺从。因此，在商界中，我们可以将同业互查认为是一项与学术界平级功效的机制，用以塑造和控制浮现行为。

这对实践有什么指导作用呢？英国石油就是一个例子，这家英国石油巨头在 20 世纪 90 年代末期建立了一套精密的同业互查流程。该公司在 20 世纪 90 年代早期转向了一种高度去中心化的管理模型，每一个业务部门领导都同总公司签订一份一年度"绩效合同"，并且拥有完全的自主权去完成这份合同。为了帮助各部门领导完成绩效合同，英国石油成立了"同仁结社"：每一位部门领导都被放到了由领导们组成的同仁小组中，组内的领导都运营类似业务（例如所有的早期油田）。至关重要的是，部门领导一半的奖金都取决于他的同仁的绩效和评价。这种奖金制度自然引起了高度协作：部门领导们每季度会面，寻求协作方法，提升彼此的绩效。之后，这种协作精神层层下传，被复制到许多基层级别，通过所谓的"同仁协助"，一个业务部门的专家们去见另一个业务部门的同级别专家，帮助他们解决绩效或生产率的问题。

英国石油的"同仁结社"模型就其本质来说，是一种鼓励跨部门协作与绩效提升的非官僚体系机制。这一模型建立在以下假设上：管理人员们对来自于志同道合的同僚提出的建议和挑战——而非公司高管的——有可能作出最佳反应。当时英国石油的首席执行官约翰·布朗（John Browne）就说过："同级别的人互查彼此的工作，与上司检查下属的工作相比，有很大区别。我们得出的结论是，得到最佳答案的方法就是同级别的人互相挑战并支持彼此，而非通过金字塔式的挑战流程。"这一方法帮助了被期待的行为自发产生，而这是正式流程所不能产生的效果。尽管英国石油使用的这一模型在 2001 年开始演进[17]，但是这一模式是英国石油公司在 20 世纪 90 年代突飞猛进的核心要素。

再举一个更加通俗的同业互查的例子，思考一下大部分公司中的费用报销流程是如何进行的。有正式的规章规定你哪些费用可以报销，哪些不可以，还有一组人的工作职责就是保证报销格式填写无误且符合规定。系统的官僚性越重，就会有越多的员工到头来只会做表面文章，而非遵守规定的实质。当 2009 年英国一项高级法院法令规定国会议员的报销费用必须公示之后，一些当选议员的费用报销引起了英国民众举行了一次强烈的公开抗议游行。议员们申请报销第二套房，而自己却从未住过，他们还尽其所能地报销各种和自己工作无关的私人物品，比如一个"池塘鸭舍"报销了 1 600 英镑，壕沟清洁服务报销了 3 000 英镑。从技术上讲，这些报销符合议员们报销制度的狭窄定义，但却与任何广义的公平原则相违背，难怪公众会感到愤怒。

解决这一问题的方法相当明显：在议员们在哪些地方可以花钱的问题上给予大概的指导，请他们自行判断哪些是合理的，然后将实际申报的报销公布到网上。剩下的事情媒体就会处理好了，他们会指名道姓并羞辱那些不遵守规章制度的议员的名字。类似的方法可以为公司所用，实际上一些公司已经在用了。但这一方法并非没有风险（我们将在下面看到），但这相对官僚报销体系而言是一种有效且高效的替代方法。

透明化。官僚体系的潜在恶果之一就是让人们处于黑暗之中：他们只能看见自己眼前的部分，这使得他们不能全面地解决问题或利用机会采取行动。因此作为一项基本原则，透明化是一件绝对积极的事情：它能让公司内不同部门的员工更有效地协作，这也是公司信任其员工，并希望他们理解全局的一个信号。最终，它会增强谨慎的判断力。

下面举一个关于透明化的绝佳例子。Skubios Siuntos 有限公司是 UBS 立陶宛分公司授权的服务提供商。Skubios Siuntos 有限公司只有 76 名员工，在立陶宛这个波罗的海国家全境提供递送及收取国际运输服务。

在 2007 年,其公司创始人之一弗拉达斯·拉萨斯(Vladas Lasas)开始寻找一些非传统的方法来激励和挽留员工,他突然想到让员工自己给自己定薪酬。他设置了以下流程:首先,他和他的管理团队为来年增长的工资支出预留了 19％的特定预算,然后他要求他们对每个人应该多获得的薪水作出初步估计。接着,他亲自给每位员工写信,信中包括了每位员工历史薪酬的详尽数据以及公司的财务状况,并附了一份需要他们在 24 小时内完成的问卷,问卷包含 5 个问题,其中有一个问题是询问员工希望自己的新工资是多少。当员工提交完问题和薪水的答案,人事总监以及对应经理就约见每位员工,讨论他提出的预期工资。大约 39％的员工提出的加薪与他们经理的预期完全一致。40％的员工提出的加薪略高于经理的预期,21％的员工提出的加薪大大高于经理的预期。在接下来的商讨中,公司与 79％的员工达成了加薪协议。剩下的 21％和人事总监进行了第二次会面。有一名员工的薪水加到了他预想的水准,因为他证明了自己值这个钱;一名员工在说完"要么给我我想要的薪水,要么我辞职"后辞职了;还有两位员工看了一份发展计划,如果他们完成计划中的目标的话,他们就可以得到自己要求的薪水。

6 个月后,Skubios Siuntos 有限公司又执行了同样的流程。和前一次一样,他们掌握了员工反馈。在第二轮之后,85.5％的员工表示自己非常满意(自己的薪水),14.5％的员工表示满意,而没有人不满意。而且,在此期间的员工(年)流动率从 12.8％降到了 8.4％。

Skubios Siuntos 有限公司的实验,证明了当你视自己的员工为有责任感的成年人时会发生什么。当在个人贡献和公司整体财务状况的背景下,公司鼓励员工们说出自己应该得到的薪酬,这就开启了与员工的理性对话,讨论他们今年年终实际会得到多少薪水,以及他们明年将会达到什么指标。弗拉达斯·拉萨斯一直都认为,员工应该多了解些公司财务状况的细节,而"自定薪酬"就是直接建立在透明化政策上的首创尝试。

当然,透明化原则要远比分享公司财务信息以及薪水广泛得多。以下就是其他一些使用透明化原则产生良好效果的情况:

- **设定及完成绩效目标透明化**。在 20 世纪 80 年代，制造企业 SRC 股份公司因开卷式管理而声名鹊起。他们给予员工财务信息的培训，设定以及完成目标的责任，奖金则与公司业绩挂钩，这一行动产生了积极效果。[18]

- **与供应商或客户合作透明化**。沃尔玛英国子公司阿斯达（Asda）最近宣布了一系列新举措，目的在于响应顾客增加透明度的要求。其中包括"阿斯达之窗"和"由您选择"。"阿斯达之窗"允许用户通过直播网络摄像头观看发生在阿斯达工厂中的事情，并且将店中的砖石墙换成了玻璃墙；而"由您选择"则会邀请老顾客帮助开发和测试新产品。[19]

- **与外部利益相关人交流透明化**。英国《卫报》每年都会发布一份《社会审计报告》，以检查自己在环保、社会及道德问题上的记录[20]，随后一名独立审计师会对此进行评价。其结果并不总是正面的：2006 年的检查表明，培生集团（Pearson PLC），而非《卫报》集团，在纸张来源上拥有最好的环保责任记录，而审计师理查德·伊万斯（Richard Evans）也就《卫报》对二氧化碳排放的报道进行了指责。

　　个人化。最后，取代正式程序让事情得到解决的第三个替代方法就是个人责任感：赋予关键个人以责任，并且要求他们为自己行为所产生的后果负责。比如，每位飞机的机长都知道一条基本原则，即合理地作出有风险的决定。机长可能会将特定问题的决策权授予专业工程师或调度员，但与飞机飞行有关的决策则在机长身上——而不能指望空中交通指挥员或航空公司首席执行官。换句话说，正式程序是由强烈的个人担当来支撑的。

　　这似乎是一个显而易见的观点，但再回头想想为什么银行业在 2007 年会陷入困境？大型投资银行雇用了大批的人从事于风险管理领域，但他们完全依赖于正式流程，使用的步骤被非常小心地加以定义，甚至那些善意的经理们也是只见树木不见森林。按照一份报告的说法，"（银行）风险管理的失败是由于对封闭的业务部门、金融产品，以及交易柜台这些低级别的风险决策过度依赖造成的，他们忽视了这些风险对公司整体风险预测会产生什么样的影响。"[21]

换言之，这些银行所需要的是更高的个人责任感，去完成规定银行的正式程序。而有趣的是，一些在整个信贷危机中表现最好的公司正式采取了这一策略。比如，我在为本书进行调研时采访了一名成功的对冲基金高管，他跟我说："我们有强大的非正式系统，我们自然地沟通，我们对于冒什么样的风险形成了自己的看法。我们承受自己判断的后果。"类似的，JP 摩根大通——受信贷危机影响最小的大玩家之一——拥有一个高度凝聚力的顶级高管团队，主管摩根大通的风险管理日程。摩根大通 CEO 杰米·迪蒙（Jamie Dimon）及其团队早在 2006 年就看到了抵押信用风险和次贷责任市场风险的早期预警信号，因此他们减少了摩根大通在抵押担保证券上冒的风险。而正是抵押担保证券摧毁了许多摩根大通的竞争者。

其他行业对个人化概念也看得很重。比如，在制药业，各家公司总是会在新药投资上冒很大风险。这些公司拥有成熟的正式制度以及严格的外部监管。但除此以外，他们还需要符合强烈的道德准则以及医药界同行的专业标准，这也是个人化的一种形式。正如一名观察人士所写，医学专家们"受公众希望提升整体医药知识的意愿的激励，而非被出售医药这种私人或商业意愿而驱动"。[22] 正是由于医学专家们之间的这种共同担当意识，才使风险最小化。

灵活型官僚体系的风险。当然，上述的任何一种方法都不可能一点风险也没有。就这样放弃了传统的、正式的、相对隐秘的组织工作的方式，管理人员们也要承担新建的开放性遭人利用的风险。因此全面分析在哪些状况下使用这些模型才能发挥其效应就显得十分有价值了。

在非常引人入胜的《公共事务的治理之道》（*Governing the Commons*）[23]一书中，2009 年诺贝尔奖得主埃莉诺·奥斯特罗姆（Elinor Ostrom）描写了地方社区是如何对共享资源进行集体管理的。她研究了瑞士牧场、日本森林以及菲律宾灌溉系统的使用情况,向人们展示了社区是如何自我组织以保证他们不会开发过度或滥用这些共享资源:他们建立了群落间合理的划分,群体内的成员严格执行着一个监管体系,设立了一些低成本的冲突机制,而且个人都可以形成自己的规则。

奥斯特罗姆的发现直接适用于本节讨论。对于那些不在乎自己的行为会对别人产生什么后果的利己主义者来说,要求雇员设定他们自己的薪水,废除费用报销规定,通过同业互查来设定绩效目标,所有这些行为都极易可能被他们滥用。因此如果你拥有一个有着清晰身份的团队去监管和形成自己的风格,这些替代机制才有可能会有价值。但如果没有这样一个团队的话,滥用行为的风险将是巨大的。

内部市场模型

从定义上看,内部市场模型就是个混合体:这是一个在公司正式范畴之内协作活动的类市场化机制,通常会涉及公司内部划拨价格以及业务等级协议。这一概念出现已经有很多年了。但不幸的是,有证据表明这种内部市场无法摆脱官僚性。实际上,管理人员们经常会评论说,与一个独立公司进行洽谈要比和内部供应商或内部顾客洽谈容易得多。

但在过去十年间,人们对内部市场概念的兴趣又重新燃起。我们在早前提到过加里·哈梅尔极具影响力的文章《将硅谷精神带进企业内部》(Bringing Silicon Valley Inside)。在这篇文章中,哈梅尔称各公司应该在自己的边界内建立起一个点子、资金和人力的市场(就像硅谷的风险投资家们一样),而非使用传统的资源配置体系,这种传统资源配置体系也就是在苏联时期才不显得过时。另一本极具影响力的书是麻省理工学院教授汤姆·马龙(Tom Malone)的《未来工作》(The Future of Work)[24],马龙在书中表示,信息技术的进步让公司在不放弃控制的情况下,大幅度去中心化决策制定活动成为可能。

如今有许多种不同的内部市场模型存在着。那些主要关注于如何集合大量员工的观点以作出更好决策的内部市场模型[通常被称作意见市场(opinion market)]将在第四章讲到。本章只限于讨论各公司如何使用内部市场来协调活动，比如，作为官僚体系的替代方法。

点子市场。 许多公司并不会使用一个单一的、正式化的筛选机制来审视所有点子，而是会和传统流程一道，成立某种种子基金或孵化器，以提供一种低成本、低风险的尝试新商业想法的非官僚性方法。石油巨头壳牌的"GameChanger"(改变游戏规则的人)单元就是个众人皆知的好例子。GameChanger 单元被成立是用来资助那些有可能发展成为一个全新产业的激进点子的。如今，该单元在壳牌所有主要部门(探测和生产、销售、化工部门)都有开展活动，拥有 4 000 万美元的年度种子基金预算和 25 名员工。壳牌集团的员工可以通过 GameChanger 网站提交自己的想法。所有想法都会被该单元的成员检查，在 6 个月到一年的时间里，这些提议会通过多轮审视、原型设计并得到资助。点子获得通过的员工会从自己的日常工作中抽身以进一步研究自己的点子，而且他们会为此获得补助。如果提议变成商业计划，GameChanger 会给员工以 30 万美元到 50 万美元之间不等的启动资金。项目里程碑会被正式设立下来，项目每一阶段都需提交清晰的交货日程和进度回顾书。到达"概念验证"阶段的项目(大约占初始递交项目的 10%)将脱离 GameChanger，要么进入壳牌集团的主要部门之一(大部分项目都如此)，要么进入壳牌风险投资公司(Shell Technology Ventures)——一个公司剥离机构。自 GameChanger 于 2006 年成立以来，大约收到了 1 600 个点子。提议的数量源源不断，过去 5 年间每年递交的想法在 150 个到 200 个之间。GameChanger 单元有着良好的成功纪录：探测和生产部门所有开发项目中的 40% 是由 GameChanger 项目发展而来的。[25]

资金市场。 点子市场的另一面就是资金市场，许多公司中都有一个审查委员会控制任何重大投资的财权。

葛兰素史克(GlaxoSmithKline)就发现自己公司的传统资金分配模型限制太大了。到 20 世纪 90 年代末期，葛兰素史克的高管们清晰地意识到,来自研发投资的回报持续下降,而更小一点的生物科技公司在资源更少的情况下却收获巨大。正如葛兰素史克全球研发主管木内山田(Tachi Yamada)所观察到的:

> 大型制药企业站在药物发明的前沿,因为发明药物需要投入大量资金筛选成分。大型制药企业还非常擅长于药物开发的后期阶段——大型临床试验。而在药物开发重要的中间阵地——将有前景的成分转化为可用的产品——上,规模稍小的公司所具有的灵活性和反应度就成了取胜的关键。[26]

山田对此威胁所提出的解决办法是,对葛兰素史克药物开发部门进行激进改组,分为 7 大药物发明卓越中心(Center of Excellence for Drug Discovery,CEDD)。这些中心具有生物技术公司似的灵活性和自治权,同时也能从葛兰素史克的全球规模中受益。每个药物发明卓越中心都被分配了一块研究领域,但他们必须根据自己的业绩来竞争中央资金。这种方法似乎具备一些要点。但葛兰素史克的药物开发线太长了,这一创新的结果在数年中也不会为人所知,不过从早期指标来看,那些进入开发阶段的预选药物前景光明。

人才市场。令人兴奋的新冒险活动吸引人才,许多公司都在寻找方法以求这一动态过程发生在自己公司的边界之内。我们在早前讨论了奥迪康的意面组织。意面组织的理念核心即人们可以自由地加入自己感兴趣的项目。另一个例子就是 W. L. 戈尔联合股份有限公司(Gore),这家位于特拉华州的透气织物制造商因为其独特的管理模型而成为传奇。根据宽泛要求而非特定职位招聘上来的新员工会分配到一名担保人。随后,新员工们会被分派到多个团队中参与工作,以便熟悉公司,之后,在担保人的帮助下,新员工们需要找到一个自己能成为其中一部分的团队。正如加里·哈默尔所观察到的,新员工"实际上只是评估的一部分,担保人的职责才是帮助新伙伴找到适合他能力且需要这些能力的特定团队"。[27]

而其他许多公司包括 HCL 科技（HCL Technologies）、印孚瑟斯（Infosys）、英国石油以及诺基亚，则拥有某种程度上的内部工作市场，这些公司鼓励员工们通过在组织内部申请工作，而非等待被安排到下一个岗位上来掌握自己的职业发展经历。

思考一下，上述三种内部市场中所共有的主题是什么？在上述三个方面中官僚体系注定那么慢，因为它涉及了太多的管理层，却为那些实际从事这些工作的人的视野所限，也不能给出合适的考虑。壳牌公司的 GameChanger 模式在加速去中心化评估新想法的责任上做得很成功；葛兰素史克的卓越中心模式也加速了决策制定的过程，并鼓励了科学家们在自己的工作中考虑更多商业因素；戈尔的内部工作市场模式被设计用来将职业管理的责任放到个人肩上，并给予个人在确认自己的职业发展选择上以更大灵活性。

内部市场模型的风险。那么创造这些类型的内部市场体系有什么风险呢？这类管理实验会起到适得其反的作用吗？是的，它们能。有一个相当有趣的案例就能全方位地展示事情出错的过程。想想安然集团。如果你记得的话，在 1999 年，安然还是股市以及各地管理学作者的宠儿。安然完全支持市场化机制可以引入大型企业内部。在一段时间内，安然的创新管理模型运行极端良好。但是，正如我们所有人所知，这座高塔是建立在砂石之上的，现在安然成了警示内部市场会怎样造成麻烦的案例。[28] 下面就是几个需要注意的方面：

- **空间太大**。需要给员工们指明方向，以便让他们在工作时能排定工作的优先级，否则就会产生混乱。在 20 世纪 90 年代中期，安然专注于天然气板块，但到 20 世纪 90 年代末期时，安然转移到了电力交易、在线交易、天气衍生品以及宽带网络上。之前安然的目标是成为"最好的天然气分销公司"，之后其目标变成了"世界上最好的能源公司"，而等到 2001 年，目标又成了"世界上最好的公司"。在这一日益扩大的商业领域内，安然的员工们被赋予了巨大的自由去追逐新机会。比如，欧洲天然气交易员路易斯·基钦

(Louise Kitchin)在 1999 年早些时候成立了一个在线交易公司安然在线(EnronOnline),同时却在继续从事自己之前的工作。到 1999 年夏,已经有 250 个人在她手下专职工作,且该网站在 22 个国家架设有服务器,而当时的安然总裁杰夫·斯基林(Jeff Skilling)甚至还不知道存在这样一个团队。

- **界限太少**。内部市场体系需要清晰的界限。尽管从纸面上来看,安然在评估提议上拥有相对成熟的控制体系,但事实上,这些官方规章和程序通常会被人忽视。更过分的是,顶级管理人员肯·雷(Ken Lay)以及杰夫·斯基林还会给破坏规章的人以第二次机会,而不是炒掉他们。在这两人看来,这是避免扼杀创业文化的特殊政策。但这也发出了一条极其清晰且危险的信息:破坏规章没事。

- **职业支持太少**。安然建立了一个几乎毫无限制的内部劳动力市场。新雇员工会被要求参加一项"协作"计划,在 6 个月的时间内接受不同商业团队的任务,但在新员工完成了这整一轮任务后,他们就要为自己更进一步的职业道路负责了。一些人会提出新的商业点子;其他人在令人激动的新增长领域内寻找机会。安然集团的这种风险奖赏态度意味着,收入最高的人就是那些开创新业务的人。结果,高增长领域的业务部门吸引人才,而那些更加成熟的部门即便是赢利了,也挣扎于留住好员工。

很显然,安然在很多方面都不是一家普通公司。这里它只是作为一个例子,来表明如果允许内部市场观念在一个公司内部毫无约束地扩散,事情将变得有多糟。但我们也看到了,当公司让自由和控制达到平衡时,正如壳牌的 GameChanger、葛兰素史克的卓越中心以及戈尔的内部劳动力市场一样,公司也能从内部市场模型收获巨大。

网络模型

和内部市场模型不同,网络模型的所有关系并非由一个公司管理,而是一种协调发生在独立公司以及个人之间各种活动的方式。网络模型试图在各方之间建立起高度协作以及信任。

建立在网络原则之上的伦敦咨询公司 Eden MacCallum，就是一个有趣的例子。Eden MacCallum 咨询公司成立于 2000 年，当时正值互联网泡沫的尾端，连安·伊登（Liann Eden）以及迪娜·麦考勒姆（Dena MacCallum)创建了这家通过自由职业咨询师网络提供咨询服务的公司。大部分咨询师都拥有在大型咨询企业如麦肯锡、贝恩、波士顿咨询的工作经历，而且他们也很珍视作为自由职业者的灵活性，这就让 Eden MacCallum 咨询公司拥有比传统咨询企业更低的报价。在 2008 年，该公司的营业额超过 1 200 万美元，总计完成了 600 多个项目。Eden MacCallum 咨询公司的年增长率超过 50％，拥有 21 名全职员工和 400 多名自由职业咨询师，成为伦敦地区第二大战略咨询公司，仅次于麦肯锡。

Eden MacCallum 咨询公司决定将目标客户定位于那些被麦肯锡、贝恩或波士顿咨询拒绝或无力承担这些公司费用的人。他们的价值定位很直接：我们有同样的高水平和高标准，但价格却几乎是这些大咨询公司的一半；而且我们还没有任何独有的方法论，相反，我们会使用任何合适的方法论来解决你的问题；你还可以为你的计划挑选合适的咨询师。

在争取订单时，Eden MacCallum 咨询公司会从自己的人才库中选出 2 到 3 名咨询师，放到客户面前。客户随即评估出哪位咨询师是最合适的，这会让客户有兴趣完成此项交易。而在项目收尾时，针对个人咨询师以及 Eden MacCallum 咨询公司的表现会有一个密集反馈的流程。

所有这些都是对客户有意义的。但对于咨询师网络呢？作为自由职业者的灵活性是如何帮助到他们的？这些自由职业者并非雇员，也不是完全的自由职业合同工，他们处于这两种状态之间。这些咨询师对 Eden MacCallum 咨询公司的忠诚度相当可观，大部分工作也得自于 Eden MacCallum 咨询公司，不过咨询师可以自己决定选择什么项目。这包括选择自己接受哪个板块的项目，每周多少天或每年多少个月会工作，围绕旅游进行的安排，以及其他许多东西。当然，这种安排需要不断调整，以便让所有人都高兴，不过也不是谁都可以进行选择的。通过让咨询师们选择自己的雇佣方式，Eden MacCallum 咨询公司收获了极高的忠诚度，咨询人才库中的跳槽率非常低。

从根本上讲，Eden MacCallum 咨询公司的商业模式就是其客户基础与咨询师人才库的交易中间商。该公司的附加值主要在于知道怎样筛选项目以及匹配质量的掌控。结果，该公司 1/3 内部员工是全职，保证正确项目用上了正确的人；一半员工是致力于开发和培育客户关系。将顶级咨询师与正确的项目匹配起来，这才是 Eden MacCallum 咨询公司的特殊能力，但是，和其他咨询公司不同，Eden MacCallum 咨询公司并不为培养能力所拖累。

Eden MacCallum 咨询公司投入了大量时间以保证咨询师网络感觉自己得到了良好对待。其中一项举措就是如今已经完全透明化了的费用结构：一个基于工资分类的系统，咨询师根据自己的工龄以及咨询技巧获得相应的报酬；网络组织关注的另一个问题是：现有的工作要如何分享出去。因此 Eden MacCallum 尝试使用不同的技能组合来清晰地表明对人的能力级别的大致需求。这被称做"期望校准"——对公司和咨询师而言都是如此。

网络模型的兴起。这种类型的自由职业者网络正在兴起，主要由两大趋势所驱动。其中之一自然是互联网，以及在线社区的兴趣（一些在线社区追求商业目标，其他的则完全基于个人兴趣）。另一个趋势就是人们追求自己雇用自己的意愿日益增强，并希望掌握自己的职业生涯。相比起婴儿潮一代，X 世代和 Y 世代的人当中要有更少人认为自己会一生都在同一家公司工作。许多人在探索自由职业工作，成立自己的公司，以及所谓的职业"组合"——在多个雇主那里从事兼职。

BBC，这家由英国公众资助的电视台就加入了这股趋势之中。[29] 在 2000 年早期，BBC 面临着来自新数字媒体环境的挑战。BBC 该怎样才能应对这次市场内的大变化——是通过少部分研发团队的努力来预测一个无比复杂的新世界，还是通过一系列开源实验来接触这些新兴领域中大量的玩家？

他们的答案是，BBC后台计划（BBC Backstage）——一个寻求进行新媒体开发的项目，就像开源社区进行 Linux 和其他软件开发一样。这一模式看起来简单——邀请开发者来自由使用 BBC 网站的多种元素（譬如直播新闻消息、天气、电视节目单等），将这些元素整合成创新应用。项目的标语是"使用我们的东西来建造你的东西"，当该站点与 2005 年 5 月发布时，引起数以百计软件开发者的兴趣，并产生了一些非常具有潜力的产品想法。

相比起其他协作模型来说，网络模型能提供多种重要好处。首先就是灵活性——在不对员工数量进行重大更改的情况下，让工作量大幅提升或减少。当然，工作量的变化会被自由职业者社区吸收，但当人们在为自己工作时，这被认为是交易的一部分而显得理所当然。

第二，网络模型在构建与工人的关系中提供了一种传统雇佣合同中所缺少的纪律。如果一名自由职业者不行，他并不会被炒掉，而只是不会再被邀请做任何工作了。

第三，网络模型的另一个重要好处就是管理流程更简单。Eden MacCallum 咨询公司绝对不会要求自由职业者社区参与到会让全职员工头疼的会议和讨论中来。更不用说这家公司已经抛弃了所有流程。比如，它会要求咨询师们在每一个项目结束后做一份详尽的回顾报告。但关键是，自由职业者们对于没有附加值的会议或程序根本没有忍耐力，这就会让管理者仔细衡量某个特定会议或程序的目的了。结果就产生了更加简单、更高附加值的流程。

网络模型的风险。 拥有一支灵活的劳动力队伍的确好处巨大，不过网络模型却并不怎么好管理，它也会带来许多附加风险。

第一个风险就是，很难维持一个活跃网络。Eden MacCallum 咨询公司的咨询师可以自由向其他人出售自己的服务，因此如果当他们感觉自己不能得到有趣的工作或机会时，他们就极有可能转投他方。最好的咨询师也是最早离开的人。结果，Eden MacCallum 咨询公司的管理人员们会花费大量时间投入到社区中去，寻找让工作变得更有趣以及聆听咨询师们关心的问题的方法。

第二个风险就是，通过外包工作，你同时也放弃了对许多核心竞争力的控制，而这些核心竞争力正是你在市场上交易的关键。Eden MacCallum 咨询公司并不雇用咨询师，也没有任何正式的做事方法，而这正是其他咨询公司的重要组成部分。但公司必须有足够的专业人才来衡量其购买到的竞争力的价值，因此公司内部会有一个团队站在实践的前沿，并保证他们所雇用的咨询师都是顶尖人才。

第三个风险就是，创建一个由独立专家们组成的社区，你很有可能就在培养竞争者。理论上，Eden MacCallum 咨询公司的咨询师们可以直接向客户出售服务。但实际上，只要 Eden MacCallum 运行良好，咨询师不大可能这么做。但其他领域中，这种情况肯定是有发生的。加拿大汽车部件商麦格纳（Magna）过去将自己完全视为一个组件制造商或一个次级供应商，为通用及福特这样的公司服务。但在我写本书时，其正在寻求购买通用汽车的欧洲资产，已成为一个完整的汽车制造商。

在另一个完全不同的领域内，太阳微系统公司在 20 世纪 90 年代早期创建了自己的 Java 开发者网络。该公司最开始是想要控制合作伙伴（使用 Java 代码的独立软件公司）的活动。但很快该公司就意识到，这可能根本无法实现。"对于我们所创造的事情的广度，我们没有任何概念"，Java 创新（Java Initiative）的首席架构师乔治·鲍里尼（George Paolini）说道[30]。因此，太阳微系统公司决定转而创建一个开源社区，该社区迅速成型并走上了自己的生命轨道。这是一个重要的提醒：就像生态系统一样，商业网络不可能被任何一个单独的玩家所控制。

总之，网络模型管理起来相当有挑战性，因此它依赖的是你所不能控制的合作伙伴，而且其需要根据合作伙伴的需要以及能力进化而不断地适应。而且它还意味着，作为一家公司，你需要对付你自己存在的理由。如果你持续分包或外包你所提供的所有关键服务，你在其中真正扮演的是什么角色？框 3.1 就此提供了一些想法。

框3.1　网络化世界中，你的真正附加值何在？

　　如有真的有一种朝向纯粹市场及基于网络的协作模型的趋势，那么这一过程将在何处终结？假设可以外包或分包任何活动，如果此过程最终结果是你成立了一家虚拟公司：你自己、你的助手，以及做所有工作的合作伙伴网络。这意味着你没有存在的必要吗？实际上，答案是否定的。你的公司依旧可以扮演三种附加值角色，而不管你的公司是否真的制造或销售什么东西。这三大附加值角色是：

- 品牌提升者及保护者。像耐克和戴尔这样的产品公司非常喜欢使用自由职业者和转包商，但他们则致力于保持对自己品牌的控制。品牌向顾客展示了自己特有的价值主张，而且对为该公司工作的人更是有价值，因此这些公司高管的一个主要工作就是，培育及维持这种价值主张。

- 网络中间商。可以将一家公司看做是一个关系网络，随着时间推移，会有大量社会资本聚集在这些关系上。因此这样一家公司——特别是像 Eden MacCallum 咨询公司这样的网络化公司——的固有品质之一就是，通过将各方不同的需求和目标连接起来以创造价值。

- 系统整合。指的是将多个独立个人的活动组织到一起并协调起来的能力。人们经常说波音公司的核心竞争力是在对开发及组装飞机的项目管理上，大部分开发和组装工作都是由独立承包商完成的，而对这些工作的协调可能是人类已知最复杂的项目管理活动了。而在更普通的程度上，Eden MacCallum 咨询公司和 TopCoder（详见第六章）都需要擅长于管理复杂系统，以保证它们的自由职业者们以正确的程序做正确的事。

结　论

在本章,我们探索了三种不同的协作方式的优劣,而且也讨论了每一种方式所面临的管理挑战。正如管理学的其他方面一样,没有完美的解决方案;这取决于哪种方式最适合你公司当时的环境,以及你想让市场上的人怎么看你的公司。

本章最重要的信息是"少即是多"。换句话说,对正式管理流程的关注越少,基本上会导致更多个人行动和合作,从而换来更高层次的灵活性和响应能力。大部分公司都能通过对已有流程进行审视来获得巨大收益。有可以简化或重新思考的流程吗? 有应该完全抛弃的流程吗? 这些都是大部分公司不会在上面花足够多时间思考的重要问题。

第二条普遍规律是,通过松散依附的合作伙伴网络来解决问题,这种潜力随着时间推移变得越来越大了。而随着各公司在协作上日益移向浮现机制,公司的目的必须也必然要进化。许多公司日益通过我们在这儿讨论的网络关系来完成工作,公司变得更"虚"了。现在出现了一种快速发展的经济:自由职业者在不成为大公司员工的情况下,愿意并且能将自己的服务卖给大公司(这在信息技术行业尤其普遍)。不过,尽管所有这一切都正在发生着,一些观察家所作出的传统大型企业即将寿终正寝的预测也肯定是过了。在我看来,所有这些不同的协作模型还将并存许多年,取决于每家公司所面临的特殊情况。

第三章要点

大型企业协作工作的传统原则是官僚体系:使用正式规章和程序

来将输入转化成产出。其替代原则是浮现机制：通过独立行动者的自利行为来自发地进行协作活动。

本章详细地描述了三种协作机制。灵活型官僚体系提供了传统官僚体系的大部分便利，却有更多的个人表达自由以及更大的透明度。内部市场模型鼓励了在现有企业内部协作活动浮现机制的产生。而在网络模型中，管理人员创造不拘一格的方法来促进公司发展，并使未正式受雇的个人与他们紧密合作。

协作的总趋势是向着浮现机制这一端去的。这归因于技术变化和社会变化的驱动，技术变化使得广泛分享信息变得更容易，而社会变化鼓励个人成为自由职业者。而在协作上对基于浮现机制方法使用得日益增多，也会受到许多人从正式化规章和程序中所获得的稳定感及安全感的诱惑。

本章所列的三种协作机制各有其优劣势。作为管理人员，你面临的挑战是：(a)每种机制的相对优点，(b)评估哪一种机制最符合你的特定情况；(c)如果你认为还有提升的空间，预想并实验建立在这些想法之上的协作新机制。

第四章

决策制定与沟通：从金字塔体系走向
集体智慧

　　作为一名热心的体育迷，日子可不好过。你喜爱看自己的队伍比赛。你因他们的胜利而活力四射，因他们失利而绝望。最坏的情况是，当教练作出坏决策——出售一名明星队员，选错出场阵容，选择了错误的策略——时，你真的会很郁闷。

　　前足球记者威尔·布鲁克斯(Will Brooks)就是这样一名狂热分子，而他则决定采取行动。他在 2007 年 4 月建立了一个网站 www. myfootballclub. co. uk——或简称为 MyFC(我的足球俱乐部)，目标是招募足够多有类似想法的人来成立俱乐部，并购买自己的球队，这样他们就可以发号施令了。

　　到 2007 年 8 月，该网站已经有超过 1.2 万名会员(每人支付 35 英镑)，银行资产超过了 50 万英镑。这让布鲁克斯得以进行第二阶段行动：与 6 家英国足球俱乐部进行洽谈，这几家俱乐部都面临着不同程度的财务困难。到 2008 年 1 月，布鲁克斯与艾贝斯费特联队(Ebbsfleet United)达成了交易意向，艾贝斯费特联队是一家位于伦敦东北部的(英格兰)业余联赛俱乐部。布鲁克斯询问网站成员是否愿意达成这项交易：来自 70 个国家的 2.1 万会员中有 96％的人表示同意。交易达成了，MyFC 网站以 63.5 万英镑的投资骄傲地成为了艾贝斯费特联队的所有者。[1]

MyFC 的成员对于能直接插手团队管理事务的前景感到很高兴。而艾贝斯费特联队的教练利亚姆·戴施（Liam Daish）对此次安排也表示了同样的乐观："作为教练，我期待这次挑战，和数以千计的网站成员一起，造就一支常胜球队。"

MyFC 的成员很快确认了戴施的转队目标（他想购买的球员），共有95％的人投了赞成票。但当碰到是否该由 MyFC 的成员确定比赛出场名单的复杂问题时，一小半网站成员倾向于将这一问题的决策权交给戴施。当时艾贝斯费特联队正处于上升期，在 2008 年 5 月赢得了英格兰业余联赛总冠军，这对此问题的讨论有所帮助。不过，不管怎样，这和原始计划偏离甚大。网上论坛对这一问题进行了广泛辩论，正如一名成员观察到的："从现实角度讲，我认为管理者（教练）应该挑选队伍……球迷们投票很好，但最终应该由教练决定……你可能会想，每一个人都是平等的，但一些人要比其他人更平等一些。"[2] 网站成员们继续在重大事情上进行投票，比如与耐克的赞助商交易，是否出售俱乐部最好的球员，不过他们最后还是决定将日常决策权交给教练。

即便已经将英格兰业余联赛总冠军奖杯放进了奖杯陈列柜，球队2009 年的前景依旧不明朗。MyFC 网站成员刚开始的激情开始消退，许多人选择不续费了。在写作本书时，艾贝斯费特联队正处于资金短缺的境地。"如果我们在第二年还有第一年时那么多钱，我们现在就会笑了。但是，因为许多人怀疑我们是否能继续保持有 3.2 万名用户，也不知道有没有足够钱来用于下个月的开支。"布鲁克斯解释道。

MyFC 是集体智慧的绝佳例子。集体智慧指的是，与单个专家作的决策相比，一大群拥有不同观点的个人最终经常会达成一个更好的决定。有许多遵循此原则的实例，从维基百科到 Linux 到 InnoCentive，但此方法中决策制定过程所涉及的紧张却极少如此清晰地显现出来。

在此需要强调两个要点。第一，许多人都有想法，但不是每个人的想法都有相同的价值。"大众"对于每周挑选艾贝斯费特联队球队阵容的前景感到很兴奋,但轮到他们作决策时,他们却发现自己并不真的具有作出此种判断的详细知识,因此他们将此事的决策权授予了教练利亚姆·戴施。

第二,在最初的激情爆发之后,大众牵涉其中的程度消退得相当快。在戴施是否该挑选阵容这样的关键问题上,只有 492 个人参与投票。网站成员从高峰时期的 3.2 万人,下降到了 2009 年 2 月的 9 500 人。这是众包行为的普遍模式:人们喜欢执行自己的观点,而且他们喜欢参与到新计划中,但在最初的激情爆发后,他们经常会转移到其他事物上去。MyFC 要比许多类似的行动做得好多了,而关于其会员数量是否会继续增长以实现其目标这个问题,仍然充满未知性。

本章我们将检验与金字塔体系的传统观点相反的集体智慧原则。金字塔体系也许要算是所有管理原则中最古老的了。和先前一样,我们仔细观察这两条原则被管理人员们运用到制定决策上的方法,并考虑它们的优劣。和本书讨论的其他一些概念不同的是,集体智慧很好理解,也非常流行。这也是我们要相当严肃地看待它的原因,我们不想掉进自以为是的陷阱,仅仅因为集体智慧的概念新潮,就认为基于大众的决策制度必然要优于传统的金字塔方法。事实上,这也是我们为何决定要在本章开头就提到 MyFC 的故事及其所传递的复杂信息,集体智慧作为一种替代性管理原则具有很大潜力,但同样有巨大的局限性。

何为金字塔体系?

金字塔体系让管理人员对他们作的决策负直接责任,也赋予了他们对下级的合法权威。之所以将权力赋予管理人员是因为,金字塔体系的根本假设就是,那些在金字塔顶端的管理人员拥有更多的经验和更高的智慧。我们在第三章接触到的这个词——"金字塔体系"(Hierarchy),在日常使用中经常和"官僚体系"(bureaucracy)通用,但从严格意义上来说,金字塔体系只是官僚体系的一个元素。我们之所以单拉它出来讲,是因为它能帮助我们解决纵向管理中遇到紧张感,这点和官僚体系相反,官僚体系和横向管理有关。更确切地说，我们将在本章中通过金字塔体系来检验管理学中的两个关键活动：决策制定及员工沟通。

金字塔体系这个专业术语极少得到合理定义，这一点很有趣。对于很多人来说，这个词在商业世界——以及其他类型的社会体系——中的核心地位是非常稳固，根本无需定义。不过在这儿，精确性更高一点是有用的。就其最基本的形式而言，金字塔体系指的是将以有序或有组织地方式将整体打碎成部分。但在商业环境中，金字塔体系最终变成了一种多层次的概念，拥有三个相互重叠的因素：职位金字塔（个人对他人的权力仅来自于他的职位）、知识金字塔（顶层人员拥有更多知识）、行动金字塔（部分顶层人士的行动明确了隶属金字塔体系下层人士的行动）。[3] 从传统上来讲，所有这些因素是完全并行的，在金字塔最顶层的人也是最有知识的人，以及行动的驱动者。当然，如今的现实是，知识分散在整个公司中（并超越了公司的边界），而员工也经常被鼓励超越自己的正式工作职责采取新行动。所有这些都让传统的金字塔体系概念不像以前那么有效了。

现在，在进一步深入探讨之前，我们需要说清楚一件事：某种程度的金字塔体系绝对是大型公司运转的必要条件。近几十年来的趋势是公司的去层次化，以及推动决策制定过程给前线人员，当然这一过程能到达的程度也有限。本章前面有 MyFC 的例子，而前一章奥迪康的例子表明，在决策制定活动上的激进去中心化实验通常会以重新引入某种金字塔体系为结局。MyFC 网站的成员给了教练以挑选出场阵容的决策权。奥迪康重新引入了一个中央委员会，以决定哪个项目该进行，哪个项目该停止。事实上，在世界上的任何地方——从 Linux 编程运动的结构，到非洲大草原上灵长类动物组织自己的方式——你都能见到某种形式的金字塔体系。

事实上，一些管理理论学家在为金字塔体系概念作辩护上更要走得更远。斯坦福教授哈罗德·莱维特（Harold Leavitt）写过一篇关于金字塔体系"不可避免性"的深度分析。他表示，金字塔体系是"吸引成功驱动型男

性和女性的心理磁场。这些金字塔体系让我们有机会获得成功、地位和
财富。而且金字塔体系也是抗衡复杂性的利器"。⁴ 我们在第二章中提到
的加拿大管理理论学家埃利奥特·杰奎斯（Elliot Jaques）就简洁地陈述
过，"金字塔体系是大型组织完成工作的最佳组织方式"，"合理架构的金
字塔体系能释放出人的能量和创造性，并使生产力变得合理化。"⁵

即便他俩将金字塔体系定义为一种概念，杰奎斯和莱维特也承认金
字塔体系会产生问题，但部分原因是因为金字塔体系被运用得很糟糕。
金字塔体系最大的问题是什么？

- 金字塔体系认为老板总是知道得最清楚的。其令人惊讶地将个
  人在组织架构图中的位置与个人的知识相对等了起来。有时，这
  个假设是正确的，但通常都是错误的。结果是，那些对情况未了
  解清楚的人作出决策，而其他有能帮得上忙的东西贡献的人则被
  忽略了。

- 信息在层与层之间并非自由流动。在金字塔体系中，高管们对于
  向比低层人员展示敏感信息非常小心，而下级也对该和老板们说
  多少很谨慎，生怕给出了错误的消息。糟糕的信息流动经常会导
  致错误决策的产生，还会制造一种不信任的气氛。

- 很少有管理人员会在下级的工作上增加真正的价值。也许是因
  为金字塔体系中的层级太多了，管理人员们经常会侵入自己下级
  的工作范围，并"偷走"下级的决定权。这自然会在下级中产生困
  惑和幻想破灭之情。

也有与之相关的问题——从缓慢的决策制定过程到缺乏担当性，不
过将这些问题归类到由官僚体系（我们在前面讨论过）所带来的问题要更
好。上述三个问题所涉及的范围却要狭窄得多，是由存在于大部分大型
企业中的金字塔关系所产生的直接后果。

由于金字塔体系思维占主导地位，结果就是大部分组织中浮现的流
程——从战略规划到资源分配到职业规划——都建立在一个预设上，即
金字塔顶端的人拥有专业知识和智慧来代表整个组织作出决策。但这一

预设并不总是正确,也有许多有趣的企业案例,实验了许多让自己员工产生集体智慧的方法。

集体智慧

作为一种替代原则,集体智慧认为在特定的条件下,一大群人集合在一起的专业知识能产生比一小群专家更精确的预测、更好的决策。

有一个和集体智慧原则相关的成熟研究。[6]这一研究启发了兰德机构著名的用于预测的德尔菲法,影响了诸如股市设计、事故预防以及预测选举结果等诸多事情。集体智慧这一概念近年也变得流行起来,有许多大同小异的畅销书如《聪明的群氓》(*Smart Mobs*)、《众包》(*Crowdsourcing*)、《维基经济学》(*Wikinomics*)以及《大众的智慧》(*The Wisdom of Crowds*)阐述这一概念。[7]当然,集体智慧的力量在其他许多地方也有显现,从维基百科、Linux 这样的大型协作项目(之前提到过),到 InnoCentive、宝洁公司的风险保护联发(Connect＋Develop)创新模式(之后会进一步讨论)。

不过集体智慧作为一项组织原则的巨大潜力之外,其在管理上的应用长期以来却遭到了低估。比如,想想目前的 Web 2.0 协作体系是如何与大型企业的金字塔体系共存的。加里·哈梅尔认为这两个系统需要更好地整合到一起:"我相信,在现今万维网上积蓄力量前进的社会化革命中,你可以一瞥社会化革命下管理的未来……在很多方面,万维网就是新的管理技术。"[8]不过即便哈梅尔是对的,在集体智慧原则深植入大型企业管理工作的路上,我们还要走很久。

在本章,我们将描述一些这样的实验,管理人员们通过这些实验来将集体智慧原则结合到日常工作中去。其中一些实验运行良好,其他的则不然。我们将讨论这些实验的成败原因。

本章的框架是,我们将先思考四种不同的管理任务,并检验管理人员们为了更有效地执行这些任务,而对金字塔体系原则和集体智慧原则混用的方式。这四项任务为:(a)与下级沟通;(b)从下级中获取决策信息;

（c）因人施用，让下级解决问题并创新；（d）充分利用外界信息以提升决策制定过程。图 4.1 展示了这四项任务与金字塔体系原则、集体智慧原则的相对关系。和上一章的图 3.1 一样，这张图是要表明，这些原则是部分冲突、部分互补的。换句话说，大型企业需要一些金字塔体系，也能从对集体智慧原则的良好使用中获益。一般来说，管理人员制定并沟通决策最有效的方法就是混用这些原则。

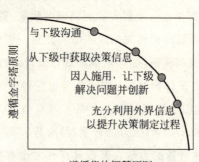

图 4.1　决策谱系：比较不同活动的框架图

和下级沟通

经常有人说，高级管理人员面临的关键问题之一就是沟通。"不沟通，就不用沟通了"，这是工程公司 ABB 的前 CEO 佩尔西·巴列维（Percy Barnevik）最喜欢说的一句话。但 ABB 只是少数成功纠正沟通策略的公司之一。许多错误经常是犯在告知人、告知时间以及告知媒介上。不过在本章内，我更关注的是，大部分企业沟通都是单向且无效的。你永远也听不到董事会成员在作决策时进行讨论时的双方观点，而且你也永远看不到一些事情为什么结果会那么糟。相反的意见从官方记录中被抹去了。

坦白讲，这并没有多大意义。自由民主的重要部分之一就是言论自由，然而大部分企业并不赋予其员工这样的自由。企业沟通最终变得更像是摘自 20 世纪 80 年苏联《真理报》的文章，或奥威尔式的官腔，而非在任何一份西方报纸上能找到的文章。这些沟通的结果是可以预见的。就拿一个典型的"坏消息"来举例吧，比如说工厂关闭。公司会发布新闻稿，而在发布的同时——通常要在这之前——谣言工厂会产生各种非官方版本事件说明，通常会在事情进行中就使其变性；而悲观的员工们则会聚集在咖啡机旁，指责他们的高级管理人员，抱怨自己为什么不能更好地得到通知。

互联网扩大了这种"谣言工厂"的严重性和范围。首先是各种反对公司的网站，比如 microsoftsucks.org 和 walmartsucks.org（分别指微软糟透了，沃尔玛糟透了——译者注）。这些网站能为愤怒的员工以及悲愤的顾客们提供分享各自抱怨的便利论坛。随后，个人博客的兴起更是给予了个人更多按自己的方式讲话的权利。而第一波博客是那些对公司乱加指责的局外人，很快，内部人士就会跟局外人的风。公司员工就官方故事加上自己的看法，通常很少会顾及企业礼仪（譬如 scoble. weblogs. com）。还有大众齐力挑战公司官方路线的，譬如地球之友于 2002 年发布的《另一份壳牌石油报告》（*Another Shell Report*）。这份报告进行了仔细研究，但却以来自于全世界"生活在壳牌石油阴影下的人们"的观点，对壳牌石油企业责任记录进行了一边倒的分析。

所有这些都彰显出，真的需要围绕信息及企业沟通的方式作出一些创新。诚实、成熟的沟通所带来的好处是巨大的：它会引发有成效的辩论、产生订单、减少虚假谣言传播的风险。而这样做的风险是最小的，因为真相最终总会浮现出来。当然，做这种事也有边界——特别是那些对公众披露有严格规定的上市公司而言更是如此——但大部分公司所谈论的事情以及谈论的方式并不会有这种限制。因此，考虑到传统的自上而下沟通方式的明显局限性，有什么能替代的沟通方法呢？

美国全国保险公司内的沟通。美国全国保险公司的首席信息官斯利尼瓦斯·柯石克（Srinivas Koushik）提供了一个在 Web 2.0 世界中进行有效沟通的好例子。[9] 斯利尼瓦斯·柯石克管理着分散在各地的 2 400 名员工（公司全体员工是 2.3 万名），他需要面临如何和员工们进行有效沟通的挑战。柯石克和他的团队使用的是公司的系统和技术设施，但他被一种只和团队中 20％ 到 30％ 进行了真正交流的感觉所困扰。作为一名 Web 2.0 技术及社交网络服务的早期用户，柯石克花了大把时间在网上，他将自己描述为"伪极客"（closet geek）。"伪极客"柯石克开始意识到，互联网上许多东西都可以形成或转换成日常管理实践，"如果我们找到正确的方法来这么做的话"。

于是，在 2006 年后期，他创建了一个内部管理博客，开启了与众人的交流。这不是一个决策制定论坛，而是一个人们与柯石克进行开放式双向交流的机会。这个博客每两周更新一次，涵盖各种话题，包括从个人观点来看管理。比如，柯石克谈到了自己生活和职业中经历的变化。这种并非理性战略的一部分但却升华了的个人接触，变得极其重要。柯石克解释道："博客开始去掉围绕在高管周围的神秘气质，让他们看起来更加人性化，而非坐在办公室中的面目不清的人。博客让人们只需登录，就可以将自己的想法加入到对话中去了。"

现在，柯石克的博客每次更新都能获得大约 2 000 个独立访问者，大约只有 1 200 个独立访问者是属于柯石克团队的人，其他人则来自美国全国保险公司的其他部门。博客的每篇文章都有 10 个到 40 个回应。

不过美国全国保险公司在与员工沟通上所做的远远不止于此。在 2007 年，美国全国保险公司仿照董事会组建了一个员工理事会。员工理事会每季度组织 40 名一线员工碰头，核心团队的五人需服务三年，其他人在理事会的服务年限是一年。

柯石克解释了员工理事会是如何运作的："我们将他聚在一起，和他们讨论我们在想的事情。我们把一个管理团队面临问题放在他们面前，然后说'你们会怎么解决它？'这种方式运作得非常好。我们对他们非常开诚布公：'好吧，这是一个思想论坛，可能有些点子我们不会实行，但我们会告诉你为什么不采用这个点子，下面我们来解释……'这样你就会发现他们的真正想法。而且他们也能看到管理人员们是如何对日常事务进行决策的。"

摆到员工理事会面前的一个复杂问题是客户满意度。美国全国保险公司有一套成熟的客户满意评价系统，这套系统直接和上自CEO下至一线销售助理的薪水挂钩。不过，一名IT员工能做什么来帮助提升客户满意度呢？谁与客户满意度有直接联系？当把这个问题放到理事会面前时，理事会对此进行了很好的讨论，并产生了一个很重要的想法：让员工设定自己的目标，陈述自己如何才能为公司的成功作出贡献。

这支美国全国保险公司团队还使用维基来帮助建设社区纽带。员工理事会有一个维基，采用敏捷开发模式的300多名员工也有一个维基。"这是提升知识的开源概念，而我们从中获益良多。"柯石克表示。

除了频繁使用即时通讯工具、博客以及维基外，美国全国保险公司目前还植入了一种名叫"联系"的技术，相当于一个内部版的Facebook。大约已经有200名参与者建立了自己的档案，标上了自己的专业领域——如架构师或变革管理。使用搜索功能，人们就可以按名字或专业来搜索，所有这些都孕育了非正式社区。

柯石克观察到，和其他公司一样，美国全国保险公司驱动最佳实践和意见领袖的传统模式是建立一个卓越中心。不过他也提到了其中明显矛盾的地方，"卓越中心的整个概念和万维网的一切相抵触，因为万维网没有中心。"在新的基于网络的环境中，"人们是根据你所知道的以及你贡献的来判定你是否是专家，而非你的头衔、你所属的组织以及任何这类东西。传统模式基于命令和控制。我们需要开始认识到，在这个网络化的世界里，控制是一种假象。你可以加入进来，你可以影响这个世界，但你不能控制它。"

开放沟通的风险。对于在工作场合构建一个更加协作化、更加网络化的沟通模式来说，柯石克在美国全国保险公司的实验起了很大的宣传作用。不幸的是，柯石克的例子只是少数。根据英国所做的研究，2/3的企业禁止员工在工作期间访问Facebook之类的社交网站。对于很多公司来说，这是下意识反应，主要是考虑到IT安全问题。不过在研究时，通过与管理人员进行讨论，也发现了潜在的风险和问题。有三点特别值得注意。

第一，认为会丧失控制权。管理人员们担心，开放讨论重要议题会使他们按照"大众"建议的那么做，即便是在他们不同意行动发展轨迹的情况下。管理人员们还争辩，涉及重要决策制定的相关信息都是保密的。

这里面有些东西还是有价值的。如果你寻求人们的意见，然后又忽略这些意见，人们会变得非常沮丧。因此你必须非常细心地构建决策流程，以便让人们清楚自己真正的影响力有多大。当然，肯定有一些极端机密的信息在公司内部流转，这部分信息泄露出去会危害公司的竞争地位。不过绝大多数"机密"信息并不属于此类，还不如将事情拿出来在全公司公开讨论，这样实际上会获益更多（我们在上一章讨论了透明性）。

斯利尼瓦斯·柯石克（Srinivas Koushik）对这一问题的看法是："最糟糕的事情是，你引进这些技术，却试图实行老一套的管理方法。需要让管理风格适应这些技术，以便将这些工具最大化利用起来。是时候开始承认并不是所有问题你都有答案了，而获得正确答案的唯一途径就是利用团队的集体智慧。你被训练来使用特定的方法进行管理已经有15年了，因此要遗忘一些习惯并不容易。我现在还会说，'我知道这个问题的解决方法；我跟你讲讲。'而询问'你怎么想'会产生截然不同的反应和更好的解决方法。"

第二个（和第一个相关）的担心是丧失影响力。这个问题是这样的：如果员工和我一样对同样的信息有相同的访问权，并思量我所负责的问题，我就会有丧失在组织内的影响力的风险。很少有人会用这么多个字来说这个问题，但肯定有许多管理人员潜意识里担心这个问题。

和上一个问题一样，这个问题里面也有些东西很对。不过对于作为一个整体的公司来说，影响力的丧失或许也非坏事。金字塔体系给予了身居高位的管理人员以很多正式权力，不过权力和影响力自然也可以通过其他更不正式的方法——远见、个人魅力、对某一议题的细致理解以及多年来建立的联系人网络——来获得。这些影响力的非正式来源是造就一个人是否值得跟随的因素，也是决定他是否能成为领导人的因素。因此，如果一个人紧抓金字塔体系中的正式地位，并将其看做是影响他人的唯一途径，那么破坏这一地位，让其他人为重要决策提供建议，实际上可能会是一件好事。

第三个担忧很简单，就是怕浪费时间。许多 Y 世代员工会很乐意每天在社交网站上花费数小时，管理人员们自然对在工作时间允许访问这些社交网站感到担心。

从表面上看，这种担忧很实际。不过再深入思考一下，事情会变得更复杂。还记得在第一章中提到的对 1 000 名员工进行的调查吗？[10]回应者中逾半数表示不大愿意离开鼓励员工社交化的公司。在回应者中，对自己雇主拥有更高忠诚度的人在社交活动上花的时间要远大于那些正在寻找下一份工作的人。

这样，在非正式沟通工具和工作忠诚度之间就出现了重要重合。如果你正在管理一群员工并忽视了这种重合，你就会面临一些特定的风险。基本上，接受工作中的社交互动行为，就改变了与员工的精神合同。你给出的信息是："我信任你会做正确的事，我会以你的产出来衡量你，而非你的投入。"员工会珍惜你给予的空间，并极有可能会用更具创意、更具思想深度的产出来回报你的信任。而且员工还极有可能会模糊工作和家庭生活的区别，他们在工作时会社交，在家里也会工作。

那么下一步工作场合的互动沟通将会怎样？事实是，这种情况将长此以往。人们对每一种新技术都有同样的反应：当初各个公司极不情愿地将个人电脑放在员工的桌子上，担心他们不能完成实际工作；一百年前，是否应该给员工配电话也引发了同样的争论。因此最好的建议是拥抱新技术，不过要实验性地通过尝试和犯错来找出使其成为一个有效管理的工具的方法。柯石克已经有意识地开始在一个通晓技术的团队——他的 IT 团队——中做实验了。而反过来，这个团队意识到，他们可以通过在管理中将技术运用好，来成为美国全国保险公司的变革推动者。正如柯石克所言："技术可以成为能动者，我们的例子中它就是促成者。"

从下级中获取决策信息

柯石克最初的实验只是为了能和 IT 团队中单个成员更好地沟通。但随着时间推移,这种单向流程变成了信息的双向流通,柯石克也开始从自己的团队中获取对重要决策有用的信息。

让我们仔细看一些管理人员从下级中获取决策信息的方式。一直以来,在作重要决策时,员工的看法应该被纳入到考虑范围中来,这一点一直以来都是这样。许多公司使用"城镇议事厅"会议来获取反馈。一些公司实验性地使用诸如研讨会及开放空间会议等成熟技术,让一大群人参与为组织设定变革日程。当然,Web 2.0 的兴起让这种事情能以比以往更大的规模进行。

IBM 的价值观大讨论。IBM 是首批利用互联网组织公司级别"大讨论",在重要决策上征求员工意见的公司之一。[11] 随着 IBM 从 20 世纪 90 年代早期的濒死状态中逐渐复苏,IBM 首席执行官彭明盛(Sam Palmisano)领导进行了一次大的创新,对 IBM 的价值观进行重新思考。在世通公司(Worldcom)和安然公司(Enron)事件之后,彭明盛号召 IBM 员工重新思考并定义 IBM 的价值理念。老沃森(Thomas Watson Sr.)在 1914 年时就首次阐述了 IBM 的"根本理念":尊重员工个人,提供最佳的客户服务,追求卓越。不过这些理念被歪曲得非常厉害,这些被歪曲的理念实际上在危害 IBM 的稳定性。

对于终生为 IBM 服务的彭明盛来说,价值观是一种强有力的推动力。他认为价值观会让公司文化和管理体系、短期交易和长期关系、股东—员工—客户利益取得平衡。

不过要如何来重新定义一个公司的价值观呢? IBM 负责企业沟通的副总裁戴维·杨(David Yaun)观察道:"如果一帮高管跑到某个密室中,抽掉一堆雪茄,然后提出了一些需求,这些需求如果成为我们的价值观的话,那一点意义都没有。毕竟,安然就有一堆价值观。"要让价值观变得真的有意义，这些价值观就必须是来自人群当中。

幸运的是，IBM 开发出了一种能让所有员工参与到这一过程中来的技术。IBM 在 1996 年秋发布了其内联网——基于互联网的内部网络。对员工的年度调查显示，内联网是一个值得高度信任的信息渠道：到 2000 年，作为信息来源之一的 IBM 内联网已经和员工渠道平起平坐了；到 2001 年，IBM 内联网作为信息来源的得分甚至要比管理人员以及员工加起来的还要高，这开启了全新的转型干预机会。每天，33.5 万名 IBM 员工中就有 27.5 万人至 28 万人访问公司内联网。

因此 IBM 产生了举行一次全公司直接对话——或者说"Jam"（大讨论）——的想法。"Jam"（大讨论）这一活动的灵感来源于爵士乐音乐家聚集到一起逗乐，并即兴创造出全新音乐体验的活动。首次 IBM 大讨论于 20 世纪 90 年代末期举行，在 2001 年则采用了数字模式，以公司内联网的形式进行，以便使所有员工都能参与。

2003 年的价值观大讨论在 IBM 企业沟通团队的主持下很快准备妥当。这次讨论的基础在之前就已经通过焦点小组和调查精心设置好了，共涉及四大概念。这次价值大讨论准备了三大价值观为核心：对客户保守承诺，创新实现卓越，诚实赢得信任。四大论坛主题则形成了这次讨论的框架。第一个主题提出了很多问题，如一个公司确实按照自己的理念行事，公司会变成什么样，以及公司将如何表现。第二个主题则检验了对于 IBM 来说必要的理念，第三个主题则讨论了公司的影响力。最后，"金标准"论坛讨论了 IBM 在其最好时期内做了些什么。

这次大讨论提出了这些富有挑战性的问题，再加上并不区分老员工和新员工，因此讨论过程并非一帆风顺也就不奇怪了。有许多人发表了悲观、负面的评论，不过大讨论组织者们经过讨论，决定不对评论进行审查，也不会删除评论，除非评论违反公司商业行为准则。在开始的 8 小时后，一名高层希望能中止这次讨论。不过彭明盛并不同意，并决定让大讨论继续下去。在接下来的两天里，更加宏大的愿景显现了出来。

这次大讨论共持续了 72 小时，在这段时间里，5 万 IBM 员工追踪了这次在线公司价值观辩论。内联网中共留下了约 1 万条评论。

在价值观大讨论结束后，这些评论都做了下线处理。在 2003 年 11 月，IBM 的新价值观公布了——自然是通过 IBM 的内联网。浮现出来的价值观是：致力于每一位客户的成功，在所有关系中都要信任并承担个人责任。这些价值观被收录到了《我们工作时的价值观》(*Our Values at Work*) 中，同时被收录的还有这次大讨论的其他评论。不过，除了那些对这些价值观表示支持的言论外，倒是出现了某种共识：IBM 目前并不是 IBM 员工们所希望的那种公司。"他们说'成为这样的公司很好，但我们不是那种公司'，"威恩 (Wing) 说道，"不过，正如彭明盛所说的，如果你是一位希望驱动变革的 CEO，这些简直就是天赐之物"。

因此为了实现这一目的，一年之后，IBM 举行了另一次大讨论，以便让人们将这些价值观带到生活中去实践。IBM 员工们给公司提出了成千上万个点子，以缩小现实与愿景之间的差距。结果，IBM 花费了数千万美元，为 35 个改变主要流程、程序和政策的点子启动了实施计划。对于价值观大讨论及其继承者来说，有一点很重要，那就是讨论技术和方法并不是一件不为人所察觉的一次性活动。实际上，现在大讨论是 IBM 管理体系的重要组成部分，也是 IBM 的变革驱动器。

其他从下级中获取决策信息的方法。大部分公司并不需要进行如 IBM 价值观大讨论这般规模的创新，以便从下级中获取建议。不过创造性地思考征求来自组织各个部分的信息并采取行动，这点依旧重要。下面是其他几个例子：

- 印孚瑟斯——这家我们将在第六章进行更详细描述的印度 IT 服务集团——在 20 世纪 90 年代实施了一项被称作"年轻人之声" (Voice of Youth) 的项目。在该集团主席纳拉扬·穆尔蒂 (Narayana Murthy) 的领导下，印孚瑟斯决定选取 5—6 名很有潜力的、30 岁以下的管理人员轮流进入公司的领导人"会议"，并要求他们在公司的年度计划会议上陈述自己的想法和洞见。这一行动帮助印孚瑟斯的最高管理层能在快速变化的 IT 世界中保持最新思维，并对牢牢把握住公司脉搏。[12]

- 在 20 世纪 90 年代，石油巨头 BP 开始招收其首批 Y 世代员工。BP 并未强迫这些 Y 世代员工和公司一致，以免让他们对 BP 产生隔阂。相反，BP 的管理层启动了一个名为"Ignite"（点火）的项目，该项目会选取一群 20 岁到 30 岁的员工，要求他们对公司战略和组织可能有的变革进行头脑风暴。通过让这些员工全权以自己的方式完成该项目，BP 管理层获得了 Y 世代员工的信任，并对产生了一些对未来工作场所有用的洞见。[13]

从下级中获取决策信息的风险和收益。这种流程的收益是明显的：当这些流程运行良好时，公司在以此为基础作决策时能有更好的洞见，而对员工选择的做法会更负责任。

那么为什么我们没有见到更多这类事情发生呢？我们在本章前面谈到了管理人员面临的一些威胁——害怕失去控制权，害怕失去影响力，担心员工为了提供建议而浪费工作时间，从而不能完成工作。所有这些担忧都和这些问题有关。不过，除此之外，还有三点值得重点指出。

首先，获取员工建议的结构化流程的机会成本很高。IBM 对价值大讨论的直接投资是数百万美元，而员工花费在其中的时间更是推高了这次活动的机会成本。而且，这些活动还并非高层可以授权其他人代劳的。这些活动之所以可行，是因为员工们认为自己获得了来自金字塔顶层人物的关注。印孚瑟斯和 BP 的例子花费都比较少，但却都需要公司的 CEO 和管理团队的参与。

第二，反馈的质量直接和所提问题的明晰度相关。对于运行价值大讨论的 IBM 团队来说，由于有以前的价值大讨论可以借鉴，从而让问题得到了精心设置，这一点帮助巨大。当员工们自由阐述自己想说的话时，大讨论的流程会将员工们的想法引导到经过细致定义的门类之中。这就让对所有评论的分析变得更加直接了。这还意味着，员工们会认识到大讨论的产出——新价值观——是他们参与了定义的。类似地，印孚瑟斯的"年轻人之声"项目让 30 岁以下的人有了发声的机会，能对一些特定问题进行讨论。这并非一个开放式结局的流程。相反,看看奥巴马当局开放征求普通人意见是如何收场的吧。在交接过程中,奥巴马当局创立了一个在线"国民咨文",让人们提交意见,以便奥巴马就任后处理。该项目共收到 4.4 万份建议和 140 万次投票,不过正如《国际先驱论坛报》(*International Herald Tribune*)所报道的:"结果是悄悄公布的,不过他们还是感到很尴尬。"[14]其中最受欢迎的建议——在经济衰退的中期——使大麻和在线赌博合法化,取消山达基教会(Church of Scientology)的免税权。很显然,正如我们将在接下来所表明的,大众需要更加确切的问题,而不是"你有什么想法摆到总统面前"这样的问题。

第三,保持势头不容易。正如我们早前提到的 MyFootballClub 的例子,参与决策制定的激情随着时间推移会消退。BP 的"Ignite"项目做一次就完了;印孚瑟斯的"年轻人之声"计划只持续了几年;IBM 也明智地决定每年不举行超过一次的价值观大讨论。这些例子表明了一种管理人员和员工之间的有趣的动态关系:员工们希望被问到自己的意见,但这并不意味着他们会永远提供意见。因此,作为一名管理人员,你不应该试图在任何事情上都征求员工的意见,因为人们很快就会不感兴趣。最好的办法是周期性地征求员工的意见,而且是针对员工们真正关心的问题。[15]

因人施用,让下级解决问题并创新

在工作场合实行集体智慧原则的第三种——也是所图最大的——方法就是让员工参与到解决具体问题的过程中来:解决难题,提出新想法,作艰难的决定。首先要明确的是,这并不是件容易的事情:围绕已经设置好的问题征求意见是一回事,开放一个大家参与的创新流程则是另一回事了。正如我们从 MyFootballClub 这个例子上所看到的,大众通常会乐意于将实际的决策制定权赋予那些最适合作决策的人。我们在随后将会提出一些建议,提出一些设置这些流程的要则。不过我们还是先来看一些例子吧。

罗氏诊断公司(Roche Diagnostics)。创新是这家瑞士制药巨头的生命线，它在2008年一年就在研发上花费了88亿瑞士法郎。"研究上不存在规模经济一说。研究，是想法经济。"前罗氏CEO暨现任董事会主席弗朗兹·休谟(Franz Humer)认为。

在2008年4月，一个由罗氏诊断公司管理人员们组成的跨职能团队被组建起来，重新考察公司的创新流程，询问是否有更好的工作方法能帮助罗氏更有效率地利用起公司知识库。该团队成员分别来自美国、瑞典和德国，代表了多个职能部门。

作为Facebook、维基以及其他Web 2.0应用的经常用户，该团队清楚这些应用在协作活动以及接触各地员工上的作用。罗氏——以及其他许多组织在类似问题上——所面临的挑战是，怎么样将这些网络带到实际生活中去，并释放出人们的潜力。

该团队首先对罗氏诊断公司全公司的研发员工做了一份调查，调查结果确实显示员工渴望协作，而且存在一些大的障碍，让人们不知道该如何有效协作。正如该团队的关键成员之一陶德·贝蒂莱昂(Tod Bedilion)所说："最重要的假设是，通过让更多人着眼于一个问题，通过创建虚拟网络，我们可以快速且更有效地解决问题。我们的组织原则是这些问题必须是真正的问题，是我们目前在进行的事情，而且是问题解决了之后会有有价值的事情。"贝蒂莱昂是罗氏诊断公司加州首席技术办公室技术管理主任，罗氏诊断公司在体外诊断上处于世界领先地位。

靠着对网络力量的信任，一个多职能梦之队面临一堆真正的难题，这个团队的下一步就是找出一种合适的试验方法。很快他们就想出了一个方法，要求两组科学家同时处理同一个问题，如果一个小组要比另一个小组进步多得多，那么就有可能隔离出来造成这一不同的因素了。之后他们选择了一个简单的对照框架，对比内部研发社区(如罗氏诊断公司的员工)和外部网络的科学家。

这个内部团队向研发团队的同僚们提出了一系列需要在当前解决的现实问题，并且整理出了六大挑战。随后该团队在6月份向罗氏研发团队公开宣布了这些挑战。到 11 月份,他们已经联系了研发社区的 2 400 多名成员,其中有 1/3 的人登录在线系统并详细阅读了这些挑战。大约浮现出了 40 份提案。不过这些提案中很多都缺少细节,不过还是出现了一份精品——在一台便携设备上进行有效电力管理的别出心裁的方案。这个问题实际上是被异地另一个职能部门的科学家解决的,这位科学家并不知道此挑战背后的故事。贝蒂莱昂视这一方案为"一个将组织内拥有共同利益、在同一领域内工作、试图解决同一问题,并将根本不知道要询问的人联系起来的优秀例子"。

这项实验的第二部分是,将其中一项挑战放到外部世界中去。因为涉及成本,该团队选择了六大挑战中的一项:为罗氏自动化学分析器寻找一种能更好地衡量临床样本的品质及数量的方法。这一问题已经困扰罗氏及其外部合作伙伴们很多年了。

为了对邀请外部人士进入罗氏研发流程进行管理,该团队决定和位于美国马萨诸塞州瓦珊市的 Innocentive 公司合作。Innocentive 公司成立于 2001 年,号称要成为世界上"第一个开放式创新市场"。这是一个全球互联网社区,能让科学家、工程师、教授以及创业家们一起为包括宝洁公司、礼来公司(Eli Lily)、索尔维公司(Solvay)以及其他组织提出的问题提供解决方案,该公司称自己的平均成功率为 40%。Innocentive 的网络中大约有 16 万名被称作"解决者"的人。任何人都可以成为一名解决者,并可以匿名提供自己的建议。他们只需到网站上注册,同意网站条款就行了。这些建议可能是来自任何地方——20 岁的化学博士、研究生、接受过科学训练的家庭主妇,这些人的庞大数目增加了找到正确解决方案的概率。

Innocentive 公司号称自己的平均成功率为 40%,而且正如贝蒂莱昂所说的,Innocentive 公司对"处理知识产权的机制非常敏感。如果没有一个深思熟虑的方法处理任何浮现出来的知识产权,这根本就不可能做到。我们和 Innocentive 公司一起对提议进行了润色"。如果解决方案出现,会向建议提供者提供 2 万美元的奖金。

罗氏的挑战贴到 Innocentive 公司后两个月内,大约有 1 000 个人阅读了。结果是从世界各地收到了 113 份提案。这些提案的数量和质量出乎贝蒂莱昂和他的团队的预料。和他们从内部网络得到的提案不同，从外部网络获得的提案许多都有数页之长，有些是得自实验，有些包含图标，还有许多手绘图。

而且，最重要的是，这些提案中产生了结果。基本上，在 60 天内，罗氏就解决了一个困扰自身和技术伙伴在过去 15 年不断思索和优化的难题。在本书写作时，罗氏对这些解决方案进行了分析，并寻求和获胜方进行正式的技术转让。

IBM 创新大讨论。第二个例子就是 IBM 于 2006 年夏季举办的创新大讨论（InnovationJam）。鉴于价值观大讨论的成功，彭明盛决定利用同种技术启动一个公司范围的创新项目。这次论坛的讨论范围扩大到了包含市场趋势以及内部想法。戴维·杨描述了这一场景："拿出顶尖业务，用简单地方式描述它们，将它们放到世界上正在发生的事情的背景中，我们不仅邀请 IBM 员工参加，还邀请客户和商业伙伴。最终我们还决定邀请 IBM 员工的家属参加。"这次大讨论的优越之处在于，IBM 首次试图从大众知识库中寻求将坚实的商业创新解决方案结合在一起。

创新大讨论很快就举行了，不过是在密切关注下进行的。2006 年 6 月举行的第一阶段围绕四大主题（如"前往某地"）展开，每个主题都附有具体问题（我们怎样才能减少交通堵塞？我们怎让才能让通勤变得更有趣？）。为了激发广泛的参与，这些主题是从用户角度设计的，这样人们就会很自然觉得和现实生活相关，并且根据自己的专业就这些话题发表意见。在这次 72 小时的大讨论中，一群睿智的 IBM 员工被要求即时整理人们发表的意见，以便让问题连贯，并给予大部分令人激动的想法以可见度。大约有 5.7 万人参加了这次大讨论，共发了 3 万张帖子。

在第一阶段的 72 小时大讨论结束后，第二阶段马上就开始了。50 名到 60 名 IBM 研究人员开始整理这堆巨量数据，并找出了 31 个核心建议。比如，有一个建议就是使用"受管个人内容存储"设备的可能性。每一个建议都抽取成了一个基本的商业案例。随后在当年 11 月份，大门再次敞开,这第二个 72 小时是让讨论者们阅读提案并从商业影响、市场接受度以及社会价值方面给每个提案打分。这一轮出现了大约 9 000 个帖子。

第三阶段则是内部团队整理这 9 000 个帖子,并围绕 IBM 将会投资的关键建议对每一个提案进行审核。彭明盛在 2006 年 11 月于北京举行的全球"城镇议事厅"会议上对 6 000 名 IBM 员工宣布了结果。结果包括智能医疗支付系统、实时翻译服务、面向大众的无分支银行服务、与其他公司合作建设"3D 互联网"等创新项目。

从这两个例子中获得的启发。正如你看到的,这两个例子区别很大。罗氏诊断公司使用的是非常集中的方法,要求参与者们处理特定的技术问题;而 IBM 则采用了更加散漫的方法,放出四个大主题,然后要求参与者们建议新想法,并围绕这些主题对已有想法进行深化。不过很显然,这两者都是被设计用来作为控制大众集体智慧的增加附加值方法。那么这两家公司从各自的经验中学到了什么呢?

首先,参与者们并不擅长使用在线论坛来合作。IBM 激发了非常高的参与度,不过许多参与的人都希望能建立一个属于自己想法的平台。正如这次讨论的一位调解人所观察到的:"在一次面对面的会议当中,你可以把想法写下来,作为一个特定主题的备忘。但在这儿不行,人们很难去跟踪某个想法。在睡了 8 个小时之后,你回到大讨论中一看,发现都不知道这一想法是从哪冒出来的。"[16] 最终结果是,IBM 收到了对许多想法的认同,但很少有真正的新想法出现。而且幕后理解成千上万条评论的意思的工作量也是巨大的。而罗氏诊断公司则相反,它们并没有要求参与者协作,其针对性问题收到了非常具有针对性的回应。

更直白点说的话:在线论坛不适合产生真正的创新流程。创新基本上需要涉及分化和融合阶段。分化阶段是指一个疯狂的想法被抛出来,融合阶段则是想法被整理和中心化处理。在线论坛在分化阶段的作用要好很多。一个极端的例子是,英国德蒙福特大学(De Montfort University)一群研究人员实验了使用维基来写一部小说(详见 www. amillionpenguins. com)。他们证实了自己的怀疑,这行不通。他们写的故事很快就变成了一系列有联系的分场景，每一次剧情转折都会出现新的角色和新的地点。没有人负责将整个故事统筹到一起。

第二，在大部分组织内部都存在巨大的未发掘的创新潜力。罗氏诊断公司的经验显示，要接触到真正有东西贡献的人是多么困难，不过也证实了获得真正的建议会有多宝贵。"只有罗氏人才知罗氏事"（If only Roche knew what Roche Knew）这是老话，而陶德·贝蒂莱昂（Tod Bedilion）及其团队所做的实验再次证明这句话有多对。贝蒂莱昂承认："内部互联网论坛具有很大价值。我们只是不知道该如何运用它。"在这次实验之后，他和他的同僚们接受了寻找更好地利用起研发机构中未被利用起来的潜力的任务，包括考察激励结构以及可以询问的问题种类及范围，还有该怎么询问问题。

最后，两个例子都显示，利用公司范围之外的集体智慧也存在巨大价值。这在罗氏诊断公司的实验中表现得最明显。正如贝蒂莱昂所提到的："如果让我来组织一场头脑风暴，10 个人花两天多时间待在一间房子里，我能收获几百条便签条，并且花费不菲。而以更低的价格，我在 InnoCentice 上发出挑战，最终我收获了 113 个独立的详细提案。"外部网络同时具备高度驱动性和丰富知识。"很明显，他们受经济动机的影响，不过这只是部分原因。不过我们认为还有更大的因素在起作用——人们似乎也从同社区分享自己的专业知识上获得了利他价值。"贝蒂莱昂观察道。IBM 与外部参与者合作的经验没有这么明显，不过外部参与者无疑也是创新大讨论成功的一个重要贡献者。不过，IBM 是在一个截然不同的基础上进行的创新大讨论，IBM 明确表示了大讨论中所有的贡献都是免费向 IBM 提供的，而第三方也可以依据自己的情况采用。这就涉及了一些重要问题，如隐私和知识产权，这些我们将在本章最后部分再次谈到。

充分利用外界信息以提升决策制定过程

如果不深入讨论一下企业利用外部建议提升决策制定和创新能力的

话,本章就算不上完整。现在我们经常称这一过程为开放式创新,不过,这一模式也有着很长的历史:企业已经尝试利用外部专业人士数十年了,通过诸如盟友网络、大学合作、猎头部门、风险投资部门等方式。不过 Web 2.0 的兴起极大地增加了企业从这些关系中获得的收益,因为通过互联网能接触到的人要多出几个数量级。因此,这一部分的重点将是通过互联网流程来更好地利用外部建议。

获取高质量的消费者建议。 企业怎样才能从消费者那里得到更高质量及更及时的反馈呢? 作为消费者,我们经常被要求填写问卷调查或者接到陌生电话询问我们对最近购买商品的看法。这些获取消费者反馈的机制还算好,不在处理收集的消费者反馈上会不可避免地出现延迟,而且成功也在很大程度要依赖于调查设计者询问正确问题的能力。近年来,企业开始涌进社交网站收集关于自己产品的信息及提升用户参与度,比如让消费者们对一个计划中的广告活动投票。这过这种方法是有风险的:在上 Facebook 和 MySpace 时,我们中绝大部分人都对广告轰炸和申请接受调查有种天生的反感。

一家加利福尼亚消费者生命周期服务公司 247 消费者(247 Customer)正在试验一种有趣的新模式,这家公司由印度企业家 P. V. 坎南(P. V. Kannan)创立。这种新模式被称作"全天 24 小时推点评"(24/7 Tweetview,www.247tweetview.com),这一服务利用了快速增长的社交网站 Twitter。在写作本部分时,每天有将近 4 000 万人在 Twitter 上发限含 132 个英文字符的"推",内容则无所不包。247 消费者会筛选这堆巨量数据,搜集出所有提及某个公司名的"推"。然后使用高级文本挖掘软件和语义分析器分析这些"推",并生成那些订阅了该项服务的企业的几乎是实时的报告。比如,AT&T 在 2009 年 8 月每天在大约 2 000 条推中被人提到。大部分"推"都是负面评论("今天下午花了两小时在 AT&T 手机上,试图改正一个账单错误。"),不过有时也会闪现出一些积极评论。通过查看推点评的分类明细,AT&T 的管理人员们可以看到人们发推表达的各种事情:他们对 AT&T 的产品和服务怎么看,他们所在的地点,以及发推的具体原因和时间。

每一种消息来源都有其局限性，推也不例外：它们代表了一种特殊的沟通风格，年纪稍小一点的人发的推要占绝大多数。不过如果不考虑这些因素的话，在收集用户对产品和服务的反馈上，全天 24 小时推点评作为一种实时、无需申请的反馈收集工具还是有着明显好处的。而对于 P. V. 坎南而言，推点评只是稍微抓取了企业和消费者动态关系重要变革皮毛上的一点。"使用社交网络的冷嘲热讽的人会这么说：'我们该如何利用这一技术更好地营销我们的产品？'而更加诚实的方法是这么说的：'我们想要让我们的消费者在任何事情上都有发言权；我们想要将他们带进决策流程，而且我们也一直在寻找能让我们这么做的技术。'"

利用非员工的好点子。罗氏诊断公司的问题解决实验展示了诸如 InnoCentive 开放式创新社区的力量。同一模式的另一个知名例子就是宝洁的风险保护联发网络[17]。该网络建立在宝洁 CEO 雷富礼（A. G. Lafley）所确定的要实现创新活动有一半来自宝洁公司之外的目标之上，宝洁为此建立了这样一个外部联系人网络以配合宝洁内部研发人员，我们将在第九章详细讲这个例子。风险保护联发网络和 InnoCentive 都是以问题为驱动型社区，在这里，社区会为解决一个特定细分问题而动员起来。

相反，IBM 的创新大讨论的结局则要更加开放些，在这里，社区被要求应对定义非常宽泛的挑战。思科在 2007 年也使用了类似的方法。思科宣布设立一个外部创新竞争奖"1 Prize"，奖励能让思科发展出下一个 10 亿美元级业务的想法。和 IBM 一样，思科对存档、评估以及深化通过的想法这些流程进行了精心设计。思科还非常明确地规定了，谁拥有通过的想法的知识产权。获奖的是一份能接驳传感器的智能电网计划，思科奖励了该计划 25 万美元。所有其他入围者则被允许保留自己的知识产权[18]。

从这些例子中获得的想法。要有效地利用外部网络需要面对许多实际挑战。在这里，我们将重点讨论其中一些大的挑战。

首先，社区的规模极其重要。TopCoder（详见第六章）和宝洁公司都建立了自己的社区,不过这两家公司的社区都只有 5 年期限。而且相比起来每一个成功建立起来并被谈论到的社区,都对应有 10 个没能聚积起大量用户的社区。这也是为什么许多公司不建立自有社区的原因,譬如罗氏就找到了商业驱动的社区 InnoCentive。这也是为什么 247 消费者公司和 Twitter 合作的原因,因为 Twitter 提供了一个不断增长的大型社区的直接连接。换句话说,建立自有社区昂贵且有风险。

第二,你需要对知识产权的所有权有一个清晰且一致的定位。目前有两种知识产权世界观共存:大部分互联网组织,如 Linux、谋智(Mozilla)以及维基都遵循通用公共许可证(General public license),或称公共版权(Copyleft),这类模式在即便内容被更换了的情况下也能保证自由使用权。而包括苹果公司、宝洁和思科在内的成熟企业继续大量使用传统版权形式,即将一种产品的所有权赋予个人或公司。传统企业转向开放式创新世界所面临的挑战是,不能同时宣扬这两种知识产权世界观,如果你宣称自己想要让社区参与到新项目当中来,却继续保留你自己的想法,社区很快就会察觉可疑之处。

IBM 在启动创新大讨论时就不得不应对这一问题。一些 IBM 员工表示要保留在大讨论期间中所说的所有事情的所有权,但很快他们就意识到这样就根本不可能获得有价值的外部建议。因此他们选择将讨论的话都列为公共财产。正如 IBM 研究所沟通副总裁艾德·比万(Ed Bevan)所解释的:"这次大讨论是作为一次开放论坛来建立的,因此任何人都可以使用这些想法。因此我们感觉这么做会有些风险,也许我们的客户会比我们所想的更加沉默。不过不管怎样,将这一活动开放是很重要的。"事实上,第三阶段才是 IBM 的重点所在。

将自己的创新流程开放给外部人员是否有点冒险呢? IBM 战略沟通副总裁麦克·威恩(Mike Wing)观察道:"我们赌的是 IBM 内部有足够的多样性和专业人才来将这些想法先于竞争对手们应用到商业上去。事实是,现在没人是罗马帝国。我们现在生活在一个开放式创新的纪元之中。"对于 IBM 和其他许多公司而言,这些创新活动是有风险的,因为你将自己的想法暴露在了别人眼前，而你则打赌自己可以领先竞争对手，因为你在应用上要更快或是更有效率。

结　论

在众包和社交网络这个令人激动的新世界里，人们很容易就对这一世界着迷，并相信那些世界从此不同的话。本章的目的在于为 Web 2.0 向我们提供的机会和管理大企业的持续现实之间寻找平衡。这也意味着要了解这些新工作方法的优势和劣势，并辨别出适用于这些工作方式的环境。为了将本章归纳在一起，下面就是总结的一些要点。

首先，金字塔体系不会消失。大型组织仍将是商业图景的重要组成部分。而且大型组织也需要某种程度的金字塔体系才能运行。如果一个组织最初完全以有机形式存在——通常会带有大量反金字塔体系宣言，随着时间推移，该组织也会建立起自己的金字塔体系结构。这样的例子最能证明这一个要点。这也是发生在 Linux 运动之中的事情，其现在鼓吹的是一个运行良好的金字塔体系。MyFootbllClub 也是一样，决策权很快就被赋予了那些最能作决策的人。

第二，集体智慧被高估了。我并不否认集体智慧是有价值的。不过，考虑到目前围绕在这一概念周围的夸张之辞，我宁愿采取怀疑的观点，并着重于集体智慧的缺点和局限。这其中包括：

- 大众擅长于向设置良好的问题提供建议，并为有针对性的问题提供答案，不过却非常不善于与开放式讨论共进。
- 大众喜欢能向决策制定过程提供建议，不过却极少拥有技能或意愿真正作决策。
- 大众是多变的，有时还会走向相反的方向，这时集体智慧就变成了集体愚蠢。

当然，上述每一点都有其反面，暗示着有许多环境中控制使用集体智慧是件好事。不过还是让我们对集体智慧的运用时间和方式多加考虑吧。

　　第三,控制并使用集体智慧需要许多有经验的管理人员极大地转变思维。在个人层面上,管理人员们在将自己的事情开放给员工们时,会害怕失去控制权和影响力。而在公司层面上,管理人员需要在给予员工的信息机密性以及员工的知识产权上持有更加开放的观点。正如本章的例子所示,一些企业成功地试验了这种新心态,但其他许多企业则犹豫不决,不能迈出这一步。

　　至于这一框架的其他方面,本章视左翼——本章内是指金字塔体系——为一种应该被挑战的旧工作方式。不过,单纯这么讲会引起错误的理解。管理人员们将会一直需要进行决策并作出困难的选择。不过通过利用自己员工的集体智慧,他们可以变得更有生产力,更有效率。

第四章要点

　　大型组织的沟通和决策制定的传统原则是金字塔体系:一个人相对另一个人有正式授权,主要是考虑到这个他拥有更多经验和更广的视角。替换原则是集体智慧:在特定环境下,相比一小群专家,一大群人集合的专业知识能产生出更精确的预测,作出更好的决策。

　　本章描述了四大关键管理任务,以及金字塔体系和集体智慧是如何被(结合)使用,使处理这些任务的过程变得更有效率的。这四大任务是:与下级沟通;从下级获取决策信息;因人施用,让下级解决问题并创新;充分利用外界信息以提升决策制定过程。

　　和上一章一样,决策制定图表中总的趋势是向着集体智慧而去的。这一转变的主要原因是,分享想法和评估彼此贡献的 Web 2.0 技术的持续增加,以及工作场合 Y 世代员工的不断增长。不过,证据显示,基于集体智慧的决策制定方法也存在很大的缺陷。取决于环境,有时将传统模式和替代模式混合在一起使用是最好的。

和第三章一样,作为管理人员的你所面临的挑战是：(a)理解作为沟通或决策制定基本原则的金字塔体系和集体智慧的相对优点；(b)评估哪一种模式最适合你被赋予的特定管理任务；(c)预先考察并实验建立在你偏好的原则之上的新方法。

第五章

设立目标：从线性式到倾斜角式

在第二章的开始，你认识了 HCL 科技的首席执行官维尼特·纳亚尔（Vineet Nayar），并且学习了他是如何将公司的管理模式改变为较偏重以员工为中心的类型。其实，还有更多有关这个故事的看点我们一直保留至这一章才向你介绍，因为在这一章节阐述的这些典故能最好地诠释设立那些既具有意义又不失创造性的企业目标所面对的挑战。

那是 2006 年 2 月的一天。纳亚尔已经着手开展了很多我们前述的那些具体的管理创新，包括开放式 360 度回馈和服务—单据系统，纳亚尔试图在一个开放的论坛里将他对 HCL 更全面的愿景和盘托出。他为此在印度的德里主持了一个为期三天的主题会议，"探索与转变"，邀请了顾客、分析员，以及员工。这次会议被宣传为"印度所见过的最盛大的庆祝"，并被视为一次"展示印度和转变后的 HCL 能呈现什么"的机会。

在会议的闭幕式上纳亚尔首次提出了"员工第一，客户第二"（即EFCS）的概念。他首先揭示了这个根本哲学将会如何引导 HCL 的内部主动性。接着，他大胆地毫不含糊地提出 HCL 将会对与客户的生意往来作出选择——甚至放弃很多小规模的、非战略性的关系。纳亚尔的观点是，通过为员工创建一个令人满意而且放权授权的工作环境，客户也将从中得到高度积极的正面影响。

不用说，在一大群客户面前采取这种方式的确危险不小。一位与会者观察后说，"EFCS的概念得到了不错的接纳，但是也许先将这个想法和关键客户沟通好再公布可能更加保险。"[1]据另一位与会者回忆，一些客户表现出了不开心，甚至当场离席。[2]但是纳亚尔这样做存在其背后的合理性。他本可以说员工和客户一样重要，但是这样也会被视为陈词滥调而已。相反地，通过告诉他的客户们，他们并没有他的员工那么重要，纳亚尔实际上向HCL的全体员工送出了一个令人振奋的信息。4年后，EFCS依然是这家公司管理模式的核心。员工满意度持续提升，相应地，客户满意度亦随之提高。

EFCS是间接原则的经典案例——此概念是指目标会以非直接地方式追求时得到最大限度地完成。这个非线性的间接原则（或者称之为倾斜度原则）是一种对公司方向设定的反直觉式的思考方式，它能够帮助我们解决那些困扰管理层已久的关于设定方向的两难困境。不幸的是，这也是一个特殊晦涩、鲜为人知的词语，但是我们却不能因此对其避而不谈。

在接下来的内容中，我们会对倾斜度作出一个更加严格的定义，同时我们会以便于经理们举一反三的实用主义角度解释问题。但是首先，我们需要解释为什么我们需要这个概念——以及被广泛采用（且更易理解）的线性原则的局限性，后者是在目标设定的维度里的另一端。

线性的极权色彩

线性原则深深地扎根于绝大多数生意人的头脑中。许多著名的商界实践便基于这个原则——包括目标型管理、关键绩效指标、战略策划等等。还有一些管理理论，从代理理论到偶然性理论，也采用线性的方式去理解在现代公司中目标是如何决定的。一些书整本都致力于阐述这个概念,包括罗伯特·开普兰(Robert Kaplan)和戴维·诺顿(David Norton)的最新畅销书,《线性:使用平衡的打分卡创造企业的协同效应》(*Using the Balanced Scorecard to Creat Corporate Synergies*)。[3]

线性,简单地说,就是调整一个物体与其他物体之间的关系。在商业环境里,线性意味着所有员工为了同一个普遍目标而工作。开普兰和诺顿用一个划艇队的比喻描绘了一个美好的线性图景——8个舵手,齐心协力,节奏一致,像离弦的箭一样笔直地从A点冲向B点。这个划艇队的队员们有一个共同的目标,他们都是技术过硬的专业选手,他们协同合作,同时知道每一个人的优缺点。我们很容易看出为什么线性理论对于经理们很有吸引力。但是,你只要想一想那些你工作过的公司,你就会认识到这个比喻尽管很有召唤力,却略有误导。以下就是线性理论的五个问题。

公司中的个体通常都有非常不同的议程——而且无可厚非。拿在某家高科技公司,如英特尔、索尼,或者西门子,任职的一位博士毕业的研究员来举例。是什么能让她一大早从床上爬起去工作?我觉得应该是那种推动知识的前沿和创造新的社会变革的技术的可能性所带给她的激动。我敢打赌她大部分的时间都单纯地致力于为了知识而追求知识,而不是为了公司那些需要尽快变现的优先任务。因此,如果说她的努力与公司老板,甚至其他员工的努力完全吻合是没有道理的。大型科技公司理解并接受这个,正如我们一会儿要见到的,他们知道如果对这些科学家们限制太多,他们将无法吸引那些顶尖的研究员们。

评估和激励都不过是钝器。线性模式假设管理层可以设立清晰、可量化的目标以保证每一个部门都为了公司的整体目标作出有效贡献,并且这些目标能够纵穿而下,通过一系列的关键绩效指标(KPIs),为每个子部门都设立具体目标。但是我们都清楚要设立真正奏效的KPIs有多难——特别在那些要求员工展现创新能力和主动性的环境中。试问上文提到的那位研究员如何能够展示她研究多年的新技术——也许永远都产生不了一个有商业价值的产品——能够对公司的赢利作出贡献呢?

短期目的超过长期目标。在盎格鲁—美洲资本主义系统，完成既定的季度收益目标——特别是为满足股东——的压力是巨大的，而这种压力经常导致公司作出与他们长期愿景不一致的举动。真实的线性——在员工的努力和组织的终极目标间——也终究成为了妥协的结果。难道就没有人奇怪一些成长性最好和前瞻性最好的公司都是私人的吗？

股东需要被满足是以牺牲其他利益相关方的利益为代价的。盎格鲁—美洲资本主义系统的一个更深刻的问题不仅仅是目标趋于短期和以财务为导向，更体现在他们为了服务股东利益，不惜以其他利益相关人为代价。以下是快速成长的零售企业完全食物市场的首席行政官约翰·马凯（John Mackey）的观点：

> 使股东长期价值最大化最好的方式就是通过管理这个彼此相互依靠的系统（以此）达到所有的利益相关方都联系在一起……这样才是为顾客，为你的团队，为社区创造最高价值的最好的策略，但是毫无疑问地，这也是为股东利益最大化所采取的最好的策略。[4]

这个观点正在得势，其动力一部分源自对可持续性的日益关注，另一部分来自像完全食物市场、新平衡和宜家这样成长性企业所取得的成功。[5]

许多公司的许多员工实际上并不真的理解他们正在或者应该为怎样的目标而奋斗。当然，所有的高级管理层都能娓娓道来他们公司的计划和目标，但是这并不意味着那些基层员工们也同样地理解并且接纳。如果没有一个清晰的、让员工能够信服的方向，那么许多努力都是浪费在无关或者边缘的事情上。

那个划艇队的比喻所暗示的道理其实对于理解大公司里人们如何在一起工作是没有帮助的。如果我们想要用一个体育项目作比喻，一个足球队倒更为贴切。因为它有许多不同的球员，各自有不同的技术，在比赛中它需要大量的战略思考和个人创造性。但是，我想足球队的比喻依然有所纰漏，因为它采取了一个非常清楚而且简单的衡量成功的准则，那就是打败对手。而在商业领域中,构成成功的标准则是多维度和动态的。

我发现用爵士合奏的比喻会更有效。爵士乐音乐家为了一个有价值的结果而一起工作,将主动性、创新性和纪律与建构融合在一起。此外,他们还有模糊的目标。爵士乐演奏家想演奏出动听的音乐吗?他们想享受其中的乐趣吗?他们想创造出一些前所未有的东西来吗?他们想挣很多钱吗?当然了,事实上这是所有这些事情的融合,那些最受赞誉的或者是最快乐的演奏家并不一定是最有钱的。你可以看到同样的事情也发生在商界。

总而言之,许多公司正在承受着线性的极权所产生的后果。那股纠结于完成短期的、可量化的,为股东卖命的结果的情结致使他们为客户、为员工,以及为其他利益相关者创造价值的能力大打折扣。而他们筒仓式设立目标的方法和与之相应的不完全式的评估与问责制导致了他们创立职能间有效合作的能力被削弱。

当然这并不是说线性本身是个坏事情。而是建议我们在决定何时适合使用由线性作为主驱动力的方式去设立目标的时候需要更加小心。我的观点是尽管在许多情况下我们既有的关于线性的想法行之有效,但是毕竟还有其他的情况——特别是那些要求员工具有更多的创新性和能动性——在这些具体环境中,此论足以使公司步履维艰。

因此,我们探讨线性模式的另一个替代原则——被称之为倾斜度——的可能性是非常有用的。几十年来我们一直沿用线性原则来设定方向,同时我们也迁就了它的许多局限。但是,这些局限和缺点却日显尖锐。因此我们需要一种新鲜的思维方式。

倾斜度的价值

倾斜度可不是一个轻松掌握的简单概念。其他在本书中展开称述的"替代性"的管理概念——浮现机制、集体智慧、内部动力——都在很大程度上得到公认,并有着大量研究作为论证基础的。但是,倾斜度却不是这样的。因此需要我们花一点时间来澄清概念。

在几何学中，倾斜角就是指不是 90 度角的倍数的那个角。所以在英语中，倾斜度这个词通常被用于指代那些不直接的陈述或者争论。

倾斜度原则是由英国哲学家理查德·沃汉姆（Richard Wollheim）在 20 世纪 60 年代首次提出的。他试图弄清楚那个著名的民主悖论："作为一个投票公民我可能感到死刑是错误的，但是我也相信多数人的观点理应胜出，尽管他们可能支持死刑。沃汉姆针对这个悖论的解决办法是区分直接的和间接的道德原则的差别。"[6] 直接道德原则可能包括"死刑是错误的"或者"计划生育是合法的"，间接的道德原则则包括"人民的意愿便是正确的"，或者"被我们法律系统确认为法律的都是合理的"。

沃汉姆的观点是这两种原则同时存在在一个民主系统里，有时则会导致自相矛盾的结果。但是，他认为更为普遍的是，在一个社会系统里，那条搭建在不同个人信仰和一个被集体广泛接受的结果之间的道路往往是不直接或者曲折的。如果所有的公民都对一些重大的事情，比如死刑制度，持有一致的信念，这样看来无疑是最方便的，但是事实却是这种合意将永远不会发生。所以为了防止无政府主义爆发，社会建立一些机构去让他们强化多数人的意见。

倾斜度的概念第一次被用在商业环境中是从英国经济学家约翰·凯（John Kay）开始的。在《金融时报》的一篇文章中他写道：

> 看上去可能挺奇怪的，克服地理上的障碍，赢得具有迷惑性的战斗，或者达成全球商业标靶，这些目标往往是在通过非直接方式追求的时候竟然达到了最佳的效果。这就是倾斜度的概念，以倾斜角的方式在困难的地域，或者结果依赖于与他人的互动的情况下最为有效。[7]

凯通过一系列的案例，例如波音、ICI、沃尔玛、默克和辉瑞，展示了那些制定了倾斜度目标的公司是如何在业绩上超过那些目标更多或者更关注财政状况的公司的。同时，和沃汉姆类似地，他也辩证地指出倾斜度的方式特别适用于复杂的社会环境。一家在一个可预期的商业环境中的小公司往往通过直接追求目标的方式就能成功，只要认真小心地将它的全部组成部分排列整齐即可。但是环境越难预期，公司本身就越具有复杂性，倾斜度原则就变得越加重要。表 5.1 就是对这个观点的概括。

表 5.1 线性式与倾斜度

管 理 原 则	线 性 式	倾 斜 度
环境背景	稳定的环境	暴风雨般的环境
组织性	小、简单	大、复杂
合作的挑战	相对简单	相对复杂
你的行为对他人的影响	可预期的、快速反馈	不可预期的、缓慢回馈
最适合的目标的种类	直接的	间接的

运用倾斜度原则的公司到底做得有多好呢？ 我们发现有关这方面的研究还是非常多的，以下是来自一些独立研究：

- 吉姆·柯林斯（Jim Collins）和杰里·波拉斯（Jerry Porras）的畅销书《基业常青》（*Built to Last*）将 20 家"愿景性"的公司的实践与 20 家他们的长期竞争者作比较（比如默克和惠普属于愿景组，辉瑞和德克萨斯器械作为对比组）。[8] 他们发现相对对比组来说，虽然愿景组在公布的目标中较少地强调赢利性，但是他们长期的业绩表现却是卓越的。

- 在《亲善公司》（*Firms of Endearment*）一书中，拉·西索迪雅（Raj Sisodia）、戴维·沃夫（David Wolfe）和杰格·塞斯（Jag Sheth）对一组公司的长期表现做了研究，这些公司包括完全食物市场（Whole Foods Market）、哈雷—戴维森（Harley-Davidson）以及 Costco，因为成功对他们而言，关注一个企业如何对社会创造更多的附加价值要比单单对财务状况的苦苦追求要显得重要得多。至 2006 年 6 月，相比标准普尔 500 强整体 122％的回报率，这些值得尊敬的企业在 10 年间给它们的投资人以平均 1 026％的回报。[9]

- 一些学术研究关注"全美100家最值得工作的公司"的长期表现。这些公司能够上榜是由它们的员工投票选出的,原因是它们能提供最让人充实和充分参与的工作机会。这些公司和 HCL 科技一样,都明确地将员工放在第一位。研究表明它们的表现在相当长的一段时间内,一直都远远好于同行。[10]

当解释这些现象的时候我们还是要小心谨慎。我们知道那些在一段时期内表现优异的公司却在随后的时间里趋于平庸,而且我们也清楚在预测公司卓越表现的方法论中,会存在很多潜意识的偏见。[11]即便如此,我想还是可以放心地得出如下结论:那些能够不断地投资于员工,投资于与外部利益相关方的关系,以及投资于所有利益相关方都认同的愿景的公司,它们会比仅仅关注财务报表的同行要出色。换句话说,以倾斜角的方式是可以达到目标的。

倾斜度的三个方式

我们探讨了倾斜角式作为适用原则的可能性,并且用一些具体的案例证明了那些曲径通幽或者志存高远的公司超越了仅仅以狭隘的经济为目标的同行。但是我们不能停留在简单地谈论公司管理层应该高瞻远瞩,或者加大对员工的投资。这些都是老生常谈了。相反地,我们应该更进一步解析如何使倾斜度原理真正地有效落实。这种剖析首先包括了对实践中使用的三种倾斜度方法的描述——追求一个间接的目标,追求一个有创意的目标和高远的信念,以及每一种方法所遵循的指导方向。

同以往一样,这些设立目标所用到的不同的方法都能够在一个区间排列开来。追求一个高远的信念主要是根据倾斜角原则,然而追求一个间接目标和一个创意目标则是两种原则在某种程度的交集。左上角代表了传统的以短期经济利益为重的目标,由于我们熟悉这种模式,因此在这里我们不再赘述。

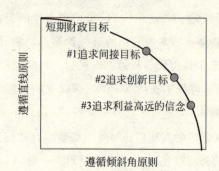

图 5.1　目标设定的谱系：达成目标的不同方法之比较

第一种方式：追求一个间接的目标

让我们回顾一下 HCL 所使用的倾斜的目标：员工第一，客户第二。其逻辑是非常直接明了的：我们将会竭尽所能去提升员工的满意度，因为我们相信，相应地，满意的员工将会带来满意的客户，并且最终赢得强大的经济效益。当然，谁也无法担保满意的员工就一定会带来满意的客户（我们总要预见到例外的发生），但是纳亚尔凭借在 IT 服务界多年的经验早已知道这样的关系非常可能发生，而且也值得冒这样的风险。

这种间接达到目标的方式并非仅限于商业领域。比方说那些世界上著名大学的开拓部门。[12] 有些这样的部门在向校友和合作企业筹款方面做得非常成功：比如，2009 年哈佛大学所获捐赠中仅一项就有 260 亿美金，牛津大学获得 36 亿英镑。[13] 在如今，你觉得一所重点大学这样的开拓性部门的最终目标是什么呢？是设法增加捐款数量，是确保学校能够保持在整个教育系统中的地位。但是，如果你去他们的网站上，或者去找他们校友关系处或者企业合作处的任何一个员工聊聊天，你会得到不同的答案：他们的任务是对于全世界范围内的校友给予支持，通过组织会议和社会活动，向他们提供最前沿的学术思想，以及通过网络提供职业机会。

这些校友们并非虚张声势、口是心非——他们真心实意地相信一个活跃而且实力强大的母校校友会不失为一件好事。不过，一个积极参与而且不断发展的校友团体就代表了一个有倾斜度的目标：即便财政上的贡献的确举足轻重，但是每个人都清楚，直接开口要钱（却没有向校友们提供任何服务）会被视为唯利是图、不谙世事、毫无计划。

想想人这一生。我们穷尽一生追求幸福，却被这个追求的过程带上了一条迂回的道路。我们将自己置身于困境当中，夜以继日地劳作以图克服这条路途中的种种困难。我们的幸福感来源于个人成就。如果说成就感是间接目的，那么幸福就是最终目标。英国哲学家约翰·斯图尔特·米勒（John Stuart Miu）在150年前就发表过相同的观点："那些所谓幸福的人着眼于某项事物，而非他们自己的幸福上……由于关注其他的事，他们借此也找到了幸福。"[14]

这些商业和非商业的例子都有三个共同的特点。第一，间接目标和最终目标之间有一条清晰且强大的联系，所以通过追求间接目的，我们有信心终将会到达最终目标。第二，直接追求最终目标存在风险，甚至可能是巨大的障碍，所以间接方法会更加奏效。第三，关于最终目标的本质，绝大多数利益相关人之间都达成合意——有可能是一个显而易见的观点，但是当这种倾斜角的方法和其他两种方式相比较时，需要将这个合意和盘托出。

追求一个间接目标的指导原则。我们在何种情况下可以使用这种方式呢？期间会有怎样的风险呢？这里我们特别提出三项，尤其重要：

- **这个间接目标得是与人们能够真正相关的。**目标必须有意义而且可衡量的。HCL的高层们理解建立一个以员工为核心的公司的价值，而且他们密切监控员工满意度和员工流动率。哈佛和牛津的开拓部门非常关心建立一个广泛参与、忠诚积极的校友关系网，所以校友参与大学活动的人数是衡量他们成功的指标。如果想要一个间接目标产生效果，那么公司内部的机制必须旨在帮助每个人完成这个目标。

- **你需要有能力证明间接目标的前进方向也是朝着最终目标的方向发展着。**我们在第二章谈到了另一个相信员工第一的管理者，快乐公司的首席执行官亨利·斯图尔特。但是,他对于客户满意度也非常着迷,一直通过每一次公司培训课程后的调查问卷掌握这一信息。虽然这种间接目标和最终目标的关系从未十全十美,但是只要你能证明两者之间确实紧密相关,那些心存疑虑的利益相关人也不会难为你。

- 关注在积极追求一个间接目标的过程中可能遇到的风险。最大的风险无非就是可能导致不相干的后果——它可能并没有如你所愿地激励员工,它可能并非你想的那样与最终目标密切相连,甚至它可能连累全盘计划脱离轨道。是不是谷歌的员工花了太多的时间在完善用户的搜索体验上,以至于他们忽略了一些原本应该努力的重要事情,而这种情况正在对整个公司产生消极的影响?是不是 HCL 的经理们过于担心他们的员工是不是高兴而忽视了他们的客户或者成本?这两个事件的答案都是否定的,但是我们从其他的一些背景情况得知反作用是多么容易发生。比如,在促成金融危机的情形下许多投资银行都将增加利润定为首要任务,结果员工都一味追求高风险、低收益的新业务。利润增长成了一个非常不明智的间接目标。

第二种方式:追求一个有创意的目标

第二种倾斜角方式特别适用于以创新或者科学为基础的工作,其特征是一家公司整体的商业目标通常让位于获得批判性的观点、同业评价以及科学进展的目标。管理学作家比尔·布瑞恩(Biu Breen),通过跟随一组为辉瑞公司研制治疗糖尿病药物的专家,记录了数量可观的有关医药发展进程的资料。这些专家百折不挠,精神可嘉。正如一位接受采访的科学家所说:"科学界的同仁从来没有指靠着哪一天一个药物能在市场上隆重推出,他们工作的意义在于能够每每在学术刊物上看到那些振奋人心的结果。"对于这些科学家而言,"追求过程中那种纯粹的智力挑战"

才是他们所在乎的。即使商业上的成功与他们无关，但是这并不改变他们日复一日的工作。[15]

像第一种方式一样，第二种方式中的最终目标是清楚的：辉瑞公司必须想方设法地为它的股东们的投资获取可观的回报。而且，与第一种方式有过之而无不及的是，直接追求最终目标要冒很大的风险。辉瑞知道如果它的研究科学家们被告知他们所有的努力都必须围绕着公司的财政目标，与其一致，那么其结果就只有失败——不仅因为许多实验性的项目都将无法进行，而且一些最优秀的科学家都会因此辞职。

这种方式所具有的与众不同的特征是根源于中介目的与最终目标之间的不确定性。为了"纯粹的智力挑战"而做项目可不是商业成功的良方。但是一些项目却也获得了成功，并因此获得了足够的资金来弥补整个试验的失败。因此那些制药公司的管理者们都在盘算着数字游戏：在项目早期，他们给予科学家们很大程度的自由，前提是当这些项目的潜在价值逐渐清晰的时候，由他们选择哪个项目不得不停止，哪个可以获得更多的投资。

在第一种方式中，中介目的是通向最终目标的跳板。而在第二种方式中，中介目的作为一个独立的目标被追寻着。员工受到鼓励去追求这个中介目的——即使它与最终目标的关系还不明朗——至于在商业上的重要性是否应该得以实现则是由公司的管理层决定。

以谷歌发展行为为例，思考一下某公司是如何激励其员工追求创造性的目标的。谷歌的工程师像辉瑞的实验科学家一样想要真正地改变世界。而且谷歌的整个管理模式还是很大程度地建立在各种学术原则之上。在 2008 年的一次会议上，首席执行官埃里克·施密特（Eric Schmidt）评价这种模式"并非计划的产物。谷歌自然而生，浑然天成，因为谷歌人就像他们还在研究生院那样去工作，纵然他们早已走出了那里。如果你采用了一个学术氛围并且将其运用在商业领域，这些结果就是必然的"。[16] 一个员工，也是资深计算机科学的教授，埃纳瑞格·阿喀亚（Anurag Acharya）说他加入这个公司是因为他一直在寻找一个他能为之奋斗很长一段时间——10年、15年的问题。[17]

我们在第七章会详细阐述,谷歌有一个高度分散的结构,发展项目都是由3—4人的小组完成,而且员工被鼓励花30％的时间在探索性的项目上——20％在延伸性的服务上,10％在高风险的奇思妙想上。这种模式为谷歌的产品发展通道作出了神奇的贡献。如果你去谷歌实验室(www.googlelabs.com)看看供用户体验的一系列现有产品,你会发现包括谷歌付账商店小玩意、谷歌城际旅游,以及谷歌火星等产品。有些的确有显而易见的商业潜质,但是有些却仅仅针对一小部分特殊的用户。

但是所有这些发展努力是如何与公司对股东的责任相得益彰的呢?本质上,这完全取决于谷歌的高层建立了一个有时被称之为"引导性进化"的方式[18]——着重发展最有潜力的项目,淡化其他。比如,埃里克·施密特作为首席执行官有着一个至关重要的角色,那就是及时作出复杂的决定。每一个问题都会被不厌其烦地反复讨论,但是,正如斯密特观察到的,"如果这就是所做的全部,那么你会发现你开了一所大学。所以我有两项工作:第一就是确保所有的问题都得到充分的讨论,以发现最优的方案而不是普遍的共识。第二就是督促它得以快速实施,因为商业就是速度。"[19] 2009年6月,该公司也建立了正式的"创新回顾",在此管理层向施密特和谷歌创立者汇报自他们部门基层产出的产品思路。尽管这不是什么特殊的概念,但是这样的回顾能够"强制管理层去集中注意力"并且帮助他们更加有信心地经营公司。[20]

鼓励员工去追求创造性目标的指导方针。因为创造性目标通常只由一个小组的员工去完成,现实的挑战就是全部关于平衡实验阶段完全自由的需要和生产阶段严格的商业控制的需要:

- **你需要能够给你的员工追求他们自己议程的自由。**研发科学家寻求在学科刊物中得到同行认可。建筑家和产品设计者寻求对他们作品的批判意见。如果你想要这种人在你的公司工作,你需要对他们的需求积极回应,否则他们会毫不犹豫地离开。想一想一家加利福尼亚生物科技公司嘉荣的例子。当它收购了源自爱丁伯格、背靠小羊多莉（首例克隆羊）起家发展而来的罗斯林生物药材公司时，他们必须与罗斯林的科学家们仔细协商以确保搭建起一个能够满足这些科学家们需求的机制。这个机制给了他们完全的经营自主权、所有新创知识产权的共同所有权，以及发表他们的发现的出版权——无一不是学术自由的必要要素。[21]

- **你需要一个能够有效分离，继而妥善投资于潜力巨大的项目的方法**。制药公司，例如辉瑞，在阶段性投资方面有强大的专家力量，也就是，决定哪些项目能够进入下一步的发展计划，而哪些不能。而其他公司则被此过程深深困扰。我所熟知的一家工程公司就有一些非常松散的程序，用以决定什么项目可以上马，其结果则是任何有经验的工程师，只要有一个个户和一个他想做的项目，就能立项研究，开展工作——几乎全然不顾其产生的利益与后果。不管是通过一个像谷歌采取的引导性进化的过程，或者一个更加规范的阶段把关系统，重要的是能够优先化那些潜力巨大的项目，及时终结那些前景不太乐观的。

第三种方式：追求高远的信念

从一个重要的角度上看，目标设定的第三种方式与前两种方式有显著的不同——它不需要管理层对公司的最终目标有一个坚定的立场。换句话说，相比前两种方式的基础在于公司的最终目标是为股东谋利，信念跃升的方式避开了这样的假设前提。但是，它假设每一个公司都有多重的利益相关人，他们之间在孰重孰轻上，并没有任何清晰界定的等级秩序，但是这些利益相关人却彼此息息相关。

让我们思考一下第七代公司（Seventh Generation）的例子，这是一个有着 20 年历史的私有企业，以生产基本的消费类产品，比如卫生纸、纸尿裤和洗衣液为主。该公司立志成为世界上最值得信赖的品牌，旨在为一个健康之家生产权威、安全和环保的产品。根据总裁和主要受其激励的领袖级人物杰夫里·荷兰德(Jeffrey Hollender)所说,公司的名字来自易洛魁大法则,即每次思忖时,我们必须为了今后七代人考虑那个决定对我们的影响。在现实当中,这句话的意思就是发布何种产品、在哪里销售,以及如何采购原材料等决定都是根据一系列与宝洁公司或者联合利华截然不同的原则而作出的。[22]

其中一个原则就是透明:当任何不好的事情发生时,公司保证每个人都知道,而不是掩盖事实。这不仅仅是,比方说作为公司,它将一种化学成分从其洗衣液中去除就完事儿了,而利益相关人必须参与讨论。所以公司得在它的网站上披露任何利益相关人有可能想获取的任何重要信息。尽管这种透明看上去可能不聪明,但是它却让第七代公司生意兴隆。

另一个关键原则就是"重调系统性杂音",通俗地解释就是,避免利益相关人中,一人受益万人愁的局面。比如,沃尔玛为顾客省钱的目的却伤害了那些供货商们,他们每年都要下调卖给沃尔玛的价格,而这种行为真可谓"与负责任背道而驰"。所以,第七代公司不通过沃尔玛销售他们的产品。

这一点正切合了第七代公司的一个关键目标——让其他公司也更加负责地为地球着想,并且付诸行动。荷兰德说:"我们做的许多事情实际上是联合了其他公司共同思考这些命题,因为解决方法并不单单来自第七代。我们只是一家小公司,我们最大的影响甚至都不是作用在我们的顾客上,而是在那些看到了我们成绩的其他商界同行们,他们感叹道,这真是有意思,以前我还以为这行不通。"

第七代也许是一个特例,但是它说明了一个重要的观点。尽管它销售的是绿色产品,但是它真正的使命却更深远更多元——它希望培养出思想更加通达敏锐的顾客,通过教育实现公平和健康,确保自然资源的可持续使用,以及其他许多同样远大的目标。换句话说,这家公司没有一个绝对清楚、明白的终极目标。但是,它却乐意畅游在这种左右参半的模糊中。

也许有的人会想这样的方式——没有任何目标是赢利的——会对第

七代公司的利润造成不利影响。结果恰恰相反,公司年利润从 90 年代末的 25%,上升到 2008 年的 45%,而 2009 年又更上一层楼。

另一个跃升信念的例子是斯里兰卡最大的食品生产和零售商卡基斯·思朗公司(Cargills Ceylon Plc)。在过去 10 年里,卡基斯在首席行政官兰杰斯·佩琦(Ranji Page)的领导下,成功地开拓了一条创新之路,建立并提升了斯里兰卡农业社区的产量和利润。过去传统的区域生产过程效率十分低下:40% 的果蔬遭到浪费,20%—30% 的价值却付给了中间商,对于本地农场的技能投资为零。卡基斯设立了一个能够与全国 10 000 名农民直接联系的机制,向他们保证一个完备的市场和一个比他们以前得到的更好的价格,以及技术和财政支持。这个模式帮助了农民的地方社区得以发展,并且推动了卡基斯的快速成长。它被世界银行和盖茨基金会高度称赞为可持续发展的典范。[23]

拥有着 6 000 名员工和 136 个零售点,卡基斯现在的使命表述为"通过我们的核心业务,用爱做成的食物,为农村社区,我们的顾客和其他所有相关利益者服务,我们的原则是提高年轻人的技能,缩小地区差异,用区域和全球市场的繁荣减少生活的成本"。"用爱做成的食物"这样的表达也许在北美或者欧洲行不通,但是它却让卡基斯的顾客和供货商产生了强烈的共鸣。佩琦说:"我们竭尽所能地确保这些原则在我们事业的每一个方面都是根本点。我们为我们的国家和人民所做的都是出自爱。我们的商业模式如何诞生的,就是源自爱。"今天,卡基斯有 9 个岛屿大小的集散中心用来汇集直接从农民那里收集的大米、牛奶、水果和蔬菜,而采购价普遍都高于他们生产成本的 20%。大约 70% 的直属员工的年龄都低于 25 岁,其中 80% 来自斯里兰卡的乡村。

正如一位卡基斯的高级管理人员,桑尼尔·哈雅塔·那瓦剌尼(Sunil Jayantha Nawaratne)所说:"我们公司的愿景和使命表明了我们相信利润必须也只能产生自一个为所有利益相关人创造可持续价值的商业程序的内部。"与兰杰斯·佩琦先生的哲学理念和斯里兰卡的传统一致,卡基斯的最终目标是回馈社会,并且在此过程中,建立一个成功的企业。据桑尼尔观察,在这样一种文化当中,利润最大化已经不是终点,反倒是公司成长并为社会创造未来价值的方式方法。

许多其他公司设定目标,有他们自己的一套信念跃升的方式。正如我们前面提到的,完全食物市场的约翰·麦基相信所有利益相关人的"善意的互相依靠"。当把利润作为是追求其他事情过程中一个副产品时,比如客户服务、员工发展,以及社区质量提高,利润反而得到最好的实现。另一个例子就是谱保公司(Specsavers),这是一家英国的眼科产品零售企业,成立于 1984 年,由一对夫妇搭档道格和丹穆·玛丽·铂金斯(Doug and Dame Mary Perkins)开创,他们的目标是提供"所有人都买得起的时尚眼睛护理"。这对创始人从来没有把赚钱作为他们的首要目标,他们创业是为了让英国的每一个人都有可能得到有质量的眼睛护理。他们基于这个理念精心设计他们的商业模式以至于他们的商业伙伴——店主们,使其都分得一杯羹。25 年后的今天,谱保公司在 10 个国家拥有 1 400 家店,而且从没有一家关张。[24]

让信念跃升的指导方法。 某种程度上说这是三种途径中最危险的一个,所以在实施之前,确保你掌握了这些关键要素就显得愈发重要:

- **你需要真的相信利润不是那么重要。** 困难在于说服利益相关人。客户、员工以及分析家们都是一群怀疑论者,甚至其中许多人会认为——除非你不断地证明并非如此——财政利益才是你公司存在的真谛。所以如果你真的在乎平衡所有利益相关人的需求,在乎寻求多重目标,那么你的行动需要反映出那种信念。如我们所见,第七代公司冒着可能存在的利润损失的风险,公开批评自己的产品不足。但是,它之所以这样做正是因为第七代致力于对利益相关人做到透明。卡基斯有一个政策,以高于市场价向供应商采购、低于竞争者向消费者售出,这些举措对所有人都是显而易见的。这些实实在在的行动都为此类公司令人敬佩的目标做了强有力的注脚。

- **你的事业必须是消费者愿意支持的。** 卡基斯所追求的社会使命是所有斯里兰卡人能够信任的。道格和丹穆·玛丽·铂金斯之所以能够改变英国护眼行业是因为国家法律允许解禁，也是因为在 1984 年前整个眼保市场服务水平低下。第七代和完全食物市场都借助了环境和社区可持续发展的交错关系。尽管从定义上讲，利润不能够成为一家公司在寻求信念跃升的目标过程中的动力，但是无论如何，选择这种方式的公司需要赚取足够的利润以求生存，这就意味着他们得提供一种人们真正想买的产品或者服务。

- **你需要全方位地跟踪所有你希望达成的目标在实现过程中表现如何**。管理良好的公司，无论期望值是什么，都跟踪测量他们的实际表现与期望有什么不同。所以，即使你公司的使命定位在信仰跃升，利益相关人还是希望知道这一跳所带来的结果。这就是为什么卡基斯测量它所支持的供应商的人数、接受其培训的年轻人的数量，以及他们为消费者省了多少钱。

- **你必须留神这个方法那些显著的与生俱来的风险**。很明显地，成心地大干特干这样一套偏离了企业短期利润的事儿绝非易事，而现实就是许多信念跃升的公司根本就不能生存。而且，想要不偏离初衷也着实困难，特别当新的投资人加入公司时。道格和玛丽·铂金斯说过他们"永远"都不会卖掉谱保公司，因为他们感觉到他们与众不同的模式会很快在揣着不同目的的新投资人手里变得不再单纯。值得注意的是，可能也不是什么令人吃惊的事儿，大多数追求信念跃升路径来确立目标的公司都不是上市公司（完全食物市场是个例外）。

有关这类公司，有一个有趣的研究，玛杰瑞·克里（Marjorie Kelly）找出了三个不同的管理模式，它们被那些不以赚钱为首要目的的公司越来越多地采用：利益相关人所有制公司将所有权交给没有财政属性的利益相关人手里，比如员工或者协调方。由使命掌控的公司，将所有权和利润与控制权和组织方向相分离，以及公私混合型、利润能力和使命结合以创造独特的结构。[25]尽管现在要判断这三个不同的管理模式究竟哪个管用还为时尚早,但是针对此课题所展开的大量实验性的方法足以证明这个问题在当今社会的重要性。

结　论

这一章的重点是厘清公司在设定目标过程中所运用倾斜角原则的不同方法,以及每种方法的优劣。在最后这一节,让我们再回到那个更宽泛的话题,即有关线性型和倾斜度作为目标设定的基本原则的相对优势。

作为一个普遍的规则,线性型原则能在一个稳定的环境中发挥最大的功效,即工作相对循规蹈矩并且操作呈直线式(比如在生产流水线上),这样的工作对于事物之间的相互作用关系具有一定合理程度的可预见性,而且结果容易检测。它同样适用于那些小公司,每个人都认识彼此,因此公司目标也能快速得到沟通。另一个方面,倾斜度原则更适合在一个不断变化起伏的环境中使用,工作需要相当高度的创造力和交流,运转系统复杂,并且结果难以预见和测量。

明显地,我们当下商业环境的各个层面都在日趋复杂——混合结盟、合资合作,以及外包业务越来越多。今天,对于我们商业活动带给社会和自然环境的影响的忧虑也越来越沉重。这样或者那样的因素使目标确定的曲线型原则的优势愈加凸显。但是,这并不意味着弃线性型原则于不用已成必然。

表5.2总结了我们谈到的三条倾斜路线的关键特征,以及传统的以短期经济效益目标为基础的线性型路线。以短期经济效益为目标的路线,其基本前提是每个人都能够为一个特定目标,比如利润、团结合作,直奔终点。间接目标和创意目标的方式建立在理性且直线思维的基础上,即一个目的与另一个相关联。信念跃升方式则建立在系统思维的基础上:每件事都与其他任何一件事存在因果联系,因此我们不能准确地预测我们的行为将会在一个多元化的利益相关人系统里如何展现。正如我们

一贯秉持的，我们的目的不是争论哪一条路线较之于其他更完备，而是列出不同的选择和周遭环境，以供读者择其善者而从之。

表5.2 比较目标设定的四种方式

以短期经济效益为目标	间接目标	创意目标	目标跃升
人们寻求狭隘的经济效益因为他们的行动直接引导达成此目标	人们之所以追求A，是因为它令人向往，虽然间接，却最终会引导我们达成B	人们就是为了实现A而努力，即使它与B之间并非相辅相成	人们单纯地为了实现A而奋斗，至于结果如何，是B、C还是D，则在所不问
管理者们将所有激励条件和目标都围绕这些财政目标挂钩对等	管理者为了达到A而创建一套考核指标，同时时刻关注A是如何影响B的	管理者不但为了达成A而创建一套考核指标，他们还据此全面衡量作出投资决定，以强化"赢家"得以向目标B晋级	管理者为了A而设计一套考核指标和愿景，以期在完成目标的过程中对B、C、D有所影响。但是他们并不过于纠结B、C、D是否能实现——这是在他们所能控制之外的结果
线性逻辑	连续性的，因果逻辑	引导性进化逻辑	系统思维，相互依靠的逻辑

第五章要点

在大公司里，为设定目标而采取的传统原则是线性型：其概念就是所有的员工都直奔着相同的共同目标而工作着。另一个原则就是倾斜角原则：其概念是目标往往在按照非直接路线追寻时，得到了最好的完成。

　　虽然倾斜角原则在商业世界里并没有被广泛地理解，但是许多公司已经毫无保留地在实践着这个原则，比如当建立他们的长期愿景或者当为研发部门的科学家设定目标的时候。本章中建议了三种不同程度的、适用倾斜角原则的目标设定途径：(♯1)当聚焦于 A 就会连续性地产生结果 B，则使用一种间接目标；(♯2)当为了实现 A 目标的部分努力会接着强化并且指向 B 目标，则追求一个创意目标；以及(♯3)当设定一个高瞻远瞩的愿景，且不牵绊于与其随之而来的当即结果时，则追求一个信仰跃升的目标。

　　和前面几章一样，在大公司里有一股愈来愈浓厚的兴趣把这个不同的原则——倾斜角，运用于目标设定中。当商业环境稳定而且可预期，公司不同职能之间的合作相对简单直接时，线性原则能够最好地发挥效应。当商业环境是动态多元而且不确定的，公司不同职能的差异泾渭分明时，倾斜角原则则能最有效地解决问题。

　　我们介绍了目标设定中使用倾斜角的三种路径，而且拿他们和以短期金融目标为重的传统方法做了比较。每一种路径都有它自己的优势和劣势。作为经理人，你的挑战就是：(a)理解每一种路径的相对优势，(b)评价哪个才是最适合你的特殊环境的方法，以及(c)如果你相信可以更上一层楼，那么就拓展思路，大胆实践，用新方法不断丰富这些想法。

第六章

从外到内激发员工

大屏幕上闪烁着迅速变化的比分,选手们疯狂地调整战术,观众也在为他们迸发出的精湛技艺高声叫好。除了触手可及的紧张气氛外,冠军的奖品也令人动心——分享 26 万美元的奖金和只属于获胜者的欢呼。尽管比拼着速度、能力和战术,但这并不是一场体育赛事,而是一年一度的 TopCoder 公开赛。每年,120 名世界顶尖软件程序员在拉斯维加斯梦幻金殿大酒店(Mirage,Las Vegas)齐聚一堂,比拼算法、软件设计和软件开发等技能的独特赛事。[1]

TopCoder 是一家商业模式非同寻常的软件公司,位于康涅狄格州首府哈特福德(Hartford,CT)。公司由企业家杰克·休斯(Jack Hughes)创办,并没有雇用任何全职程序员,而是建立起了一个自由的程序员社区。社区中的程序员会参加小型赛事,来比试谁能写出最好的代码。TopCoder 公开赛就是这样一场展示,比赛内容是谁能够在限定时间内,开发出最聪明的算法。而 TopCoder 在为客户开发软件时,运用了相同的模式:编程工作被分散成块,每一块胜出的程序员都会得到奖金。[2]

TopCoder 开发者社区具有高度竞争力,在社区中,顶尖程序员享受着明星般的待遇。本名托马斯·恰伊卡(Tomasz Czajka)的托梅克

(Tomek)曾蝉联两度 TopCoder 公开赛冠军。22 岁那年，托梅克斩获了自己的首次公开赛冠军。回到祖国波兰之后，他立即成为《美国偶像》(*American Idol*)式的英雄，不仅出现在了流行榜单上，还被写进了一首流行歌曲当中。另一位冠军是 33 岁的阿格莱特(Argolite)，本名迈克尔·帕维斯卡(Michael Paweska)。他放弃了在加拿大一家电子商务咨询公司的稳定工作，将注意力完全集中在了 TopCoder 上。跟仅仅参加算法比赛的托梅克不同，阿格莱特还参加了面向客户的商业开发竞赛。短短几年之间，阿格莱特已经通过 TopCoder 积累了 75 万美元的财富，取得了巨大的成功。[3]

　　TopCoder 社区的程序员从来没有从公司获得过稳定收入。由于社区成员均为自由的工作者，他们也没有资格享受福利和晋升待遇。但他们却具有高度积极性，他们能在 TopCoder 上长时间工作，而且经常利用晚上或者周末的业余时间。此外，社区成员还展现出了对公司极大的忠诚和依赖。

　　可以说，TopCoder 是一个非同寻常的组织，因为它依靠个体之间的自发协作完成工作。TopCoder 还是一个相当成功的公司，拥有 21.9 万名软件开发人员的同时，软件客户的群体规模在快速增长。在积极性研究领域，TopCoder 展开了一个引人入胜的谜题。为什么志愿者、自由工作者和临时工的积极性相对来说比全职员工要高？在 Linux 和 Apache 这类开源软件社区中，我们也能见到相同的情形，绿色和平(Greenpeace)和医生无国界(Médecins Sans Frontières)这样的志愿者组织，情况也都类似。是不是劳动合同有某种因素在本质上会驱散员工的努力？又或者管理者在激发员工的机制上还不够聪明？

　　我们还可以用一种简单的方式来问这个问题：阿格莱特的积极性来自哪里？他没法肯定自己能从 TopCoder 的工作中获得收入，但他却将自己全部可支配的时间和精力投入到了工作中。一旦工作得到认可，阿格莱特就能帮助 TopCoder 向公司的客户交付高质量的软件。如果我们能够理解是什么驱使着阿格莱特和同事们（我们会在本章的稍后部分讨论他的观点),我们就能在组织、分配工作的方式上作出重大改进。

我们必须明确一点,这些问题十分重要。正如我们在第一章中观察到的那样,最近对工作环境敬业程度的研究显示,积极参与本职工作的员工比例不足 20％。也就是说,有 80％之多的员工只是为了讨老板欢心勉强而为,得过且过。他们坐在自己的电脑前,不是计划着如何度过自己的假期,就是从网上买东西。与此同时,他们将自己的创造精力用到了夜生活和周末上。当然,有些工作在本质上并不吸引人,比方说电话客服和烹制汉堡。但是,假如我们能够让这些数字适当地改变,将敬业程度从 20％增加到 30％,我们收获到的生产力和工作满意度将会出现戏剧性的变化。

在本章中,我们将尝试用一些全新的方式思考积极性,从而解决上述棘手问题。传统雇佣关系中虽然具备了一部分激发员工积极性的方法,但现实情况是,管理者的解决办法中,蕴藏着许多增加自己员工无条件付出的技巧。这些技巧,有些虽然由来已久,却因难于实施,一直不受重视,而另外一些技巧,则是随着 Web 2.0 网络技术的兴起和自由工作者社区的普遍化,最近才得到认可。

本章将会讨论管理者在解决积极性问题时运用的不同方法,以及各种方法的优劣。从而使你在构思管理模式时,更好地理解最适合自己情况的方法。但首先,我们需要从历史背景说起。

历史背景

关于积极性的学术理论,我们可以轻而易举地追溯到埃尔顿·梅奥(Elton Mayo)、亚伯拉罕·马斯洛(Abraham Maslow)和道格拉斯·麦格雷戈(Douglas McGregor)等人的著名观点。但在时间上继续向前追溯,对掌握雇佣和积极性之间的联系是很有帮助的。在《制造员工》(*Manufacturing the Employee*)一书中,管理研究人员罗伊·雅克(Roy Jacques)给出了充分的理由:我们今天熟知的雇佣关系是在工业革命时期兴起的。[4] 在 19 世纪中叶,大部分人从事商业和手工业,主要为自己工作。

从开始到结束,他们控制着工作环节中的每一个流程。他们身兼多艺,支付薪酬的工作不过是他们主业的补充。本书序中提到,19世纪末期兴起的大公司引发了人们定义工作的根本性转变。员工的工资来自公司的收入而不是产量,他们开始同雇主签署长期合同,接受了自己成为机器部件式的角色。语言也发生了变化,"雇员"这一概念在20世纪最初几年中才得到了广泛使用。

雅克的分析十分重要,因为它避免了我们将简单的一维化思维运用到历史当中。人们从前并不在大规模的工业公司中工作。所以当我们推测未来的工作环境会包含更多自雇佣成分,同时在互动方式上,会更加基于社区时,我们实际上是在预测旧模式的部分回归,而不是创造出一种新的工作模式。这对于积极性的研究至关重要。雅克明确了一点,即19世纪的商人和手工业者具有高度积极性。如果这是基本案例的话,我们挑战的问题就会转变为大型工业企业中的传统雇佣关系是怎样驱散员工积极性,减少员工无条件付出。除了摆脱传统雇佣模式的束缚我们还要通过全新的方式来增加员工的敬业程度。

同上述历史背景相反,梅奥、马斯洛和麦格雷戈等人的研究本质上是重新发现企业的人性一面,但他们的研究没有超出大型工业公司的范围。从他们的早期著作起,关于工作环境积极性的文献数量就呈指数级增长。对于我们在此使用的激发积极性的特殊方法,花上一点时间对其定义很有必要。

什么是积极性?简单来说,积极性是引发、指导行为的内部条件。[5]在商业环境中,积极性能够驱动个人对特定任务和目标花费时间与精力。当你审视为你工作的员工时,积极性的多少自然因人而异,也会因工作的不同而有差异。为了弄清这种情况的原因,研究人员曾经采取过两种方式:关注员工的潜在需求,和关注刺激员工努力工作的驱动力。

这项研究引发出了一个关键性的问题,即主观积极性和客观积极性的区别。主观积极性来源于对任务或活动本身的内在奖励,比方说弹奏钢琴、在乡间漫步、解决谜题等。

客观积极性则来源于人的外部世界。金钱就是最明显的例子,惩罚所带来的压迫感和威胁感也是客观积极性之一。[6]心理学家爱德华·德西(Edward Deci)和理查德·瑞恩(Richard Ryan)最近的研究,已经将这种理论向几个有用方向延伸。[7]其中之一,便是对主观积极性的构成,即对竞争、自主和与他人关联的需要。另外一个方向,是确定了第三种混合性质的积极性,被称做内部客观积极性。比方说,员工得到晋升,或者从同事那里得到认可,都是外在的承认。但这种承认却由个人向内转化,具有了价值。因此,上述情况也变得具有主观性质。换句话说,客观积极性和主观积极性的对分,是在两个极端之间,因为激发因素内在化水平的高低而变化着的范围。

麻省理工学院教授道格拉斯·麦格雷戈那为人熟知的 X 理论和 Y 理论的差别,在这里同样具有高度关联。[8]麦格雷戈的理论同理解管理者塑造下属行为的方法相关。X 理论代表着一种观点,即员工本质上懒惰,并且需要客观奖励来完成工作;Y 理论则认为员工能够激发自己,具有野心和主观积极性。麦格雷戈并不认为某人会比其他人更符合要求;相反,他观察到,管理者设置的体系具有补充自身的倾向。因此,X 理论管理者倾向于强调根据员工的反应进行胁迫和控制;而 Y 理论管理者倾向于为员工就个人发展提供更大的自主空间和发展机会。

上述两种理论为本章的剩余内容提供了框架。图 6.1 显示出了二者在一起的适应方式。纵轴表示客观积极性的"传统"原则和 X 理论,横轴表示主观积极性的"另类"原则和 Y 理论。在这里,我们有必要仔细一点。因为同上一章中采用倾斜角作为描绘轨迹的新方法不同,无论主管积极性的定位是否新颖,是否与众不同,在这里都是错误的。相反,我们要说的是,客观积极性作为大型工业化企业中客观存在的标准,出现在 20 世纪的头几年,而主观积极性作为一种可取方式越来越受重视,是在我们进入 21 世纪之时。当然,主观积极性的概念已经出现了几十年,它所带来的好处也记录在案。但大部分观察家可能会承认,只有少数的大公司在实际上是根据这些原则进行管理的。

积极性的动力。图表上标示出的,是管理者可以选用的三套方案,

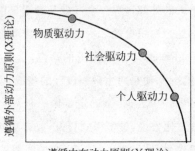

图 6.1　动力谱系：比较达成动力的不同方式的框架图

即驱动员工自愿付出的三种方法：

- 无条件付出的物质驱动力。这种方案向员工的努力提供物质奖励和直接奖励，其中包括加薪、晋升、分成和奖金。方案同时包括允许进入某项目、批准专利，或为问题的最佳解决方案提供奖金。
- 无条件付出的社会驱动力。这种方案向员工提供归属某个组织的理由。我们中的大部分人需要加入群体或社团。拥有归属感，成为团队成员，在同等团体中具有明确的地位，都能带来声望，以及同辈的认同和称赞。
- 无条件付出的个人驱动力。这种方案涉及管理人员组织安排工作的方式，从而使工作在主观层面上更加吸引人。它包括向员工提供自由行动的空间，以及与他人进行创造性工作、培养并展示专长的机会，和值得奉献的理由。想想那些艺术家、作家、和研发中心里的科学家们，他们经常全身心地沉醉于自身工作的特性（当然，自我怀疑带来的辗转反侧除外）。他们所获得的快乐和满足，正是驱动他们的发动机。

　　管理者有必要在使用物质驱动力、社会驱动力和个人驱动力中作出选择吗？它们三个能否同时使用？这个问题的答案并不算简单。许多研究表明，客观奖励会减少主观奖励。比方说，一项针对义工的研究发现，当义工因为自己的努力得到报酬时，他们就会变得越来越物质，不再倾向于免费工作。[9] 研究同时显示,部分激发因素,特别是那些与工作环境和报酬相关的激发因素,其产生的效果仅能提升到一定高度。著名心理学家弗雷德里克·赫茨伯格(Frederick Herzberg)将其称为"卫生"因素,因为就像定期清洗一样,上述因素更适合于预防工作环境的"健康状况"恶化,而不意味着它们能够产生出良好的"健康状况"。[10]

　　除了这些告诫之外,这里建议的三套方案最好当做组成部分看待。也就是说,作为管理者,如果你能深思熟虑,设计出一种结合了物质驱动力、社会驱动力和个人驱动力的动力,那么员工就极有可能给出积极的反应。在最近一项针对研发中心科学家的学术研究中,管理研究人员亨利·索尔曼(Henry Sauermann)想要理解部分研发中心科学家选择的工作时长,比要求的要多得多的原因。同工作时长相互关联的三个因素分别是薪酬、责任心和智力上的挑战,这正是物质驱动力、社会驱动力和个人驱动力的绝佳组合。[11] 框 6.1 中,是印度 IT 服务公司印孚瑟斯(Infosys)将三种动力融合在一起后的方案。

框 6.1　印孚瑟斯如何激发员工

　　印度 IT 服务公司印孚瑟斯就是将无条件付出的三种动力结合在一起的一个很好的案例。公司在 1981 年由三名 IT 工程师创办,在 20 世纪 90 年代 IT 服务需求风暴来临之前,一直是个脆弱的初创公司。公司由受教育程度较高,但相对廉价的印度劳动力构成,致力于国际化扩张。20 世纪 90 年代和 21 世纪初,印孚瑟斯迎来了飞速发展,现在已经成为了国际顶尖的 IT 服务公司。

　　在物质奖励方面,印孚瑟斯的薪酬以印度标准来看着实诱人。1994 年,公司引入购股期权,用以保留最出色的人才,避免他们流失到美国竞争对手那里。9 年之后,公司感觉到需要调整标准,转而提供同个人、部门和合作表现相关,更高程度的绩效薪酬。而且,公司在 20 世纪 90 年代初期,将基于任期的简单晋升模式,转变成为了具有明确规定和完善评估体制的精英模式。除此之外,为了认可员工在项目管理等领域中的卓越表现,印孚瑟斯每年还会根据发展、创新和社会责任发放奖金。

2007 年,印孚瑟斯发展到拥有 8 万名员工,如此增长率的背后,是平均只有两年的任期,公司因此极大地调动起了员工,带领他们快速成长,鼓励他们留在公司。新员工的入职程序十分成熟,为员工保留高度自主性,使工作成为了享受(对于大部分人来说,这是他们的第一份全职工作),同时也让员工找到了合适的角色,并看到透明的职业前景。在员工等级上升的过程中,公司还提供了许多培训项目,以及反馈自身感受、分享学习经验的渠道。印孚瑟斯因其领先的人力资源管理措施迅速得到了认可。2007 年,公司获得了《劳动力管理》(*Workforce Management*)颁发的优胜奖(Optimas award),2005 年和 2006 年,公司获得 BT-Mercer-TNS 授予的"印度最佳工作公司"称号。

印孚瑟斯的前任高级人事副总裁赫马·拉维钱达(Hema Ravichandar)在概括公司提高员工敬业度的方法时说:"公司通过我们的培训和工作中的学习机会,提供不断'扩展'员工的学习附加值;通过具有竞争力的薪酬和奖励,提供经济附加值;通过我们强大的公司文化,提供情感附加值。"这种结合已经引起了非同凡响的成功。

不过从根本上讲,积极性具有高度独特性。员工是独立个体,他们会用自己的特殊方式来应对自身工作。所以,当简出于对计算机编程的热爱(个人奖励),不要加班费,在周末工作时,约翰也会因为不同原因作出同样的选择——比方说他的朋友和家庭会因此觉得他有上进心(社会奖励)。上述情况还会发生转变:一旦约翰在朋友和家庭的尊重中确立了地位之后,他可能需要一种不同的动力,他可能需要晋升方式的奖励,伴随着更多的报酬(物质奖励)。而简或许需要同事认可她的工作给他们的项目带来的帮助(社会奖励)。

因此,管理者的工作,就是要思考如何最大化地挖掘员工,促使、鼓励他们作出自愿的付出。这也意味着,无论怎样组合三种激励方法都是合情合理的。印孚瑟斯(见框6.1)以一种相当标准的方式运用三者来激发自己的全职员工:公司提供良好的报酬,而且许多人还持有股权;公司还给予员工发展和晋升的机会;此外,公司还在组织、分配工作时,让工作在主观层面上变得更加有趣。TopCoder同样运用了多种激励方法来激发社区中的自由工作者。阿格莱特参与TopCoder编程竞赛的积极性,部分是物质上的(到目前为止获得了75万多美元奖金),部分是主观上的(他从编程当中获得了乐趣),部分是社会上的(他在精英程序员社区里赢得尊重和认可)。正如阿格莱特所说的那样:"我的办公室距离床只有3英尺远。我每天早上的第一件事情,就是起床然后打开电脑。在这些活动中亲自接触每一个人也相当精彩。对我来说,其他事情都不重要——我爱这份工作,而且能比以前当一个普通软件承包商挣更多钱。"[12]

值得注意的是,上述三种动力同样适用于全职员工和社区成员中的自由工作者。许多人力资源管理者对外包和自由工作者心存疑虑,因为他们担心自己无法控制这些人员的行为。TopCoder建设网络程序员社区的经验,提出了一种完全不同的结论:刺激、鼓励自由工作者的方法,和刺激、鼓励传统员工的方法一样多。

接下来,我们会在本章中详细探讨各种动力。

物质驱动力

1895年,约翰·C.林肯(John C. Lincoln)仅用200美元创建了林肯电气公司(Lincoln Electric Company),生产他所设计的电动机。20年后,当公司扩展到电池充电器、焊接设备和焊接机器的生产领域时,约翰把弟弟詹姆斯(James)带进公司,并最终将管理权转交到弟弟手中,从而继续专注于科学发明。

詹姆斯不愧是一个高度进取、敢于实践的管理者。他引入计件工资制,建立起员工咨询委员会(委员会代表从各个部门选举产生,时至今日,委员会仍然隔周召开一次会议),并向全体员工提供集体人寿保险(这种福利当时还未出现)。1923 年,林肯成为首批员工享受带薪休假,并持有股权的公司。从员工建议项目到电焊培训学校,从 1934 年首次开设年终奖到 20 世纪 50 年代提供红利和出台不裁员政策,林肯努力让员工尽可能在工作中得到满足。[13]

时光流转,今天的林肯不仅仅是美国领先的电焊设备制造商,它在世界范围内也名列前茅。公司 2008 年的净销售额为 24.9 亿美元,净收入为 2.12 亿美元。让约翰和詹姆斯为遗产自豪的,不仅仅是经济上取得的成功,还有公司员工持续不断的奉献和忠诚。公司在 20 世纪 90 年代进行大规模国际扩张时,员工为满足客户需求自愿延期假期 614 周。林肯百岁华诞那年,公司员工确保完成了 10 亿美元的销售目标。此外,除了退休,员工不存在跳槽。[14]

虽然林肯运用了许多办法来激发员工,但其专长一直是对用物质奖励刺激员工努力的创造性运用。公司确立了明确对应的奖励制度,在这套制度中,公司会谨慎地确定任务和活动,将二者同员工工资和红利对等起来;同时以一个精英体系为根据,提供晋升机会。由于林肯的岗位描述准确到位,加之努力与产出间的联系一目了然,这种模式运转良好。制度在设计时还关注到了大量细节,因为任何得到奖金承诺的人都知道,在现行体制内"耍花招"的机会是多种多样的。

林肯电气对客观奖励的谨慎使用,成为了全世界商学院学生学习的案例。我们看到,客观奖励在投资银行、汽车销售、按揭销售和保险等其他许多行业中也得到了重视,但林肯却是能够从经济奖励模式中收到良好效果的少数案例。可惜成功的案例不多:聪明地运用物质奖励是激发员工积极性的关键因素。我们不能仅仅因为对投资银行的奖金感到震惊,或者发现汽车销售员采用的销售策略过于野心勃勃,就把物质奖励彻底弃置不用。

幸运的是,技术革命为物质奖励领域开启了新的可能。下述两个范例特别值得重视——生产游戏的运用和奖项作为一种刺激员工为了共同目标协作努力的方式的出现。

生产游戏。许多管理者直观地认为,在工作环境里注入一点竞争,可能会使员工更加努力。但游戏技术的日益完善,使得上述观点得到了进一步的延伸,使公司开发生产力提升工具成为可能。

微软 Windows 安全测试负责人罗斯·史密斯(Ross Smith)便是生产游戏拥护者中的佼佼者。关于此人,我们还会在第八章重新提及。[15]微软对简单游戏的运用已经延续了多年,比方说那个用来在软件产品发售之前,找出最后残余错误的《敲虫子》游戏。但史密斯决定试验一下更加复杂的模式。最近的一个例子,是他开发出来用以确定 Windows 的新版本能否在将近 100 种不同语言下良好运转的"语言质量游戏"(Language Quality Game)。他的团队在全世界范围内,召集每种语言的母语使用者组成了一个社区。"玩家"会观看一系列截屏,将问题标注出来。为了符合游戏世界的惯例,员工任务被分拆成为若干游戏"等级",每个等级中包含 25 个截屏。此外,他们还运用了基本的动画,从而使其更有游戏的感觉。玩家完成等级每上升一层,就能使用新颜色的标注笔。同时,他们还可以依据完成等级和找出的错误数量,监测自己在国际排行榜上的位置。

花上几个钟头来做这些是否有趣,因人而异。不过这种模式却完美地运转了起来,而且游戏玩家和语言学家都参与了进来。在一个月的时间里,数千名微软员工参与到了游戏当中,涉及 36 种语言,并且审阅了 50 多万个翻译过来的 Windows 对话框,识别出了许多重要问题。除此之外,29%的参与者还提供了对未来版本极为有用的附加评论。游戏使团队减少了开支,改善了产品质量,并以从未有过的最快速度发行了 Windows 的本地版本。

罗斯·史密斯尝试过许多相关游戏,而他所展开的运动,被称为严肃游戏倡议,即通过采用方法新颖的试验,将游戏技术引入到工作环境中去。[16]美国联邦航空管理局(Federal Aviation Authority)在不同的背景下,已经将其应用在了机场安检和训练上。由于 X 光扫描太过乏味,同时由于真正的枪支和刀械很少出现,联邦航空管理局便使用了一套名为"危险影像项目"(threat-image project)的设备。该设备能将模型枪支和炸弹的影像合成到 X 光扫描后的行李图像当中。操作人员在看到可疑影像之后,按下"危险"按钮,从而周期性地获得奖分,以表现出他们工作的优劣程度。[17]

生产游戏何时才会有效果?罗斯·史密斯认为,当人们尝试扩展自身的技能,或参与角色外活动(比方说岗位描述范围之外的工作)时,生产游戏的效果最佳。在他的试验里,游戏对于刺激那些员工本来不会付出的努力极有帮助。在关注物质奖励的同时,史密斯还意识到,生产游戏同样可以联系到积极性的社会驱动力(比方说排行榜所带来的光荣感和羞愧感)和个人驱动力(比方说解决谜题所带来的满足感)。更广泛地说,通过下述方式运用的生产游戏,通常会取得成功:

- 在常规工作中注入新鲜感,比如机场安检的例子。
- 使乏味的项目具有竞争性,比如软件工程项目的《敲虫子》游戏。
- 鼓励无条件付出,比如要求员工在网上的电子论坛里有所贡献,然后投票选出最佳方案。
- 促进学习,你学得越多,你所达到的等级就越高,也就有权开通更强大的功能。

奖项。和生产游戏一样,奖项是对竞争环境中取得成就的奖励,但奖励的规模和范围通常更大。历史上,奖项通常用来解决重大技术难题,在缓慢发展了一个世纪之后,对奖项的运用才迅速增多起来。[18]国际管理咨询公司麦肯锡(McKinsey & Company)的研究发现了 60 种 2000 年之后出现的新奖项,而且所涉奖金数目从 1997 年的 7 400 万美元增长到了 2007 年的 3.15 亿美元。[19]这些奖项中,有许多被设计用来提供社会福利。比方说 X Prize 基金会(X Prize Foundation)便设立奖项,寻求促进商业太空旅行和低能耗汽车等领域实现"重大突破"。其他公司的奖项则纯粹围绕着商业目的设立:Netflix 奖(Netflix Prize)的获奖条件,是将 Netflix 现有匹配用户电影的算法的精确度提升 10%。该奖在 2009 年终于有人摘得桂冠。

从定义上看,奖项是一种客观奖励。但奖项的吸引力当然是多方面的。正如我们在 TopCoder 和阿格莱特那里所看到的,奖项还能激励人们朝着目标更加努力地工作,因为他们享受追赶中的乐趣,希望通过解决难题得到认可。当然,金钱因素也是其中的一部分。因此,奖项开始广受欢迎,部分是上述多种利益的反映。科学技术的进步也是造成奖项广受欢迎的部分因素。互联网使得相似个人组成团体,聚拢在一起攻克重要难题变得更加容易。

　　竞争环境中的奖项有多大作用?麦肯锡的研究认为,在特定条件下设立奖项才是正确的策略:目标要明确可行;解决问题的潜在人群要足够多;而且这些人准备好承担失败所带来的风险和代价。通过一点点创造性,就能很直接地想到在现有组织中使上述条件生效的方法。例如我们在第四章中提到的罗氏诊断(Roche Diagnostis)的团队。他们能够轻易地为内部研发团队设立奖项,以解决他们提出的特定技术问题。此外,团队收到回应的质量,似乎也改进了不少。

　　物质驱动力的好处。总体来说,物质驱动力在哪些情况下最有价值呢?

- 物质驱动力有利于奖励成果。支付薪酬是公司的正常投入;红利、奖金和生产游戏得分则全部同个人取得的特定成绩联系在一起。因此在你非常明确你的工作目标的情况下,物质奖励特别有用。

- 物质驱动力在付出和成果之间建立了直接联系。当你的工作目标和工作方法(应当遵循的管理进程)都明确时,物质奖励就会是补充这种联系的极佳方式。我们在林肯电气看到的计件工资制,便是目标和方法明确的经典案例。

- 如果安排合理,物质驱动力就能够激励创新。当工作目标明确,工作方法却公开让个人选择时,谨慎地安排物质奖励能够激励创新,这便是 X Prize 和 Netflix 奖背后的全部原则。放置在能够将选择不同方法的机会最大化的网络环境中,收到的效果可能会更好。

物质驱动力的缺陷。可惜的是，物质驱动力常常遭遇失败，就像我们在序章中讨论过的那些投资银行中错误计划的红利分成表一样。以下是这种激励方式的一些其他缺陷：

- **物质驱动力会驱散主观兴趣**。分红不仅仅鼓励银行家将注意力放在错误的事情上，即低回报、高风险的业务，还有大量的金钱吞噬了工作中的主观兴趣，反倒令贪婪取而代之。

- **物质驱动力的效果会随环境的变化而变化**。想想网络泡沫时代的购股期权计划吧。那些计划只有在股价上涨时才有效果，而且它们很少能被解释清楚。因此，一旦市场下跌，人们就不得不重新考虑了。

- **物质驱动力容易失败**。底线是，较高水平的物质驱动力，例如分红和奖金，只能在非常特殊的情况下使用。人们必须懂得，他们的努力是怎样通向想要的结果的。同时也要懂得，在关注单一结果时，他们不能损害、忽略其他同样重要的结果。除非满足上述两种情况，否则最好避免使用分红和奖金。

社会驱动力

物质奖励注重供养家庭、达成明确目标的个人需求，而社会奖励则同个人在社会团体中对关系和地位的需求相关。社会奖励包括很多种鼓励方式，从获得一定的认可、地位和晋升，到成为特定团体成员不等。上述奖励均来自雇主，并且会逐渐向内转化成为个人诉求。

每个公司都在不同程度上使用社会奖励，它本身就是公司存在原因的一部分。那么社会奖励在什么情况下能够对公司业绩造成最大影响？研究认为，在缺乏个人奖励和物质奖励、工作单调、薪酬低下的产业中，社会奖励特别重要。从麦当劳，到沃尔玛，再到迪斯尼，许多公司都抓住了这一挑战。它们的解决方案，总是围绕着我们此处所说的社会奖励。

我们来看看欧瑞莲（Oriflame）的案例。欧瑞莲是一家天然护肤品公司，1967 年由瑞典兄弟乔纳思·翰林（Jonas af Jochnick）和罗伯特·翰林（Robert af Jochnick），以及他们当时的伙伴本特·赫尔斯滕（Bengt Hellsten），在他们所说的"斯德哥尔摩的两间简陋办公室"里创办。欧瑞莲同雅芳和安利类似，是一个直销组织，通过多层"顾问"结构销售产品。今天，欧瑞莲的顾问团队人数约有 310 万人，涉及 5 个大洲的 61 个国家（欧瑞莲在其中一半的国家中是市场领导者）。顾问通过销售的产品赚取回扣，此外，完成每年的制定目标之后，他们还能获得参与鼓励项目的资格。[20]

印度浦那（Puna）的梅加·甘地（Megha Gandhi）和苏尼尔·甘地（Sunil Gandhi）在 2000 年加入了她们口中的"欧瑞莲大家庭"（Oriflame Family）。她们对自己在欧瑞莲的经历不吝溢美之辞："我们一开始只是是为了高质量的化妆品才加入的，不过产品最吸引我们的是成功计划。这个计划让我们得到了高级经理、总监、金牌、一级蓝宝石……和现在的一级钻石头衔……我们得到了许多现金奖、国外旅行、珠宝、礼物和大量现金形式的奖励。这些奖励给了我们声名和身份。"甘地姐妹得到的不只是上述慷慨的物质激励。"为了达到这些目标，我们得到了多方面的支持，一流的工作环境、顶级管理人员的激励和世界级的培训……"[21]

"家庭"般的感觉、归属感、这些顾问们对欧瑞莲的感受是公司成功的关键之一。欧瑞莲的顾问数量，同世界人口规模排名第 136 位的国家（共 223 个）相当。他们使用着各种各样的语言，来自完全不同的背景，抱有不同的价值观、宗教信仰和政治理念。用翰林兄弟的话说，促使他们拥有团体感的秘诀是文化。"共同的文化是一种无形的纽带。它拥有解放、激励，并引领人们跨越将他们分割开的国界和边界的力量。欧瑞莲的文化赋予了每个人制定自己的目标、收入和工作时长的自由。这种文化是建立在互相尊重和互相信任的基础上的。"[22]

欧瑞莲管理模式的设计，使得世界各地的人，无论社会地位如何，都能离开自己的家庭，轻而易举地开创事业。公司拥有三项核心价值观：凝聚、进取和激情。顾问们以极大的热忱信奉着这些价值。公司认为"富有激情的人拥有改变世界的力量。他们热爱自己所做的事情,他们信奉着自己正在做的事情,他们在内心深处知道他们能够创造不同"。

这种宗教般的狂热还有弦外之音,这点并不令人惊讶。残酷的现实是:直销工作乏味单调,而且只有征集他人去销售之后,才能谈得上赢利(因为你能从他们的利润中得到分成)。因此,欧瑞莲通过强调团队和激情这类的理念,尽可能地克服了工作的平庸。公司组织活动、召开大会,还会庆祝个人取得的成功。这些举动,帮助公司为全世界的顾问提供了生活的重心和意义。

社会驱动力的优势。关于工作环境中社会奖励的运用,我们能够得出什么结论?社会驱动力具有三项关键优势:

- **社会驱动力能使成员从中获利的团体**。团体是由一群拥有共同兴趣,并能够从团队成员的身份中获得部分价值的个人组成。管理者的作用便是培养团体,以确保成员持续性地参与。在欧瑞莲的案例中,这意味着公司要加强成员对自己工作的信任,同时提供稳定的新产品用于销售。我们在第三章讨论过的咨询公司Eden McCallum 的案例当中,公司需要构建将工作打散,分配给团体成员的流程。

- **社会驱动力能带来认可**。对出色工作的认可,是最有力量的鼓励方式之一。它就像在学校时老师奖励给我们的小红花,或者我们在精彩的演讲后得到的掌声。它提升了我们的使命感,给予了我们在同伴中的地位。欧瑞莲投入了大量努力来认可新人和表彰优秀的顾问。麦当劳也是如此,它不仅十分擅长于内部晋升,还擅长于设立相当数量的各种奖项,用以庆祝个人取得的成功。

- **社会驱动力能催生对事业的承诺**。不用说,绿色和平这样的志愿者组织拥有高度的员工敬业度。他们的员工不仅信仰他们参与的事业,还会经常放弃夜间时间、周末和休假来推进这项事业。比方说,负责 2012 年伦敦奥运会的奥林匹克发展协会(Olympic

Develop Association)，他们的敬业度高不可攀。协会98％的员工称他们"在工作时乐于比要求的多跑一英里"。[23]营利公司或许不能像绿色和平或奥林匹克发展协会那样，具有高尚的存在理由，但无论公司从事什么业务，它们确实可以运用高层次的价值观——比方说制药业中的治愈疾病、教育业中的追求知识，或家具业中的"让生活更美好"（宜家的口号）。

社会驱动力的缺陷。和物质驱动力中的案例不同，强调无条件付出的社会驱动力从来不会导致灾难性后果。但因为以下原因，社会驱动力也不会总是奏效：

- **社会驱动力不容易保持**。在员工或自由工作者组成的网络当中，建立起社会意义上"首都"并不容易。就像我们在欧瑞莲和TopCoder中看到的那样，这要求长达数年的持续努力。

- **投入社会驱动力的量度很难把握**。任何投资都包含着机会成本，而且很有可能出现过度强调社会驱动力、忽略团体实际价值的情况。比方说，MySpace或者LinkedIn是否还能重获之前在社交团体上获得过的投资，仍然有待观察。

- **社会驱动力会导致狂热**。一个由个人组成的团体有可能会忽视更大的社会图景，因为他们会被团体中心支持的礼仪和信仰所迷惑。这在宗教团体中是普遍现象，不过在公司范围内尚属少见。无论如何，定期地询问一下自己：这个团体是不是在以我认为合适的方式增长？对于管理者来说，这点十分重要。

个人驱动力

促使员工自愿作出努力的第三种方法，是提升人们从工作中获得的主观满足。现如今，某些特定行业的工作能够带来主观满足，是理所当然的。学者、科学家、艺术家和音乐家的动力不是金钱——尽管几乎赚不到分文，许多人仍然坚持不懈，经常乐于免费工作。因此，监督这些员工的管理人员能起到的作用是很小的，它包括将员工的努力向公司重视的结果引导（参见上一章中关于倾斜目标的讨论），并且本质上而言，就是不加干预。

大部分工作没有那么有趣，但对于人们来说，从工作中得到个人满足还是完全有可能的。让我们回顾一下本章开始时关于主观积极性的简短讨论：我们享受工作对个人能力的挖掘，比方说完成一个困难的目标；我们重视以我们认为适合的方式完成任务的自由；此外，按照自己的主张同他人协作，我们也会从中得到满足。

让我们来看一下与通用和惠普分享世界航空发动机产业的英国工程公司罗尔斯—罗伊斯（Rolls-Royce）的案例。[24] 20 世纪 90 年代初，罗尔斯—罗伊斯深受中层管理的高成本和僵化困扰。但公司并没有将制造外包给东欧或者亚洲，而是决定继续留在英国本土，同时寻求能够促进产量和质量的创新性办法。公司当时制定了产量增长 30% 的目标；如果目标未能达成，未来的投资将会放到英国以外。

通过一系列相关的新方案，罗尔斯—罗伊斯开始尝试高效能的工作实践，尤其是在工厂中创建自我指导团队。传统的组装线并没有提供任何的主观奖励：工人们的工作简单机械，无法从中得到成就感。在自我指导团队里，员工为任务分配和目标而承担负责，同时也能学到多种技能。员工从圆满完成工作中所得到的主观内在奖励有显著提升。

在 20 世纪 90 年代末的这段时期里，罗尔斯—罗伊斯在燃气涡轮、航空维修和大修业务上建立起了自我指导团队机制。这套机制的建立，涉及了整个公司对管理模式的戏剧化反思，以及同工会之间作出的大量谈判。就像人力资源部执行副总裁玛格丽特·吉尔迪亚（Margaret Gildea）所说的那样："这种转变的真正秘诀，是拥有一个全面的基本理念，这种理念得到了管理高层的真正认同。采用零散的方案是无法完成目标的。"[25]

罗尔斯—罗伊斯的自我指导团队的工作方式如下。团队中的 6 名成员坐在一个"号房"里，房间中摆放着需要进行铸造、打磨、涡轮叶片加工等工序的机器。团队中没有领导——团队成员需要扮演目标完成进度、预防缺陷等特定倡导者的角色。一段时间之后,这些角色就会轮换,团队成员因此学习到了多种技能。总体进度由监督管理人员和每周召开的员工大会决定。之后,公司会召开这种谈话会议的频率会较少,以确保员工理解他们所面对的更大的市场环境。

引入高效能的工作实践,帮助公司达到了 30% 的增长目标。10 年之后,罗尔斯—罗伊斯的工程还在继续生产具有高度价格竞争力的高质量产品,而员工的积极性也保持在较高水平,但进展并不顺利。罗尔斯—罗伊斯的管理人员迅速意识到,真正的自我指导是理想的规范,并不通行。公司继续致力于追求和改进这种全新的工作方式。吉尔迪亚(Gildea)观察到:"想法很简单——通过给予团队明确的目标、工具和培训来解决问题,并改进、训练和指导员工。准备好他们办事能力带给你的惊喜吧。"[26]

罗尔斯—罗伊斯在自我指导团队方面的经验勾勒出了主观积极性的基本要点。如果我们希望员工更有生产力,如果我们希望员工能够黏着自己,如果我们希望他们能够慷慨无私地无条件付出,我们就必须让他们尽可能多地获得工作满足。为了实现这点,员工必须在工作内容和工作方式上,拥有一定程度的自主性。员工越是明确自身工作的性质,越是将工作视作自己的职责,就越会主观地激励自我。我们的工作,是在给予他们自由的同时,鼓励他们去实现自己的想法,找到他们自己达成目标的方式。这样也能提供给员工一个支持性的环境,使他们从中涌现出自己的观点和活力。

个人驱动力的优势——以及如何激发个人驱动力。个人驱动力能使工作最具有主观满足感。对于管理者,最确切的问题并不是运用个人驱动力的重要性是什么,而是怎样做才能激发个人驱动力,就像我们接下来要讨论的一样。

- **为员工提供空间,能激励员工承担更多的责任**。罗尔斯—罗伊斯的自我指导团队方案,其本质是令基层员工为他们的行动承担起个人责任,同时也令他们懂得如何将自己的行动同来自外界更大的挑战和公司机遇一致起来。这种方式很好理解,它在单一的领导—下属关系层面上,和在整个公司层面上一样有价值。可惜的是,许多管理者仍然无法提供给员工弄明白并从自己错误中学习的空间。在这一点上,英国管理学学者查尔斯·汉迪(Charles Handy)提供了一项有趣的观点。在《大象与跳蚤:一个不情愿的资本家的思考》(*The Elephant and the Flea: Refections of a Reluctant Capitalist*)[27]一书中,他讲述了自己 40 年前在吉隆坡为壳牌石油(Shell Oil)工作的经历。那时,汉迪体会到了远离总部的乐趣,因为他有大把时间在总部发现之前更正错误。而今,他发现,由于通讯技术的发达,他再也无法得到同样的自由了。科技在许多方面都附加上了价值,但它同时使错误变得更加显而易见,而这会致使公司限制员工的决策空间。

- **通过提供支持,员工能够得到更多成就。** 由于个人承担责任能够引发员工的主观满足感,管理者应当扮演的角色是什么? 重复一遍,这个老掉牙的话题已经达成了共识:管理者应当扮演的,更像是教练般的角色。他们应当有求必应,提供支持和反馈,还要确保正确的前进方向。有位管理人员最近把自己形容成了遮阳伞:他在酷热的"阳光"中庇护自己的员工,从而让他们在不受打扰的情况下继续工作。还有一位管理者将自己看成了保护网,有求必应地提供帮助,作出反应。同往常一样,这里也需要平衡。个人需要从他们的工作中得到更多的空间,但他们也需要知道从哪里得到支持,此外,他们还需要有人督促他们不断前进。

- **通过谨慎匹配角色,员工能够发挥他们的长处。** 我们有可能从某些工作中得到比他人更多满足,这种想法可谓由来已久。1914年,凯瑟琳·布莱克福德(Katherine Blackford)和阿瑟·纽科姆(Arthur Newcome)在世界上第一本管理学著作中写道:"每个员工都应当从事他最杰出的工作……每个人都应当能够看到并享受自己工作的成果。"[28]更近一些,关注我们在工作环境中的优点,而非缺点的观点变得流行起来。[29]而且作为提高主观积极性的手段,它也获得了大量的称赞。快乐公司(Happy Ltd.)的 CEO 亨利·斯图亚特(Henry Stewart)说,他重要的管理原则中,有一条是根据管理能力选择管理者("我们最基本的原则")。他讲过一个营销管理人员的例子。此人在营销技术方面十分出众,但与人沟通时却糟糕透顶——这就减少了她和她的团队从工作中获得的主观满足。斯图亚特因此让她成为了一个独立的营销专家,转而从另外一名擅长人际能力的员工那里听取团队报告。

个人驱动力的缺陷。让工作使你的员工更加充实,听上去是人尽皆知,但要做好确实棘手。在这方面,也会犯下许多错误:

- **放弃对员工的某些控制具有风险**。在大多数案例里,管理者加强个人驱动力的初衷,是让员工在工作内容和工作方式上拥有更多的控制权。感觉上,这就像是一个危险的命题:你要放弃部分控制权,你或许就要放弃你工作中某些有趣的东西,而且没人保证能收获好结果。大部分情况下,这样做的收效十分不错,但它也会用糟糕的经历改变你的想法。从巴林银行(Barings)的尼克·利森(Nick Leeson)到基德公司(Kidder Peabody)的约瑟夫·杰特(Joseph Jett),再到法国兴业银行(Societe Generale)的杰罗姆·科维尔(Jerome Kerviel),想想那些无赖的交易商吧。他们都拥有足够程度的自由,去损失掉雇主的数十亿美元。可惜的是,一个无赖的交易商总是会继续寻找打破体系的方法,但这并不会阻止在丑闻中惊醒过来的银行施加各种新的控制,致使其他数千善意员工的利益遭受损害。

- **员工的期望可能无法得到满足**。试图增加员工在工作中的主观满意度的另一个风险,是公司可能无法履行承诺。我曾被美国一家大型电器零售商聘请到一个自下而上改革的项目中。项目涉及数百名自愿参与的员工,意图在公司内部找出更好的工作方式。项目最后的一份问卷显示,参与项目员工的随机样本明显比未参与员工的具有更高的敬业程度。然而,他们却更不愿意留在公司。他们的眼界得到了提升,但由于无法确信公司能够满足他们更高的新期望,许多人开始寻找别处的良机。

结　论

工作环境中采取的激励方式同你的管理模式密切相关,而本章的主要目的,是展现一系列的方法,使无论公司内部还是不隶属于公司的个人都能被激发自愿付出努力。当然,正确的道路不止一条,你在实际运用中选择的方法都具有优点和缺点。

但作出几点总结很有意义。首先,尽管人们对于激发积极性的主观方式和客观方式之间的差别,已经理解了至少半个世纪,但公司还在继续将大多数的努力倾注到客观方式的一边。在工作环境中设计富有满足感的工作,仍有很大的空间,需要更多的创新。

其次,Eden McCallum(详见第三章)和 TopCoder(详见本章开始)这样基于社区的组织的兴起表明,志愿工作的员工至少和传统雇佣合同下的员工具有同样的积极性。而且这些基于社区的组织所采用的许多方法,同样适用于传统的工作环境。

第六章要点

鼓励公司员工努力工作的传统原则,是金钱、胁迫和惩罚的威胁这样的客观积极性。相对的原则,是来源于任务或行动自身内在奖励的主观积极性。学者们在多年以前已经认识到了两种积极性的不同,而从不同角度来讲,所有的公司采用的都是这两种原则的某种结合。然而相对而言,大公司还是会侧重于提供客观奖励(比方说薪酬和红利）。这是为什么大多数公司的员工敬业度总体偏低的原因之一。

　　本书开始时描述了一个重要的趋势，即基于网络组织的兴起。在这些组织中，为你工作的个人并非员工。由于无法逼迫工作在这种网络或团体中的个人努力工作，关注他们工作中的主观积极性就变得愈发重要。这或许是为什么这类个人在长时间工作中通常比全职员工具有更高积极性的一个原因。

　　本章阐述了管理者可以用来激发员工更高程度地自愿付出的三种动力。物质驱动力指向客观奖励，主要为分红和奖金。社会驱动力指向团体的融入感，并将地位、认可和晋升作为良好工作的回报。个人驱动力指向工作的满足感，包括向个人提供选择工作方式的自由，以及允许个人在工作期间发展新的能力。

　　同其他章节一样，每种动力都有着自身的优点和缺点。高效管理人员大体上会将三种动力混合运用，但相关侧重需要随着环境的变化而变化。无论个人是否为全职员工，无论个人是否为兼职或志愿工作者，以上理论均适用。

　　作为管理者，你的挑战是：（1）理解每种动力的相应优势，（2）权衡各种动力的组合，使之最能适合你的特殊环境，（3）以上述理论为基础，设想并试验新的激发方法。

第七章

管理的四种模式

通过把管理的四种维度置于与之相互支持的传统的和可替代性的原理这一背景之下去观察它们，我们已经对它们进行了非常广泛的探究。本章中，我们将进行整合，观察企业如何综合运用这些原理来创造充满意义而且和谐的活动类型。我们给出了一个简单的框架，把管理分成"方法"和"目的"两个方面，得到了四种不同的管理模式——发现模式、计划模式、探索模式以及科学模式。[1]

通过把前四章的所有变量浓缩成一个二维的矩阵，我们对事情做了大大的简化。然而，这是一个有用的分析方法，因为在我们专注于细节时，它能让我们辨别出变得模糊的活动类型或者不可分的整体。一旦我们恰当地理解了这幅更大的图景，那么对于公司该如何转变自身的管理模式这个问题，你将更容易形成自己的看法。

本章指南性的框架如图7.1所示。横轴代表管理方式（协调性的活动，决策）；纵轴代表管理目的（设定目标，激励员工）。每一条轴的刻度均是由苛严到宽松，传统的管理原理位于苛严的那一端，而替代性的管理原理位于宽松的一端。

你怎样才能确定自己的公司在这个矩阵中所处的理想位置应该在哪

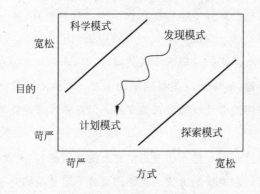

图 7.1 管理模式框架

呢？不妨回顾一下第二章,在那里我们谈到可以基于你的公司所特有的某些变量或者偶发事项来选择你的管理模式。有结果证明其中一个关键变量就是你的公司目前在生命周期中所处的具体阶段。一般来说,一家新公司成立时它的竞争环境是高度不确定的,其成就在很大程度上取决于试验和失误。结果,公司的目标一般是模糊却灵活的。人们长时间工作且薪资微薄,通过非正式的机制来协调和界定工作。这就是我们所说的"发现模式"。我们以谷歌为例,因为它的运作模式还是类似于一家刚成立的公司,尽管现在它的年收入已经超过了 200 亿美元。

当一家公司逐渐发展,变得更加成功时,它逐渐确定了自己的市场地位,而它相对于竞争对手的定位也逐渐清晰。对内,运作方式变得更加结构化,决策机制更加正式,目标也得到更加清晰的界定。这时我们把它称之为"计划模式"。我们以麦当劳为例来描述它是如何运作的,因为麦当劳已经掌握了在世界范围内低成本地配送标准化产品的艺术。

正如这种描述所表明的那样,久而久之企业将从发现模式(宽松的方式,宽松的目标)过渡到计划模式(严苛的方式和目标)。但这绝不意味着所有公司都沿着同样的路径一步一步地走下去。有些公司,比如谷歌多年来拒绝"长大";而有些,比如麦当劳,全力以赴地快速成长,因为这切合他们的商业需求;还有其他公司离开了这条路径朝着另外的模式发展。

同时应该注意到不管公司运用发现模式还是计划模式,都有成功与失败的例子。意识到这一点也很重要。谷歌可能是一个惊人的成功,因为许多有着类似商业模式的早期的搜索公司,比如 AltaVista 和 GO.com 都没能做到。同样地,地球上一些最成功的企业——从麦当劳到沃尔玛再到埃克森公司使用的都是计划模式的变体。但许多苦苦挣扎的企业巨鳄也是如此。

另外两种模式——位于非对角位置上的如何呢?"探索模式"的特征在于严苛的目标和宽松的方式。正如圆桌骑士以及他们对圣杯的追求那样,这种模式在如何工作方面给予员工足够的自主权,但对于必须达成的目标却有着非常明确的说明。理论上这种模式颇具吸引力,实际上我们早前讨论过的许多例子,包括 IBM 的价值观大讨论、奥迪康的"意面组织"以及 TopCoder 的软件社区,都与放开活动协调和决策方面的方式有关。然而,这也是一种执行起来具有挑战性的模式,因为管理者在没有正式的程序和规则的情况之下很难去掌控它。因而我们选择投行业作为例子来阐述探索模式,因为它强调了这种模式的成本和收益。

最后,科学模式的特征在于苛严的方式和宽松的目标。科学系统的研究在运行时遵循一套已有的程序和标准——它始于大量的知识,开展严格控制的实验,然后公开结果,接受同行对实验发现的评审。但它并没有事先设定科学家应该朝哪个方向行进。由于这种模式意味着方向的宽松,相对而言它在企业界较少运用。这种模式常常被有限地加以运用,比如在研究实验室或设计工作室中应用(回顾一下第五章中对倾斜角原理的讨论)。许多专业的服务组织,从医药行业到咨询业和商学院,都或多或少运用了这种模式,因为人们经常认为追求专业目标比追求所工作的组织的目标更为重要。我们以工程咨询公司奥雅纳(ARUP)为例来说明这种模式。奥雅纳是全球领先的公司,开发有悉尼歌剧院、北京鸟巢奥林匹克体育馆以及巴黎庞比度艺术和文化中心等知名地标,它所具有的独特的管理哲学使其非常适合用来了解运转中的科学模式。

诊断你的公司的管理模式

本章将以此考察每一种管理模式,但在了解细节之前,你可能会对你的公司在坐标系中处于何种位置感到好奇。因此请你回到第二章结尾处的问卷那里,计算一至四题你的平均得分,以此确定你在图7.2中的横轴位置(比如协调活动和作出决策的分数),同时计算出五至八题你的平均分,以此确定纵轴(比如设定目标和激励员工的得分)。这能让你大致确定目前你所实行的管理模式的类型。顺便提一句,图7.2中的圆点表示的是我在2008年调查的那些公司所处的位置。正如你所看到的那样,大多数人认为他们的公司使用的是计划模式或者科学模式。[2]

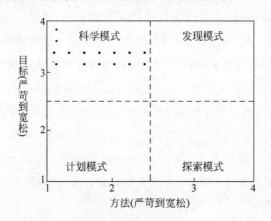

图7.2 绘出你的公司在框架中的位置

在进一步阐述以前,有几点需要澄清。首先,你可以在多元分析的层面上运用这些问题:公司作为一个整体可能使用计划模式,而研发和设计部门可以使用科学模式,企业孵化器则运用发现模式。至于什么才是聚合之后恰当的程度,则完全取决于你自己的判断。

其次,这个框架的价值不仅在于它可以帮助你有意识地作出转变管理模式的决定,还在于它能让你了解如今你所处的位置。如果我们试图放开协调活动以及作决策的过程时会发生什么呢？或者如果我们采用了一种更灵活的目标体系又会如何呢？这种新模式的优势、劣势分别是什么？在何种条件下它会发挥作用？这是我们本章将要阐述的问题。但请注意，这儿提供的可不是简单的食谱书式的方案（食谱书会把各种菜应该怎么做、原料是什么都精确地告诉你，但是本书提供的模式却不能像用食谱做菜一样地照搬照做）。这个框架能帮助你了解不同方式的利弊，但你们所面临的条件各异，只有你们自己才能决定前面哪条路是最好的。

发现模式：谷歌

比尔·休利特（Bill Hewlett）和戴维·帕卡德（Dave Packard）曾在车库中谱写了科技历史，在离这间车库不远的地方，塞吉·布林（Sergey Brin）和拉里·佩奇（Larry Page）用他们发明的一套运算系统把互联网带到了 21 世纪，这套系统将大大改善在线搜索的质量。1998 年，布林和佩奇以 10 万美元的启动资金在门罗公园（Menlo Park）的一个车库中创建了工作室，他们想把自己的这套数学运算公式转化为商业运作，并为它取名为"谷歌"。次年的 6 月，他们获得了 2 500 万美元的风险投资，开始招募新的员工。2001 年，公司引进 Novell 前总裁埃里克·施密特（Eric Schmidt）担任首席执行官，他所带来的商业分量与布林和佩奇超群的技术可谓是旗鼓相当。

在对各种商业模式进行试验之后，他们选择了一种方案，那就是在排名靠前的搜索结果旁边放上广告链接，以此收费。这让谷歌得到了他们急需的收入来源。公司于 2004 年 8 月上市，在给潜在投资者的信中他们写道："谷歌不是一家保守的公司。我们无意成为这样的公司。"[3] 公司的股份以每股 85 美元的价格开盘。而到了 2009 年年底，股票的价格大约是最初价格的 5.5 倍。2008 年公司的全年业绩显示其净利润为 42 亿美元，营业额为 218 亿美元，公司的全职员工数目达到 20 222 人。

谷歌公司环境优美的总部 Googleplex 位于山景城（Mountain View）

中,就在斯坦福大学旁边。它特别像一座大学校园,里面设有运动设施、提供免费美食和有机食品的餐馆、医疗和牙医设备、洗衣机和干洗机、池塘以及供给餐馆的蔬果园。在很多方面布林和佩奇在谷歌园里复制了他们在大学校园的经历。从一开始他们身边就环绕着一群极其聪明、勤奋的人,这些人热衷于学习、争论、发现和合作,他们让世界变得更好。而与此同时他们获得了无穷的乐趣。

塞吉·布林和拉里·佩奇如今成为了硅谷传奇。谷歌是互联网世界的后来者,但到 2005 年年底,它超越雅虎、亚马逊、eBay 和思科成为全球最激动人心的网络公司。谷歌的商业模式值得我们花点时间来理顺,因为这是促使公司获得巨大成功的关键驱动力之一。但在我们得意忘形之前,也得常常反省一下。事实是,谷歌之所以能承受其他公司只能幻想一下的新项目的尝试,是因为谷歌难以置信的赢利能力。因此,尽管我们在描述他们的商业模式的关键特征,但我们对在其他情境之下推广这种模式非常谨慎。

非正式的结构。在第三章,我们引进了"在混乱的边缘"进行管理的概念。这是斯坦福毕业生肖纳·L. 布朗(Shona L. Brown)提出来的,她后来加入了谷歌,并且把自己的想法付诸了实践。[4]谷歌以 3—6 人组成的精悍、自主、专注的团队为单位开展工作。每个团队的目标有限,其项目时限通常不超过 6 个星期。这使得许多项目能同时推进,也缩短了新程序发布的间隔时间,因为完成好几百个项目只需几千个工程师。[5]各个团队进行自我管理,并从其他类似的小组那儿得到反馈。[6]负责产品开发的10 000 名员工中,大约一半的人在这种自我指导的小组中工作,因为即便是大项目也被拆分成这种小一些的单元。

在《管理大未来》(*The Future of Management*)一书中,加里·哈梅尔对谷歌的组织与互联网本身做了比较,他认为谷歌高度民主、紧密联系、根本性地去中心化。[7]员工们也富有挑战性,因此开会是一件有着许多回合的生动有趣的事。而会议往往会延时,因为等级并不能左右谁说了什么或者谁在辩论中获胜。正如埃里克·施密特近来观察到的那样:"我有两个工作，第一个是保证辩论的每个问题不是为了寻找普适的结果，而是为了作出最好的决定。第二个就是施加压力促使决定能快点作出，因为商业拼的就是速度。"[8]

谷歌的员工们被赋予了充分的自由去尝试新的想法，不管结果是什么，创新性的努力总是会得到鼓励。《财富》杂志曾在报道中提到，在谷歌的一位副总裁由于一项错误决定导致公司损失数百万美元之后，拉里·佩奇拍了拍他的背说："我很高兴你犯了这个错误，因为我想要经营的公司是一家我们干得又快又多，而不是一家步子迈得小、不敢作为的公司。如果我们没犯过任何这类的错误，说明我们还不够冒险。"[9]

谷歌主要通过非正式的横向机制来实现合作。信息经由这些渠道得以分享，首先是 MOMA，它是谷歌公司的内部网络。在这儿员工们可以讨论正在开展的数百个项目；其次是摘要，工程师们会在上面张贴每周的进度报告；另外还有大量的博客，不论是个人还是整个项目所开设的。正如管理学作家伯纳德·吉拉德（Bernard Girard）观察到的那样："通过用这种方式大量传送信息，员工们调整了他们的行为以适应公司的需求，同时充分利用了同事们的才能。"[10]不言而喻，这种沟通是开放和互动的。公司会举行 TGIF 大会（在谷歌公司，每个星期五都有一个派对，被称为 TGIF 大会，TGIF 代表"今天星期五"），员工可以在一起尽情地庆祝周末的来临。这个制度是李开复博士在任谷歌中国区总裁时，为了在公司创造一种平等自由放松的氛围而发起的。员工在周五可以相互交流最新的动态，可以向公司的总裁和高管提问，也可以发表自己的意见，会上佩奇和布林将回顾一周的工作重点，那儿有一个开着的麦克风。大家毫无拘束。加里·哈梅尔曾说："在这种情况下管理就是发挥集体智慧来影响大大小小的决策，而这需要开放、透明以及许多次横向沟通。"[11]

另一种确保谷歌把为发展所作的努力集中在正确目标上的独特方法来源于无数的网络世界的志愿者。测试产品通常经由谷歌实验室发布，网友能进行大量的测试，提供改进的建议以及查找漏洞。没有焦点小组，也没有市场调查，只是尝试一下然后看看人们的反应就行。

　　谷歌的内部劳动力市场也是基于浮现原则来进行管理的。公司通过一个残酷的过程来挑选应聘者,它包括 8 次面试和高智商水平的问题,他们必须在彼时彼地予以解答。而最后的录用决策通常由一个雇佣委员会作出。执行层对录用决定的意见是重要的,但大家一致通过才行。

　　有偏差但雄心勃勃的目标。谷歌的使命是"组织世界的信息,使其普遍可达并有用"。尽管这似乎有点骄傲,但在谷歌公司所生存的这个快速变化的世界中,它是一个完美的口号。隐藏在这个口号之下的是公司的原则,或者说是"谷歌认为对的十件事情"。第一件是"关注用户,所有其他的就将随之而来"。这是一个典型的迂回的目标。这个原则说明了用户界面应该是怎样的以及广告应该明确而切题。其次是"最好做事时臻于完美"。谷歌做的当然是搜索,正是他们专注于此才使得他们能够进入一个未曾探索过的领域,让用户更好地使用在那里衍生出来的信息。其他事情还包括:即使不作恶也能赚钱,快比慢好,网络的民主效应,你不一定要在桌子前寻找答案,总有更多的信息在那儿,对信息的需求跨越了所有的边界,不穿西装你也能严肃认真。[12]

　　所有这些倾斜角度的目标怎样才能与公司对股东的义务协调起来呢?这么说吧,公司的高利润状况帮了很大的忙,这几乎全得益于受资助的广告链接带来的利润。但同样重要的是,谷歌在上市时就清楚地表明它不会和华尔街玩那些短期赢利的游戏。公司建立了一个两级的股票系统,创始人和少数早期管理者保有对主要问题的超级表决权,以确保公司是在考虑了公司的长期使命之后才作出决定的。因此尽管财务表现仍然很重要,但它不必作出短期决策,这就使得高层的三人团能够推动公司的倾斜角度的目标。

　　至于激励,谷歌在 2007 年被提名为世界 100 强企业中最适合工作的地方。[13]大约 95％的员工针对这一调查回应说:"把每一件事都考虑进来,我想说这的确是一个工作的好地方。"这是怎么做到的呢?当然这儿有着硬件环境的因素,同时对老员工们来说,这儿还有股值快速增长带来的致富前景。至于长期收益,员工们在选择和开展项目时拥有充分的自由,他们能得到工作所需的技术和资源。谷歌 CEO 埃里克·施密特解释说："我们像把他们当成唯一的资产那样来对待员工。其他的公司说他们是这样做的，但许多商人，特别是在私募股权中，并没有把人当做资产，而是把能带来现金流等东西的生意看成资产。然而我们懂得，创新模式只关乎人，他们是创新的发动机。"[14]

另一个激励因素是创新时间政策（ITO），它鼓励员工把 20％的时间花在相邻的商业机会上，把另外的 10％用于开发古怪的新创意。这让员工们受到了鼓舞，同时给予员工以他们所开发项目的所有权。在公司为开发者们设立的 ITO 的期限内——谷歌建议、谷歌新闻、广告联盟以及 Orkut 社交网站中，许多创意得以产生，其中一些创意给公司带来了巨大的成功。[15]

作为一家年轻的成长中的公司，高成就人士还拥有无限的机会。谷歌大多数的高级管理者还不到 40 岁。公司还有慷慨的培训和发展机会，包括助学金、不限时病假、工作满一年后的 27 天带薪年假以及超过 5 年的休假深造的机会，在此期间还能得到 15 万美金的报酬。总而言之，公司一天收到 1 000 多封简历与 2007 年自愿离职比例达到 2.6％并不让人奇怪。[16]

评估谷歌的模式。谷歌可能是地球上规模达 200 亿美元的公司中最不正式的一个了。但它也避免不了作用于所有拥有一定规模的公司身上的重力法则。"在混乱的边缘"进行管理让谷歌充满活力，但这代价高昂。由于没有正式程序，大量的时间花在了制定和调整点对点的决策上了。同时，由于没有明确的决策等级，当人们在做自认为合适的事情时存在着不连贯性和重复劳动的风险。因此谷歌管理者们不可避免地将开始嵌入某种组织结构，其中一个例子是 2009 年 6 月设立了正式的"创新审查"。在这里管理者们通过他们所在的部门源源不断地向施密特、佩奇和布林展示产品创意。尽管这几乎是一个不寻常的概念，但这种审查迫使管理层变得专注，并帮助三人团更有信心地经营公司，押上他们的赌注。[17]我们完全可以预测谷歌未来将引进更多这类的程序，因为它的市场已经成熟，而它的增长速度放慢了。同时，谷歌仍在继续以一种特立独行的管理模式运行着，其他许多公司能够仿效这种模式。

正如谷歌所表明的那样，发现模式的优势和劣势都非常明显。其积极的一面是，它是自由的、充满生机、充实而有趣的。公司鼓励员工们积极主动，而员工创造出新的成功的业务将得到丰厚的回报。消极的一面是，发现模式是散乱的，当把它运用在大公司时，它会给顾客和职员等人制造混乱，并让事情变得复杂。

在你的公司应用发现模式。因此什么时候应该运用发现模式呢？很明显，它并不适合一个处于起步阶段的公司。而对于在快速变化或者不确定的环境中运行着的小型或者中等规模的公司来说，它可能是一种合适的模式。可以理解我们在第三章描述的"在混乱的边缘"进行管理的概念流行于硅谷，同时它在许多其他高速变化的环境下也同样适用。

但是在已有的大公司中，发现模式也有自己的价值，它可以作为一种管理方式，运用在某个想要尝试一些不一样的事物的特定单元或者项目。多年以来，许多公司已经在尝试一种"臭鼬工作组"或者"风险单元"的概念，这是一种不正式的管理小组，负责处理一些有难度的、不确定的或者反文化的事情，常常与公司正式的研发单元平行甚至是相互竞争。

著名的例子有原来的苹果 Mac 小组，IBM 的个人电脑开发小组以及在第三章提到的壳牌"颠覆游戏规则"小组。"臭鼬工作组"一般会被鼓励采用一种与公司的主流文化尽可能不一样的管理模式，因此他们最终通常会采用不正式的方式，追求迂回的目标。

大公司使用发现模式的另一种方式是通过一个特定的项目。比如我们可以想想看全球连锁酒店喜达屋（Starwood）如何在巴黎为公司 700 名高管组织了一个发展日。六西格玛和运营创新（Six Sigma and Operational Innovation）的高级主管罗宾·普拉特（Robyn Pratt）解释：这一天的目的在于"让人们从一个不同的角度看问题，去思考我如何能以不一样的方式做这件事"。基于"书桌是一个危险的观察世界的地方"这种原则，他们要求高管们在巴黎街头漫游，来寻找新的视角，身上仅仅带着一个记事本、一架相机和一包电影票。每一个七人小组得到了一个关于公司核心价值的词汇(比如美丽、奢华、风格、可接近性),回来时他们既得报告那个词的传统含义,也得报告它非正统的意义。这 64 个小组回来时,都把自己的发现以视觉的方式呈现出来,这是一场"展览",每个组都向他们的同事兜售了自己的想法和洞见。

对于喜达屋的经理们而言,参加这个活动是一次不寻常的经历,因为他们既没有一个明确的目标,也没有一套清晰的操作方法。当然,那是关键所在:公司想要寻找新的观察世界的方式,这可能对商业经营有用,但是如果不把人们从惯常的工作方式中解放出来,你就无法得到新的视角。那么这带来了什么呢? 那天产生的 1 700 个想法被分成了四大类——洞见、营销与品牌理念、对上马项目的想法,以及"就去做吧",每一类都有来自公司不同部门的合适的人选跟踪完成。普拉特认为,"想象一下,如果我们每天都这样做——在街上漫步,带走我们以不同的方式看到和想到的东西。这个过程将成为增强我们竞争优势的重要因素。"[18]

换句话说,发现模式能够应用于一个特定的单元或者一个短期的项目中,也能成为管理整个公司的方式,同时作为一个结果,它的力量常常更强大。现在让我们转到一个相反的模式,即计划模式,在这种模式中方式和结果都受到了严格的控制。

计划模式:麦当劳集团

这个年收入 230 亿美元的企业,其金色拱门的光芒在从斯洛伐克到苏里南,从文莱到博兹瓦纳的广袤大地上闪耀。麦当劳由加利福尼亚州圣贝纳迪诺的一家路边餐厅发展而来,当时只有 20 个侍者和一个烧烤箱。1948 年,其创始人迪克(Dick)和麦克·唐纳(Mack Mcdonald)创造出了迅捷服务系统,流水线食品生产得以实现,并将其带入了千家万户。几年后,拌奶机销售员雷·克洛克(Ray Kroc)来店拜访,想弄清楚麦当劳怎么可能拥有 8 台他卖的机器,这远远多于其他的顾客。答案就在厨房里：兄弟俩把集成线生产流程运用到了饭店管理中。顾客们聚集在那儿，为能快速地得到服务（顾客的订餐15秒之内就能完成），如此统一（汉堡包和炸鸡几乎常常是一样的）以及如此便宜（汉堡包只要15美分，炸鸡10美分）而感到高兴。

克洛克意识到他们正在做某件不寻常的事，并通过开设更多的连锁店帮助兄弟俩扩张业务（后来他收购了它们）。他还想出了一个好主意，买下或者租下临近主大街的地方，并加价把它租给特许经营人——一些观察家认为这一举动让麦当劳得以转变为一家实业公司，而非一家食品企业。从那时起，麦当劳的餐馆像蘑菇芽孢一样遍布全球：1968年麦当劳拥有1 000家分店，而2009年它在118个国家的分店数目超过31 000家。

雷·克洛克一直参与经营事务直至81岁去世。人们对他有着各种各样的描述，比如富有企业家精神、暴躁易怒、强迫症、颇有魅力、专制独裁和慷慨。而他把自己的信条印在了公司里：他相信之所以雇用某个员工不是因为他是谁，而是他能做什么。他强调个人发展和职业发展的重要性，他观察某个想法时看到的是它的优点，他深知表彰的重要性，并且看重信任。

一台运转良好的机器。麦当劳以一个高度整合的系统运营着。它是第一家实现食品生产流程标准化的餐厅，同时它是自动化的早期领导者。这个整合模式拥有三种要素：公司、连锁店以及供应商。雷·克洛克推出连锁店模式来促进快速的增长态势。他提供丰厚的利润分红，但作为回报，他坚持在店面设计和出售食品种类上实现绝对的标准化，同时还得绝对奉行公司的核心价值观——质量、干净、服务以及价值。自动化的机械生产以及细致入微的操作指南帮助连锁店适应这些标准。而公司还经常派出例行检查员以及匿名食客来检查连锁店的情况。商业作家约翰·洛夫（John Love）于1995年写道，麦当劳成功的运营体系的真正秘诀并不在于它的制度，而在于它能够推行统一流程，却并未遭到连锁店经营者的阻碍。[19]

同样地,供应商也被视为麦当劳"家庭"中的一员。公司与供应商们密切合作以改善生产流程的一致性和效率。即使是在国外,[20]整个农产品体系都被输出国门,这样在中国吃到的新鲜炸薯条也是由当地生长的爱达荷州土豆制成,并在一个标准化的法式烘焙厂里生产出来。无论是其味道还是形状都与麦当劳其他店里销售的一模一样。

为了提高速度和效率,公司绝大多数的经营都实行集中化管理。大规模的区域中心来管理配送,通过餐厅供应规划部门来实施库存管理,利用麦当劳的传播网络快速审批来自所有地区的广告推销计划。集团及其成员均处于一本重达 4 磅、多达 750 页的培训和运营手册的约束之下。[21]人们称其为"圣经",它事无巨细地说明了从流程、工作描述到角色职责在内的每件事情。

为了确保标准化并缩短培训时间(员工流动率很大,平均每位员工任职时长不超过两个月),需要尽可能地实现流程自动化,同时赋予员工尽可能少的自主决策权。而连锁店将面临在销量、赢利情况以及忠于公司价值方面的严格目标,这时应由餐厅经理负责采取一切措施达成这些目标;公司通过现场服务咨询师基于质量、服务和清洁度(简称 QSC)打分评级来监控餐馆。QSC 是全年运营报告的一部分。这些分数不仅是是否更新 20 年一换的许可证或收购另一家连锁店的依据,而且他们也指出了所有者们应该在哪些方面作出努力,以及他们能够通过奋斗达成的目标。[22]

因此麦当劳以严密的体系运营的目的很显然是为了完成任务。但这个体系仍包含某些灵活性。首先,尊重是它的根基。自克洛克时代起,公司就鼓励经理们在与员工打交道时应表现出最大的尊重,这些经理绝大部分都从基层提拔上来。大多数人,无论他是何种级别,都互相熟识。而人们都知道区域经理们在视察店面时,都要去站柜台,这不仅意味着他们不在乎黄油溅到裤子上,而且显示出员工的工作多么重要。其次,麦当劳系统里的某些成员在某些领域拥有自主权。区域经理们能够协同由营销部门、公关部门以及运营部门的成员组成的运营委员会决定不动产事务和许可证的问题。同时,尽管连锁分店绝对处于"圣经"的约束之下,公司也鼓励他们提出新的想法。实际上，某些最成功的产品——巨无霸、麦香鱼、麦当劳松饼、麦乐鸡以及麦当劳大叔——都是由特许经营店提出来的。

因而，尽管麦当劳等级森严，但它用灵活性进行了调和。一棵树，即使它非常高大，但如果它不在强风中弯腰，它也会被折断。而最近几年的经历说明更为认真地聆听顾客心声非常重要。

清晰的目的和目标。雷·克洛克有着一个基本使命："我想要的就是让麦当劳成为汉堡企业的赢家。"[23]为了实现这一目标，他知道他得为顾客提供愉快的、消费得起的用餐体验，他还知道他得让员工、特许经营店以及管理团队都服从这一目标。

然而，2002年麦当劳的股价三年内下滑了60%，特许经营店一直在赔钱，而出炉的调查显示麦当劳在食品质量方面位于其他所有汉堡连锁店之后。[24]这一年，公司推出一个扭转计划使其再度重放光彩。这个被称为"必赢计划"的全球战略包含了一个经过调整的使命——成为"我们的顾客喜爱的用餐场所和方式"。同时，这个战略关注一次非凡的顾客体验所包含的五个方面——人、产品、场所、价格以及促销。[25]

麦当劳如何激励它的员工呢？1991年，"McJob"这个词被收录进韦氏词典，用来指代麦当劳的基层员工们所从事的卑贱的、常常是充满压力的并且报酬低的工作。员工们常常感到他们是可以被任意处置的，既没天分也无才能。而人员流动率特别高——不仅仅因为这份工作沉闷且辛苦——一般来说得不到什么好处，还在于它是一份高中生就能干的活儿或者临时性的工作。因此激励世界各地成百上千的员工每天早晨起来，投入到一天不体面的工作当中去，远非一件易事。

麦当劳通过我们前面称之为"社会驱动力"的方式来激励员工，包括表彰、晋升机会以及一种"家庭"归属感。它与我们在第六章中提到的欧瑞莲模式有着某些相似之处。

公司十分强调奖赏与庆祝。走进世界任何一家麦当劳店里，你都将看到一排"本月最佳员工"的照片。同时，麦当劳还设有一个富有活力的表彰体系用来奖励那些把顾客放在首位、为公司服务多年或者工作特别出色的员工,这些奖励可能包括金钱、旅行、匾额和证书。通常这些表彰都会带着十分浓厚的节日氛围进行庆祝。保罗·费时拉(Paul Facella)从麦当劳的烤架后干起,最后成为了一名区域副总,他认为获奖人被这种认可深深吸引,因为它的授予代表着一种真诚的发自内心的赞赏。[26] 一位麦当劳的老员工曾获得过总裁奖(该奖项每年将授予位列所有集团成员前1%的员工),他说:"麦当劳让更多的人而不仅仅是我拥有成为百万富翁的可能性,而当这些百万富翁被授予匾额时,他们热泪盈眶,非常兴奋。握手是最荣耀的。"

提拔和发展的机会也很充裕。但前景看好的员工提拔得很快(大部分高管都是通过门店工作晋升上来的),尽管由于职位有限,很难从助理经理晋升为门店经理,但处于麦当劳更高的层级上时,报酬和奖励十分丰厚。那些寻求晋升或者想要提高管理技能的人可以在店里参加网上课程学习,也可以前往位于美国的 22 个区域培训中心或设在伊利诺伊州奥克布鲁克(Oak Brook)的汉堡包大学,或是其他 6 个国家的校园里学习。每年全世界超过 5 000 人次进入大学进修,他们将接受针对他们所属的层级展开的课程培训,而所使用的 28 种不同的语言实现了无障碍讲解。最后他们可以获得汉堡学的学位,可以修到 46 个学分以及晋升的机会。

同时,麦当劳还存在着一些无形的福利。管理学教授杰瑞·纽曼(Jerry Newman)曾隐瞒了自己的身份在柜台后花了 14 个月的时间来研究快餐业的工作,并写了他的所见所闻。[27] 他发现管理人员的工作富有灵活性——他们有时间去度假,能够照看小孩。而最受重视的员工往往是那些能胜任最复杂的工作的人,或是干得又快又好的人,这常让他们得到更多的时间。相反,那些表现糟糕的人所拥有的时间可能会急剧减少。令人惊讶的是,对于那些能够忍受累人的、无需动脑的工作的人,还存在着职业安全感的问题——由于人员流动频繁,经理们需要留住尽可能多的员工。

评估麦当劳的模式。最近几年麦当劳并不是一直都一帆风顺,这反映了计划模式有利有弊。1990 年代,公司在用工、屠宰场工作方式、吞噬农田、扩张至别国和别国文化、不可循环使用的包装方面备受谴责。更不用说那些高脂肪、高糖以及经过化学改良的食品了。公司对此进行了回击,多年来它用纸袋取代泡沫塑料作为包装,让屠宰场的流程更为人性化,在菜单上增加了一些更健康的选择,比如沙拉。1999 年公司第一季度遭遇亏损,但在"必赢战略"的指导之下,它作出了必要的调整,因此从 2000 年中期起,它开始持续占有市场份额,并开始赢利。

计划模式让麦当劳在快餐业确立了主导地位,但建立起联系如此紧密的系统的负面效应当然就是它不能快速适应正在变化的市场状况,因此当 20 世纪 90 年代末期公司遭遇这些问题之后,它着实花了一段时间才作出回应,而即使它作出了改变,在公司的产品和流程方面实际所存在的差异大大增加了。顺便说一句,几乎同样的事情也发生在戴尔电脑身上:它曾是一台销售低成本家庭电脑的运转良好的机器,但事实证明,面对市场变化时,即使是很小的调整也很难实现。

在你的公司运用计划模式。计划模式适用于稳定的环境——在这种环境之下,工作相对常规化,并在一种线性的方式下开展。同时它在一定程度上还能预测市场状况将会如何演变,许多成熟的行业符合这种描述,但麻烦在于每一个行业迟早都会遭遇某种破坏性的冲击。比如麦当劳案例中的社会变革、戴尔遭遇的技术变革、埃克森遇到的经济变化,这都需要作出调整。因此正如我们在第三章描述的那样,许多公司形成了灵活的体制以赋予自己更多的自由度。很多公司还融合了内外两种方式以此激励。

正如发现模式一样,计划模式能够在多种分析层面下运用。即使是如谷歌那样基于发现模式的公司偶尔也会开展一些在短时间内设定非常清晰的目标和预先界定职责的项目。下面将会讨论到的阿勒普作为整体是以科学模式进行管理,但它的公共部门的基础工作更多的是以计划模式来展开。

探索模式：投行业

不同于关注某一个公司,我们将把投行业这个整体作为一个有趣的例子,来说明实践中的探索模式。金融危机中,既有赢家(高盛、JP 摩根),也有输家(雷曼兄弟、贝尔斯登、花旗银行),当我们把他们放到一起来观察时,就能勾勒出探索模式的优势和劣势。

在第一章中,我们看到了雷曼兄弟是如何围绕着某些核心主题形成了一套独特的管理模式,这些主题包括以下要素:强调引进优秀人才,如果他们表现优异则给予他们丰厚的奖励;雄心勃勃的增长目标,想把雷曼带到投行业龙头老大的领导地位上;一种非正式的精英管理的工作风格,鼓励员工发挥首创精神,寻找新的商业机会。它是第三章中我们称之为"内部市场"模式的典型例证,它融合了某些类似于市场的原则(对于成功的企业家而言高额的回报,短期的利润目标)和某些传统公司具有的特征(单一品牌,鼓励团队与合作)。

几乎更不用说对阵线式原则和外部奖励的强调了。投行从业者们被许多东西驱动着——引进一位大客户的兴奋,伴随成功而来的地位和尊重。但每个人都知道未明确说明的隐藏着的动因是什么。在米歇尔·莱维斯(Michael Lewis)的经典著作《说谎者的扑克牌》(*Liar's Poker*)一书中,他解释说求职的黄金法则是"避免提到钱"。同样地,作为一个整体的投行业的目标,其所有存在的理由都是关于财务回报:"人们认为实现高额回报对他们的存在而言是如此重要,以至于挑战这个观念将会招致怀疑。"[28]

但这个故事有趣的地方在于它在协调活动和制定决策方面运用的是相对宽松的方式。我们在这里进行综述时必须谨慎,因为一家投行的许多部分的交易操作功能、信息技术小组、风险管理团队——都非常正式并且受到严格的监管。运用宽松方式的是它的一线办公室,是接待客户的团队,在这里紧急行为的原则和集体智慧得以付诸实践,在这里交易员和投行经理被鼓励去承担责任,快速行动,并尝试新的想法。

当我们进一步观察投行业制定决策的方式时,我们可以看到在控制和自由之间存在着一种有趣的张力。一方面,银行业依赖于规范化,这涉及运用系统化的流程和规则来评估和裁决哪种风险值得一试;另一方面,他们也重视个性化,涉及把评估和决策权推给那些奋战在一线的人们,并且要求他们承受这些决策带来的结果[29]。

多数大型银行这些年来逐渐成为了规范化的鼓吹者,他们的风险管理活动中常常有上百位员工在其间工作。但 2007 年和 2008 年大范围发生的糟糕的风险管理证明即使是出于好意的经理们也不能继续只看局部,而无视全局了。正如第三章中所说的那样,"(银行业)风险控制的失败源于过分于彼此隔离的业务,产品线和交易台上的低水平风险决策,它忽略了这些成本会如何影响一个公司整个的风险概况。"[30]

那些在金融危机中表现出色的银行都把规范化和个性化融合在一起。高盛,作为一位前合作伙伴,比其他大多数银行更加强调个人责任和个人承包任务。正如《金融时报》报道的那样,"(高盛的)员工们一般认为自己从属于这个银行,而不是业务线,而且有着一种强烈的共同承担责任的精神气质。"[31]摩根大通,另一家成功渡过金融危机的银行,同样强调个性化。人们都知道其 CEO 詹姆斯·迪蒙在风险简报上起着积极的个人作用。[32]而迪蒙和他的团队看到了 2006 年在抵押业务和抵押贷款证券(CDOs)上出现的关于信用危机的早期警号,结果,他们降低了银行接触抵押类证券业务的级别。

投行业能作为探索模式的一个代表,是因为在关于如何完成工作上它鼓励较高程度的非正式化。但正如这个讨论所揭示的那样,这样做的机制并不是那么简单,它要求在个人责任和正式系统之间保持微妙的平衡。如同美国宪法中的制衡一样,企业也需要这两者同时存在以作出明智的风险管理决策。

评估投行的管理模式。近年来投行业所创造的巨大利润和所导致的惊人损失凸显出探索模式的优势与劣势。积极的一面是,这种模式有助于释放员工的企业家精神,它鼓励创新,帮助企业适应不断变化的市场环境。但消极的一面在于,它承受着制造复杂和紊乱的风险。员工们容易过度使用他们的自主权,容易冲进那些或脱离了公司的战略或风险过高的领域中去。雷曼兄弟和安然公司都采用了探索模式的不同版本,但不同的地方在于,正是这两家公司创造出的非正式的企业家文化使其深陷泥淖。

那么在什么情况下探索模式最有用呢？它与那些在明确而成熟的市场中建立的企业关系最为密切,这些企业想做一些有点不一样的事情。可能这个行业总是遭受变化的威胁,可能这家公司正积极地寻求增加其市场份额或提高利润率。在这些情况下,这家公司的目标常常是明晰的,但通过何种方式实现这些目标却并不明朗。

在你的公司中运用这种探索模式。与发现模式和计划模式相反,很难发现哪些公司严格遵从着探索模式(表 6.2 绘出了接受过我的问卷调查的企业所处的位置,它证明了这一点)。但矛盾的是,探索模式正是许多目前正在使用计划模式的公司所期望的。我们知道自己想去哪儿,但对于如何到达却不拘一格,这种观点非常吸引人。

这种模式不容易执行,很大程度上是因为真的很难让人们改变多年来已经根深蒂固的日常行为。然而,还是存在着一些有趣的例子,有些公司在某种程度上采用了探索模式。我们认为 1990 年代英国石油公司实现转型的关键因素之一在于它使用了一种同行评审的流程。另一个因素是推行了在每一个业务单元的负责人和高管团队之间订立业绩合同的理念。正如前副 CEO 罗达尼·蔡斯(Rodney Chase)所解释的那样:"我们(管理团队)在战略范围之内谈判出一个业绩合同,然后我们就撒手了。业务单元的负责人们可以自由地去做他们想做的任何事情,不受他们公司之外的任何人的干预。"[33]在实现过程中把清晰的目标与自主性结合起来正是探索模式所强调的。

另一个例子是瑞士联合银行(UBS)的私人银行(如今他们被称为"财富管理"),它在 2000 年寻找加快有机增长的方式,并决定废弃其正式的预算系统,因为它碍手碍脚。那时的 CFO 托尼·斯达曼(Toni

Stadelmann)解释说:"我们为什么在寻求增长时要改变预算系统呢？这是因为预算具有很强的防御性。它不仅仅是个累赘,它根本就与增长相对立。它总在和公司核心部门提出的那些目标讨价还价。它使人们谈论的是数字而不是客户和市场机会。"UBS没有再运用传统的预算系统,而是建立了一种新的体系,世界各地的客户咨询师们可以据此自由地在自己的业务中决定合适的投资数量。然后,斯达曼和他的团队不是以一个预算数字来比较客户咨询师们的业绩,而是把他们与他们自己(前一年的成果)和他们的同行作比较。业绩排行榜得以出炉,然后被输入年度分红进程中去。这种转变是 UBS 财富管理朝着更高水平的个人责任和企业领导力所进行的文化大转型的一部分。公司这几年来的增长令人印象深刻,它功不可没。[34]

同样的模式能够应用于任何层面的分析当中去。回顾一下第六章中关于积极性的个人驱动力的讨论。作为一位经理,你能否从团队中最大程度地获益常常取决于在达成目标上你给他们提供了多少空间。通过赋予员工或团队少量的"探索"空间,你就能让工作变得更加令人满意,而你将为员工的工作质量惊讶不已。

科学模式：阿勒普

"反重力之人"是人们由阿勒普明星建筑师塞希尔·贝尔蒙德(Cecil Balmond)的特征延伸而来的一个称谓,在很大程度上这说的是一些国际工程咨询的设计似乎违背了地球引力规律。[35]但它同样适用于定义公司本身(尽管可能需要加上"以及女人们"作为后缀),它思考和行为的方式已经从惯例和现状的重压下解放出来。首先,公司由代表其员工的一家信托公司所有,因此它不为股东们的短期需求所束缚。其次,公司鼓励员工们思考时能超越自身的学科和文化背景,与世界各地成千上万名风格多样的同事合作。再次,同样振奋人心的是,当公司开拓新领域时——它经常如此——它致力于彻底改造建筑环境、设计工具和必要的技术。阿勒普极为简洁地阐述了这种方式:"我们塑造一个更好的世界。"

这个不同凡响的公司身后站着的是一位高瞻远瞩的盎格鲁—丹麦裔工程师欧文·阿勒普,他自称喜欢仰望星空,而且还有一点点特别。有报道称,他经常在口袋里带着一双筷子,以便从别人的盘子里夹东西吃[36]——可能这是他的一个写照,他信仰分享(信息、知识、专业技能、利润),鼓励员工们尝试些不一样的事。1946 年,欧文 51 岁时在伦敦开始了他的工程咨询事业,由于公司能够提出先进而经济的建筑方案,这家公司的业务拓展得很快。而让公司首次赢得世界赞誉的是悉尼歌剧院的设计,它成功地运用了预制混凝土和结构化设计。

最近,它为北京奥运会设计的鸟巢和水立方吸引了世界各地超过 40 亿人的目光。可能只有世贸大厦得到的关注比这多——而阿勒普与它也有些渊源:阿勒普正是被召来调查世贸大厦倒塌原因的设计公司。除了主要的建筑和基础设施之外(英吉利海峡海底隧道铁路和纽约第二大道地铁线路),阿勒普进行了横向扩张,其经营业务涉及从超轻节能汽车到MASA 超级病菌的解决方案,从上海附近的生态村再到海岸工程、音响装置和安全管理工具在内的每一件事。[37]

当欧文达到退休年龄时,公司董事会授予他一个奖项,让他永远停留在 64 岁,因而他能继续工作。[38]在欧文 92 岁去世时,就像雷·克洛克一样,他留下了一套法则,收录进了他那经典的 1970 重要演讲里,[39]如今这篇演讲仍在公司流传。这些法则包括稳定性、人道主义、品质以及认为工作应该有趣和有所回报的理念。他还强烈认为这个组织应该是"人性而友好的",并且在处理"自身和他人的关系时应该做到受人尊敬"。这篇重要演讲中反复出现的一个词就是"整体的",这个理念不仅应用于阿勒普的设计和公司对"整体建筑"概念的坚守之中,而且也渗透在他们的思考和工作当中——最终方案应该具有持久性。

欧文鼓舞人心的哲学与员工们的才智以及公司独特的管理模式一道,使公司成为全球工程咨询业的领导者。其 2007—2008 年的总利润为8 140 万英镑。[40]

一个强化的结构。在任何一天，阿勒普的设计者们都在为 90 多家办事处的成千上万个主要项目而奔忙着。这些办事处分布在欧洲、东南亚、非洲、澳大利亚以及北美的 30 多个国家。借助内部网络，人们可以与地球另一端的同事轻松地在同一个项目上进行合作。

任何地方技艺娴熟的团队都以一个项目为基础组建起来，成员数目从 6 人到 100 人不等。而团队领袖则视特定技能和需求进行调换。"我以前在阿勒普工作时，常常让我惊讶的是，前一周我在某个人手底下干活，下一周他就可能会为我工作"，前主席特里·希尔（Terry Hill）在一次采访中说道。[41] 当地的领导者有足够的自由来决定工作方式，这形成了一个适应性强并且具有创意的环境，可以回应特定的市场需求。[42] 辅助这 10 000 名员工努力工作的是一个名为"知识活动家"的网络，它作为资源、顾问和推动者来提供服务。

尽管小组结构是灵活而富有生机的，但人们得按照非常明确的规则和程序来完成工作。不要忘了，阿勒普的许多专业员工是优秀的工程师，他们习惯于在项目的所有阶段中依据正式的程序来工作。还有公司外部的专业人员和管理机构来监督所有的工程项目，无论它是公立还是私立的部门。阿勒普拥有许多工具和技术把人们凝聚在一起，支持项目实践，允许整个公司运用策略性的知识管理，培养合作以及在全球范围内进行交流。[43]

欧文在他的重要演讲中谈到公司需要建立"某种层级"，这种等级应尽可能地以职能为基础。他还补充说："我们总会需要一个强大的协调机构。[44]"但它并没有碍事。希尔在另一次采访中提到他"起初为人们在工作时不用顾虑层级制度而冥思苦想"。阿勒普的决策结构跨越地区和学科。公司的政策由集团董事会制定，董事会的主席和成员实行轮值。[45] 董事会代表全球的理事和委托人向公司的信托人报告，并向公司报告。建立办事处的五个地区分别负责本地的战略和管理。四个市场（资产、社会基础建设、交通和能源、资源和工业）为客户部门制定合适的战略。阿勒普运营着 18 项业务，地区领导者与全球领导者在一起精诚合作，共同开发这些项目。因此你可以看到阿勒普对协调性工作运用了相对严格的方式。它所运用的许多正式的程序,从指定代码到采购政策,都是为外因所驱动。但在欧文这位工程师的理念中,也存在着某些东西能够鼓励阿勒普的员工们遵循已被人们广泛接受的指导规范,即使公司并不存在一个森严的层级结构。[46]

持久的目的。欧文的重要演讲非常清楚地指明了公司的员工应如何看待目标。这里是他对人们为何而工作的看法:

> 观察你用以谋生的工作有两种方式:一种是认为工作是一个无可避免的灾祸。你的生活就是 你"有空"时的闲暇。另一种方式是:让你的工作充满乐趣并且有所回报。你不仅享受工作,也享受闲暇。我们坚决选择第二种方式。

下面是他对于幸福和激励的看法:

> 看待对幸福的追求也有两种方式:一种是直接寻找你喜欢的东西,不去考虑身边的任何人。另一种就是:认识到没有人是一座孤岛,我们的生活与我们的人类同伴难分难解。这指向一种态度,那就是把自己索取的权利给予他人。我们,再一次,选择第二种方式。

欧文的话惊人地接近于这本书中所描述的倾斜角原则和内在的激励法则。在他看来,员工们享受他们的工作并追逐项目,因为工作是有趣而重要的,而不是因为它们能赚钱。阿勒普在 2005 年制订的 5 年计划很好地反映了这种哲学。在准备 5 年计划的过程中,公司仔细地审视了变化的动因,并据此确定了公司应该聚焦的领域——气候变化效应和城市化、全球清洁水的途径、可再生能源资源。它进一步明确了自己的目标,运用对客户的影响力去塑造一个美好的世界,在自己的运营活动和项目中可持续地发展,成为所选领域的领导者。[47]

除了提供本身有趣的工作外,阿勒普还提供其他方式来为员工充电和再充电。公司坚定地致力于开发自己的员工。大部分时候这在工作中得以进行,员工一边工作一边向许多领域的专家学习。另外,公司拥有各种各样的网络、人员和项目来开展培训和职业发展。例如，"阿勒普事业"有组织地为员工提供个人发展的机会，发挥他们的专业技能，为全球化发展作贡献。那些证明自己有天分也够努力的员工有机会——也被鼓励——为人道主义的项目工作，不管是通过三个月的休假、请一年的假期还是在一个灾区紧急部署。[48]

而这起到了作用。2008年阿勒普的员工调查显示工作满意度达85％。员工们感到高度投入，而且工作稳定。他们能够利用和依赖他们的技能，并感到公司关心他们的福利，拥有一种低官僚化的开放而友好的文化，它鼓励创新，分享创意，并从错误中学习。

评估阿勒普模式。阿勒普是一家非常成功的公司。它的员工拥有很高的满意度，经常长时间工作，因为他们享受这份工作。客户们也认可他们的创新设计和解决方案。公司"宽松"的目标让阿勒普成为了一个有趣、鼓舞人心的工作场所。公司鼓励接待客户的员工主动开发新的服务，开辟新的市场。但在公司内部也存在着许多针对管理模式的争论。阿勒普大部分的竞争对手都是上市公司，过去10年，其中几家公司，特别是AECOM，发展的速度比阿勒普快得多。阿勒普极少进行收购，否则将考虑文化匹配，考虑大量借款。一些观察家们也认为公司迂回的目标以及对内在激励的强调意味着它缺少一些上市公司竞争对手所有的果断和纪律。

近年来，公司在管理模式上逐渐增加了一些变动，实行了更为严格的财务纪律，更加关注能带来可观利润的优先项目，但所有这些都置于一个与欧文·阿勒普40年前设定的价值和管理哲学一致的结构当中。

在你的公司运用科学模式。图6.1中的数据表明许多公司在使用一种科学模式——相对严格的体系和程序，相对宽松的目标和目的。我们常在许多专业服务文本中看到它——比如阿勒普的工程，还有某些律所、会计所和管理咨询公司。这种模式还运用在许多知识型行业中。比如，许多大企业的研发设计实验室在第五章所描述的创造性目标下运行。广告代理公司的创意团队、设计工作室以及媒体组织也在运用这种模式的变体。

同样地,科学模式的关键在于自由与控制之间的张力。但不同的是,探索模式中人们被鼓励去寻找实现有限目标的新途径,而科学模式全都是关于运用已有的专业方法和工具去开拓新的领域。沃特·迪斯尼(Walt Disneys)的口号是"我拍电影不是为了赚钱,我赚钱是为了拍电影"。因而迪斯尼的创意团队被赋予了难以置信的自由提出新的电影概念。但同时他们在一个界定清晰的结构中运行,确保电影能在预算之内及时完成。

尽管科学模式一定能在公司范围内运用,但它也能成为某个特定项目或活动的组织方式。当人们拥有明确的任务和技能,而你尝试着把他们的才能或创意结合在一起,去制造某些完全独创的东西时,科学模式最为有效。因为某些明显的原因,管理学作家艾德·欧冰(Eddie Obeng)把这种项目称为"制作一部电影"。

结　论

本章描述的四种基本管理模式帮助我们指明了如何把管理拼图中的各个小碎块拼接到一起。但它们可能过于简单了,这在于管理的所有不同要素被分拆到区区两种维度之中。因此,运用这个框架来诊断你的管理模式有点像运用一种性格测试来理解那个内在的你——它告诉你如何将你与他人在一两个重要维度上作比较,但它无法揭示是什么让你与众不同。而独特性毫无疑问是商业世界中最为重要的部分,因为你寻求的是让你的公司和证券与你的竞争对手区别开来。

因此人们不应该孤立地来阅读本章。如果说你那关乎全局的商业模式是本章所关注的,那么前面的四章为你提供了详细的观点,告诉你为了应对商业环境中变幻莫测的机遇和威胁,你可能做些什么来微调或调整你的管理模式。接下来我们讨论你该如何改变管理模式这个问题——你可以把这些步骤作为在公司中一个人对如何完成工作而作出的有意识的、明确的改变。

第七章要点

本章把前四章的观点整合起来创造出了一个统一的框架。我们在方式和结果上做了一个概念上的区分：方式代表协调活动和制定决策；结果代表设立目标和激励员工。在一个二维的矩阵中标出方式和结果，我们得到了四种管理模式。

发现模式有着宽松的结果和宽松的方式，它最常用于起步阶段的公司和创业型的环境中。谷歌身上仍带有发现模式大部分的关键特征。

计划模式拥有严格的结果和严格的方式，它对于那些有着一套清晰的战略目标和一套常规化工作流程的大企业而言，是一套默认模式。计划模式本身并没有什么问题，因为它能在一个稳定而可预见的商业环境中高效运作并创造利润。麦当劳是计划模式的典范。

探索模式适用于拥有非常明确的目标而且主要通过外部方式激励员工的公司。这种模式很难驾驭。我们把投行业作为这种模式的一个有趣的例证，因为它既包括了诸如高盛那样总是保持良好表现的公司，也包括在金融危机中深陷泥淖的公司，比如雷曼兄弟。

科学模式运用了非常严格和标准化的流程，但不管机会从哪里冒出来，它鼓励员工们去搜寻和瞄准一切机会。我们以工程咨询公司阿勒普为例来描述科学模式。阿勒普很特别，因为它是明确地建立在迂回的、内在的激励的基础之上，但同时，因为它主要的员工几乎都是工程师，它根据正式的规则和流程来运行。

第八章

改革领导者的议程

　　1987 年的夏天,阿特·施奈德曼(Art Schneiderman)遇到了一个困境。作为亚德诺半导体(Analog Devices)的质量完善领导者,CEO 雷·斯塔塔(Ray Stata)要求他开发一种新的年度计划程序,主要是从非财务方面改进质量。斯塔塔对革新和组织机构及其人员如何工作非常感兴趣,但和他一起工作的 COO 杰瑞·费时曼(Jerry Fishman)更关心财务业绩和底线。内部人员把斯塔塔和费时曼的合作伙伴关系称为"双头怪兽"。如同施奈德曼注意到的那样:"意见不同的人在一起工作会十分顺利。但除了你夹在中间的时候。而我早就清楚地知道我就是夹在中间的人。我必须既要处理好和雷的关系,还要和杰瑞相处好。"

　　在由施奈德曼所主持的月度商务会议上,公司两位顶层执行官的方案大相径庭。施奈德曼总是把非财务绩效放在议程的前面,接着才是财务表现。而费时曼则把它们的顺序调转过来。

　　费时曼向施奈德曼提出一个挑战,要他找到一个使他们双方都满意的方案。几天之后,当施奈德曼晚上在家时,他看到一个电视商业节目,是说雷斯花生酱杯香水(Reese's Peanut Butter Cups)是如何由两种不同的产品即花生和巧克力组合而成的。他回忆说:"突然间我灵光一现:可以把财务和非财务业绩作为一个单独的重点议程项。由此这个问题便得到了解决。每个人都很满意。"

施奈德曼新的报告系统在亚德诺半导体公司内部逐渐作为公司记分卡而为大家知晓。几年后,哈佛商学院教授罗伯特·卡普兰(Robert Kaplan)在 1993 年《哈佛商业评论》中一篇名为"平衡计分卡"[1](尽管施奈德曼实际上并没有为之命名)的文章里引用了施奈德曼的案例,使这个概念得以推广开来并不断得到补充。如今,平衡计分卡是已有的使用最广泛的管理工具之一。[2]

这个关于平衡计分卡起源的故事是管理实践中如何产生革新的典型案例——它是可实施的环境、个人创新和缘分的联合。管理创新的产生并没有一个标准的公式,但是你确实可以做一些事来提高成功变革管理模式的概率。本书第二部分将关注这个话题。如果说第三至第七章主要讨论的是什么是管理模式创新,那么接下来的两章将关注应该如何实施管理创新。

众所周知,在一个已有的组织中实施变革将是缓慢而困难的。引入一种与传统做法背道而驰的新产品和服务已经够难的了,而引入一种其潜在收益非常主观和无法测量的新的管理实践就更难了。把一个组织从已有实践的深墓中移出来并放进一个新的轨道,这需要巨大的努力和个人威信。

谁是这出戏中的绝对主角呢?当然有 CEO 们,他们对公司长期内的成功负有终极责任。亚德诺半导体的雷·斯塔塔并不是平衡计分卡的原创者,但他给了施奈德曼实验的空间,并且当这个想法提出来时他给予了支持。第九章将关注 CEO 的视角。但在任何一个中到大型的公司里,都存在着数百名像施奈德曼这样的中层管理者,他们对公司未来的方向拥有自己的看法,他们对应该改变什么以实现成功有敏锐的洞察。这一章就是为这些人而写的。由于他们在管理创新中有着至关重要的作用,我把他们称为"变革推动者"。另外 1/3 的演员就包括像罗伯特·卡普兰那样的外部顾问和专家,他们在帮助诸如施奈德曼的变革推动者时起到了有力的支持作用。[3]

变革推动者是天生的企业家：他们并未拥有实施行动的实际权力，但他们能发现机遇并能在他们的权限之内做些事情，或组建一个志同道合的团队，或促使老板做一些新的尝试来付诸实施。不妨回忆一下美国文化人类学家玛格丽特·米德（Margaret Mead）的名言："永远不要怀疑一小群有思想有责任的公民能够改变世界。的确，这是过去唯一一发生了的事情。"通过诸如昂山素季（Aung San Suu Kyi）、穆罕默德·尤努斯（Mohammad Yunus）和博诺（Bono）等人的努力，在社会变革领域事实的确如此；而在企业变革领域也是这样，成功的商业理念往往通过中层管理者们的奋发努力才得以产生，他们的成功与正式的体系无关，绝非是得益于这个体系。这些通过自下而上的创新者的努力而产生的产品有索尼游戏机、惠普的激光打印机、爱立信的移动手机以及微软的网络浏览器。

本章主旨在于关注你作为一位变革推动者，在公司中策划和推动管理模式创新方面所起的作用。你希望看到管理实践发生什么样的变化？你应该从哪开始？你应该与谁合作？也许你没有一位 CEO 所有的权力、预算和宽广的视角，但你对阻碍公司意识到其潜能的障碍有务实的理解，而你在实施变革方面拥有的自由度可能比你所意识到的要多。我们将深入观察两个案例，他们在已有的大型企业中追求自己的管理模式创新：一位是微软的部门经理，他通过开发一种不那么官僚化的方式来增强其团队的内部创新。另一个是 UBS 的一个中层管理者团队，他们利用公司的集体智慧创造了一种更好的工作新方法。我们接下来将思考能从他们的经历中汲取的经验。

微软和它的 42 项目实验

罗斯·史密斯（Ross Smith）并不是一位典型的企业管理者。比起手里握着鼠标，他会更高兴玩滑板或者 X-Box 游戏机。他没有一套自己的职业西装,但却在微软待了 18 年,并且他现在正领导着一项关于创新性管理技术的非凡实验。[4]

在公司的 Windows 部门,史密斯带领着一个由 85 人组成的测试团队。该团队的工作是确保 Windows 安全性能方面的质量。这听起来并不那么刺激,但在微软,这是一个压力大、地位高的工作。麦克·麦克唐纳,这位微软最早的员工,是这个团队一员。其他的成员在其他地方成功完成开发经理的工作后选择加入这个团队。人们寄予了很高的期望,因为数百万人信任——并且要求——性能运行良好,而 Windows 值得信赖。

在 2007 年 Windows Vista 问世之后,史密斯接管了 Windows 的安全测试团队。作为准备工作的一部分,他单独和团队的所有成员一一见了面。"当进行这些会面时,我开始意识到这个团队所蕴涵的智慧能量。超过 1/3 的成员拥有硕士或更高的学位,这是很不寻常的。而根据这一年的员工调查,我了解到人们感觉没有人尽其才。我们这项工作性质特殊——节奏紧张,非常辛苦,但是它潮起潮落,这意味着有时我们还有余力展开头脑风暴,甚至行动。因此这让我去思考我们在计划如何运用这些才能时可以给予这些人什么。"

测试团队的组员就生活在网上,他们喜欢竞争,吸取任何形式的技术,可是让人惊讶的是,他们还是求知若渴的读者。史密斯观察到:"Y 代人想从事酷的工作、接手尖端项目。Y 代人想让工作成果得到同事、家人和朋友的认可。"如果工作中并没有提供这些项目,许多人将会从网络社区中去寻找它们并免费为之效力。

当史密斯逐渐了解了他的新团队并开始理解什么让他们为之坚持时,他看到了一个做些不同寻常的事情的机会。"我们想知道是否可以把微软公司墙外的那些富余能力引进来,分享我们的人才和公司资源来鼓励那种创新就在这儿诞生。我们想创造一种环境,在这儿这个团队有更多的自由在'怎么做'上,而不是不停地被灌输'做什么'。"

起点。2007 年年初,团队中的一名开发员罗伯特·马森(Robert

Musson)无意中发现了不列颠哥伦比亚大学的约翰·海洛维尔（John Helliwell）和黄海方（Haifang Huang）所写的一篇论文，它检测了信任、酬劳和工作满意度之间的关系。[5] 马森回忆说："到目前为止，对管理的信任是人们考虑最多的因素。例如，你换了一个新老板，工作中你对管理的信任度上升了一点点——比如，以十分制来计，你提高了一分。海洛维尔和黄海方计算出，这就相当于增加了 36％ 的薪水。"

这个团队开始考虑在微软的环境下信任该如何发挥作用。信任是一个庞大而又抽象的议题——但它是职业生活和工作关系的核心。对史密斯来说，"这就像自由和空气，当你没有它时你才知道它们的存在，但要去衡量它们并知道什么时候你拥有它真的很难。"

因此，第一步就是进行头脑风暴来识别出人们在日常生活中所看到的那些会影响信任的行为。完成这一步后，他们设计了一些游戏和实验，通过投票从这份加长的名单中选出优先项，以此更多地了解可以做什么来增加信任。在 http://www.defectprevention.org/trust 这个网址上，你能够看到微软的这个团队用来开发信任模型的一个游戏。用户将会被问到"哪个信任因素对你来说更重要"，然后他们被给出一系列的双选项，比如"不要回避真正的问题"和"不要逃避现实"。用户想选几个就可以选几个，然后他们能看到所有参与调查的人的累加结果。

结果是一份排序更合理的信任因素清单。这种方法存在的问题就是它是依情况而定的——这份清单也许适用于我，但它可能并不适合你。或者，星期二它适合我，但周五却失效了。更多的研究催生了一本战略手册供人们参考和使用。它强调了诸如"更加透明"或者"表现出正直"这些事项。挑战在于要把这些观念与现实活动联系起来。于是这个团队的成员对每一种信任行为写下了一段文章。这些信息作为维基信息被公之于众，形成参与社区并建构理解。大约 40％ 的 Windows 安全测试团队成员积极地参与到这一过程中。

凡事都要讨论。 为了让对话保持公开，2007 年秋季，这个团队开始每周举行一次"免费匹萨"聚会。事实证明，这是一个强大的论坛。正如史密斯所解释的:"这些会议从信任开始,并随着项目的进行而发展。它们可以使人们表达自己的观点,也可以是头脑风暴。但事实上最主要的目标是让这个项目保持活力,并围绕团队建立关系。这个结构的确很扁平,它使得每个人的想法都得到同等重视,每个人的评论都有效力。这给员工们提供了一个论坛来交流想法和各自所从事的项目。"

一次对话引出另一个对话。一些用来分享项目进程、提交求助请求以及推广新观念的网络工具被引进来。正如史密斯所解释的:"我希望人们将用脚来投票,选出好的点子。这儿没有社区评级系统,也不会为每一个创意投票。创意就像孩子——每个人都爱自己的孩子。我们想让这个计划来支持这个想法。如果你看到一个喜欢的点子,你尽可以告诉在线的人。这为人们提供了另一个推广他们观点的平台。"

为它命名。学习、信任、尊重新的工作方式的精神一直存在于Windows 安全检测小组中,但它需要一个名字。他们将其命名为 42 项目。对外行来说,42 这个数字是道格拉斯·亚当斯(Douglas Adams)在一部另类经典著作《银河系漫游指南》中对生命、宇宙和一切的答案。在这本书中,那台"沉思"计算机花了七百多万年的时间来算出答案——"我彻底地检查过了,"这台计算机认为,"很明显那就是答案。非常诚实地告诉你,我认为问题就在于事实上你从未明白这个问题是什么。"

42 这个数字精准地抓取到了这个团队工作方式诡异的特点,以及这个项目本身的宏大目标。它也激发了 Y 代人精神。在 2007 年和 2008 年间,这个项目实现了有机增长,而实验性的步骤使得团队中发生了一场深刻的文化转变。正如刚从计算机学科毕业、现任检测团队软件开发工程师的加纳丹·宁(Jonathan Ng)所言:"42 项目最好的地方在于你尽管跳进来,设定自己的角色。在职业生涯中进行自我角色定位是最近才发生的事情。"

而且,这对高层人员也颇具吸引力。麦克·唐纳是微软最早的员工,他是比尔·盖茨高中时的朋友,也是 Windows 安全测试团队的关键人物。正如他所注意到的:"42 项目试图通过打破一个大组织机构的层次来重新获得一个团队刚建立时或一个公司刚起步时的那种感觉和激情。"这个团队还拥有十多个已经在微软待了十多年的高层员工。这个项目对他们的吸引力丝毫不亚于它对 Y 代员工的作用。

另一个前进的重要步骤就是通过后来的"42 新项目"从新员工那里抓取未经加工的反馈。这个计划针对的是工作经验少于两年的员工，鼓励他们在另一个论坛上分享观点。就如项目经理洛丽·埃达·基提(Lori Ada Kilty)解释的那样："我们雇用的人真的非常聪明，当他们开始工作时，他们就得独自解决问题。许多人认为我们没必要花时间去听他们要说的话，因为他们没有太多的经验。因此我们成立了一个被称为'新42'的小组。这个论坛上没有经理，新员工可以找到他们的听众。他们聚集在一起，说出他们的想法，谈论他们感到困扰或者希望看到的事情。"

玩游戏。正如我们在第六章看到的那样，游戏精神对于 Y 代人来说是必备的。因此，史密斯自然而然地把玩游戏作为一种学习方式。当一种新产品需要针对某一项行为时，这个团队将会围绕它设计出一种生产性游戏。不妨回忆下测试团队是如何组织《漏洞大扫除》(*Bug Bashes*)的游戏的。在这个游戏里，找到最多漏洞的参与者将会得到奖励。但史密斯和他的团队在这一步上又推进了一点："在组织型的行为中利用游戏来影响变革是一种强有力的方式，但在设计和使用上需要小心谨慎。"

因此，这个团队开始寻找方法用以建立将游戏吸纳进工作中的原则。例如，一位小组成员渴望学习一种新型开发技术，他设计出一种客户反馈游戏的原型。他能够和另一位想到可以利用说本国语言的人来识别Windows 的各种国际版本(我们在第六章描述了这个游戏)的员工取得联系。测试经理马克·哈森(Mark Hanson)解释说："我们的文化具有竞争的特点。人们天生喜欢竞争，爱玩游戏，也希望他们自己能够跻身于高层领导团队中。"

甚至在史密斯接受这个团队之前，激发这个团队的资源之一便是写下来的文字。团队成立了名为"42 本书"的阅读小组，该小组鼓励阅读、讨论各种文章，并为成员们的图书投入预算资金。这些书大多与创新、领导力和信任有关。这个团队曾拜访过《以信任为中心的领导力》(*Trust-Centered Leadership*)的作者迈克·阿瑟(Mike Armour)。最近他们与《轻佻效应》(*The Levity Effect*)的作者之一亚迪安·高斯克(Adrian Gostick)进行过一次讨论。

所有这些都与一场渐进的变革过程有关。史密斯评论:"我们曾有过一些例子,有人对某件事情有学习的兴趣,但他们把它留在心里,而不是回家去下功夫。无论它是一本书、一个设想、一个项目还是一门课程,在这儿进行将会使他们接触到更多的资源,遇到更多曾经做过、使用过这种技术的人们,还有他们最终成果的潜在'顾客'。"

信任也在不断演化之中。正如哈森所解释的那样:"我们给予人们离开去做自己的事情的自由。我们相信他们,让他们去完成日常工作,做实验、创新以及消遣。我们形成了一种信任,当你在家上班时,你不必去记录时间或者告诉我们在那一天你做了什么。"

传播消息。对这个团队而言,成功来之不易。一般来说,剧烈的变革并非是从上至下涌现的。但现在有确切的证据证明 2007 年初由史密斯启动的变革项目得到了回报。这个团队中的员工留任率比以前都高——这在诸如检测这样的专业活动中是一个重要因素。这个团队的参与度也非常高。而最重要的是,生产率和质量指标表明史密斯的团队是微软表现最好的团队之一。

接下来,史密斯的文化改革会做些什么呢?他在自己的部门中所创造的参与性该如何影响并推广到微软的其他部门中去呢? 2008 年 9 月,史密斯获得了一个机会,把他的见解发布到微软内部的博客网站上去。这个网站对微软分布于世界各地的 6 万名员工开放。他的帖子集中论述了"42 项目"的精神,"基本上是这样的,不妨回想一下你在微软开始工作的那一天和你当时所拥有的精力,以及你所拥有的在那儿改变世界的感觉。我问道,'你今天仍然还有那样的感受吗?'接着我谈论起'42 项目'的一些主题,比如信任和权力下放这种可以从任何人开始的事情。"这个博客得到了微软上下众多员工的回应。最近,史密斯被派去领导办公室传播者和设计的测试团队——在另一个团队中尝试他的理念的绝好机会。

詹·尼尔森(Jan Nelson)，Windows 国际和卓越管理领导团队的项目经理描述了他的感受："我认为 42 项目社团的理念最有价值的是每个人的潜力、不在乎等级，保持创造力，创造出新的工作、产品，从事团队动力或其他任何事情。42 项目是一次尝试，它提供一个开放的框架，你尽可以去尝试，然后发布你做了什么以及没做什么，而不用担心绩效评估。"在一个精英阶层中，这是一个还需要进一步检验和支持的难得的新机遇。

办公室部门的测试经理迈克·托森(Mike Thohsen)更是赞叹有加："发现 42 项目就像是走进了一个天堂，里面有所有我喜欢的东西——建立信任、试验管理和团队动态上的新理念、尝试新的创新概念，以及些许的打破常规。"[6]

罗斯·史密斯也许并不是一位典型的企业管理者，但是他所面临的负责 85 人团队的挑战与许多中层管理人员们所遇到的挑战一样：怎样最大限度地激励他的员工，以使他们能在工作时兢兢业业，并保持生产力，以及怎样发挥他的才智来完善这个组织。而且，尽管他的方案具有高度的个人色彩，关键的一点是他在没有其他任何人干涉的情况下做到了，是他让球滚起来，然后使它不断前进。

UBS 和思想交流

作为在内部发生变革的一个与众不同的故事，让我们思考一下 2007 年至 2008 年在 UBS 投资银行里一群中层管理人员们所实施的一系列创新举措。[7] 它不仅是解放观念、感觉的理念和因没经验的员工的加入而扩大的观点面，也是一次从由下至上、草根性的实验开始的创新。这个团队的领导人之一罗图·威(Reto Wey)解释说："我们原本是希望自上而下发起，但是当我们在 2007 年开始创新之旅时，公司高层发生了太多的变化以至于这个方案行不通了。因此我们选择了推动一场草根运动，因为这种方法的成本和收益是显而易见的。"

利用银行的集体智慧。这次革新是从我们已熟知的过程开始的。首先是 2007 年 7 月举行的为期两天的创新大讨论。一开始出现的——它的到来让人感到诧异——使人们意识到,全身心投入工作的只有 20% 不到的人。参与者们这才认识到,如果银行里所有聪明的、勤奋工作的员工们能够把更多的时间花在工作上,这种效应可能会在从招聘到留任率的每一个业务领域里显现出来。从这个理念又生发出了另一个相关的见解——用一种全新的方式来预见方向。当时投行的董事会成员之一,后很快成为这个团队的顾问的弗朗西斯科·巴诺斯(Francesca Barnes)承认说,大多数银行都遵循着"我也是"的策略,即尽管他们善于识别所处的位置,善于重建以收复失地,但他们不擅长想象除了追赶行业领袖之外还能去什么地方。在巴诺斯看来,七月工作室的美妙之处在于它给员工们提供了一个谈论创造差距而非缩小差距的机会。她认为:"如果我们真的非常善于做我们想做的事,那不去尽力做到每个领域的前五名,又会发生什么呢? 实验室给我们追问这样一个问题的机会——走下悬崖而又全身而退。"更不用说随后发生的市场混乱进一步加强了人们认为还有一种更好的管理方式的潜在感受。

第二个大家熟悉的步骤就是通过 Facebook 这类的网上工具来利用组织的"集体智慧"。这后来被称为"UBS 思想交换"。一个由来自各业务领域的十多位毛遂自荐的志愿者——据巴诺斯说,他们每天工作 12 个小时——组成的团队在接下来的几个月里进行地下工作来充实这个提案,同时与加利福尼亚的软件公司 Brightidea 合作定制必要的网站软件。

第一轮实验。小组决定在公司的不同部门运行两个试点。第一个在交换贸易衍生品(Exchange Traded Derivatives,简称 ETD)部门展开,这个部门在苏黎世和伦敦有大约 250 名员工。ETD 部门愿意展开实验有许多原因,其中相当重要的因素之一是高层准备支持这个实验,此外还基于这样一个事实,在致力于把 UBS 已有的部门与在荷兰银行(ABN AMRO)解体中收购的其他部门合并的过程中,它对许多工作方式提出质疑。

由 ETD 的创意领袖周·伊文斯(Zoe Evans)协调的这场实验变成了两周一次的固定比赛,随后变成了三周一次。它围绕"更聪明的工作"这个主题——当这个部门努力把两个全新的实体合并在一起时,这个问题最能引发共鸣——来产生观点和挑选优先事项。在最初的头脑风暴的微观世界里,它以一场有 50 位 ETD 职员参加的简短而且焦点明确的面对面会议作为开始来进行头脑风暴。然后这个过程被记录下来并发布在网上,用于在线的思想交流。这种交流对部门里的每一个人开放,他们都被邀请来贡献新的点子和帮忙开发已有的点子。他们也被鼓励进行投票,这实际上创建了一个观点排序的系统。参与尤其受到鼓励。据伊文斯说,ETD 70%的员工会去上网,20%的人贡献新的观点而非常多的人进行了投票。

毫不奇怪的是,考虑到当时不稳定的情况,所产生的 85 个创意中很多都与管理文化有关——比如彼此了解的需要以及让大家可以更多地见到高管——而不是具体流程。即使高官们并不领导具体的创新活动,这类信息也为他们提供了有价值的信息。然后,总的来说,通过这种交流所产生的 60%的观点是以这样或那样的形式推进的。

许多非常重要的经验都是从实验中得来。其中一个就是在整个过程中,员工们需要紧密联系和跟进。那些出席了启动仪式的人积极地参与竞赛,而许多没有出席的人几乎没在网上花时间,因为他们看到这次创新并不是由高层推动,因此推断它并不重要。自相矛盾的是,即使是自下而上的创新,如果它想成功,就需要高层出面支持。

"我们从这个过程中得到了许多启发,尤其是在交流以及解释创意如何到达执行阶段方面。"伊文斯评论说。他还补充说,有了恰当的支持和基础架构,就可能让整个组织更加企业化以及更加积极地回应。

下一轮实验。UBS 的数据服务团队(Data Service Group,简称 DSG)实施了第二个实验,它汲取了从上一个试验中获得的经验。作为一个更大的部门,DSG 的 400 名员工分布于世界各地,它是一个相对较新的团队,承担投行的核心数据职能。"出色地提供服务"——本质上就是在保持和改进数据完整的同时缩减成本——是这个实验的焦点。尽管新的竞赛也是按照 ETD 所使用的同一种程序来进行,即在思想交流中激发和改进创意,由一个审查程序进行跟踪以执行最有前景的创意。它得益于一次更广泛的、更高调的启动。本次实验以一种简介会的形式实施,同时连接位于伦敦和纽约的近 100 人播放视频,部门主管进行了陈述,随后位于亚洲的另外 50 名员工举行了一场网络研讨会。

如果有什么值得一提的话,第二个实验比第一个更加成功。130 个创意从中产生,超过一半的创意进入了下一阶段。其中一个就为最初的头脑风暴节省了足够的钱。像伊文斯和依莲娜·高姿(Elana Goetz)一样,DSG 的主管承认,除了这些直接的结果之外,这次演习表达了员工对于管理层的意见,这种价值是难以估量的。尽管这设计了一个环节向参加者表达小小的"谢意",但这并不是原动力所在——这种激励来自过程本身,来自获得高管的认可并与之一起参与到他们非常在意的主题上去的机会。

那么"思想交流"接下来该做些什么呢?"思想交流"小组是 UBS 所开展的更广泛的创新实践活动的一部分。这家银行已经在使用一种联网的创新进度管理软件来追踪和推动从新的商业创举开始到启动之后的回访过程。然而,"思想交流"团队有一场硬仗要打。威注意到,毕竟,很少有银行拥有正式的创新或研发设计的程序。而在目前全球强调命令和控制的军事化管理模式的氛围下,通过一个广泛分布的全球结构来使它们制度化几乎是不可能的。因为这个团队只是在隔靴搔痒,威承认,他必须集中精力做每件事情,使这次创举继续进行下去。下面是他所想象的"思想交流"团队两至三年后的情景:这种方式得到了广泛应用,并为所有的员工完全接受。他们创造了新的收益和效益,并不断思考正在做什么以及为什么这样做。他认为让人们加入进来的过程是为了提高参与度。他引用了 Brightbridge 最大的客户 BT 的案例。BT 在任何时候都存在几场竞争和挑战,有 140 万人能够用上这种工具。

在我写作之时，"思想交流"团队其他的创举还在进行当中。其中一个创举引起轰动。一组很有潜力的年轻人组成的团队提出了一项挑战，他们对这个实验的结果进行分析，并了解如何才能把这些结果向前推进一步。他们提出了"盒子里的战役"这个想法，它是一个模板，它包括一个用于沟通和反馈的格式，整个公司里的人在任何时候都可以使用它。UBS 的人力资源部门已经在尝试这种格式。

变革推动者需要注意的五点

我之所以选择这两个例子，在很大程度上是因为它们取得了部分成功。罗斯·史密斯对他的团队生产力和参与度产生了很大的影响，但他对微软其他人的影响是有限的。"思想交流"团队开展了一些成功的实验，但是人们并不清楚他们下一步在持续应用这种已得到证明的技术和方法上有什么计划。在这本书中，我们已经说到了许多自下而上的创举，包括罗切·戴格诺斯提（Roche Diagnostics）在运用内部和外部专家来解决问题的实验和斯尼瓦·库斯克（Srinivas Koushik）在全国范围内运用 Web2.0 技术进行沟通的新颖做法，它们可以被归类为处于成长阶段。但这也不应该成为我们反对的理由。首先，微软和 UBS 的团队在实施这些创举时都比他们仅仅从事本职工作要积极得多。第二，他们的努力有可能会作出真正的改变——去改进生产率，提高微软的信任度，在 UBS 中产生创意和革新，对其他阅读这本书的人来说它确实可以被当成一种启示。

那么当他们开始对新的管理理念进行实验时，变革推动者们应该考虑哪些重要问题呢？这里列出了五种应该铭记的重要主题。

计算出你自己的自由度，并最大限度地运用它们。尽管你可能没有几百万美元的预算，但你所拥有的驾驭空间可能比你意识到的要多。罗斯·史密斯的团队中有 85 个人，他仅凭一己之力重新确定了思考和行为的方式，同时仍然能够达到上司布置给他的所有业绩目标。UBS 的"思想交流"团队的成员受到的限制更多，因为他们是在日常工作之外从事这个活动,但一些人把一部人预算拨给了与最初的成本预算相悖的地方,而其他人能够推动实施试点活动的运营部门。这两个团队都选择了在规则之内开展创新。但企业创新的历史中也有许多这样的例子,人们跨出了官方界限,其中一部分人背离了规则(他们寻求谅解,而不是允许),其他人没有这么做而陷入了麻烦之中。我们在第三章对安然高度企业化的内部市场体系的讨论指出了要点:人们被鼓励去打破规则,整个组织和股东来买单。《平静的祷告》(*Serenity Prayer*)很好地概括了这种挑战:给予我平静去接受我不能改变的,给予我勇气去改变我能改变的,给予我智慧去了解这两者之间的差异。最好的变革推动者是明智的。

在公司内外组建一个联盟。UBS 的团队是由一群来自 UBS 各部门的志愿者组成的。他们都得到了各自上司的允许,而且还得到了公司内一些更高层的管理者的指导和支持,偶尔还有外援,以确保他们以最周全的方式来开展活动。罗斯·史密斯走的是另外一条路:他几乎没从微软其他人那儿得到任何支持,但他投入了许多精力去接触其他公司里有同样想法的人以及写过书讨论大公司的信任、参与和创新的学者以及思想领袖。

联盟和顾问为变革推动者们提供了重要的资源,那就是合法性。一个合法的创新项目就是与人们认为好的和恰当的预想一致。在一定程度上,合法性由项目的本质而定,但也在一定程度上由支持它的人来决定。因而聪明的变革推动者们会花很多时间来思考从合适的地方得到合适的指导。

但这存在着一个有趣的困境。引入外部专家让改革具有合法性并为公司之外的人广泛知晓,这就存在着失去内部合法性的风险。例如,管理学作家阿特·克莱纳(Art Kleiner)叙述了卡夫于 1970 年代在堪萨斯州托皮卡的工厂里进行的改进工作生活质量的实验。无论用何种标准来衡量,这些实验都是成功的。但矛盾的是,它对管理思想界的影响要大于卡夫随后实际运用的管理方式的影响。而这个计划背后的两位关键人物最后都离开了公司,困惑于他们的改革为何没能取得更大的影响。这并不是在暗示外部成功总会以内部成功为代价——施奈德曼的公司计分卡就在内部外部都收获了积极的效果，但在驾驭内部和外部联盟时的确会存在着一定问题。

采取一种实验性的方式。任何人想要改变他所在公司的管理模式都将面临着一场大战。你永远都无法真正明白这场改革是否成功。一个管理体系拥有如此之多的相互作用的部分，以至于你无法以一种定义的方式来界定原因和影响。举例说，根本不能在对一家银行的补偿和分红系统作出重大改变时预料到潜在的连锁效应。结果，绝大多数大企业的错误做法就是保持原状。

实验指出了一条克服这些内在阻力的正确方法。这并不意味着实验是在一个完全受到控制的实验室环境中进行的。相反，它意味着在一个低风险、自我控制的能够仔细监控结果的环境下尝试一种理念。在第四章中我们看到了罗切·戴格诺斯提对内外专家问题解决能力的研究实施了严密的控制。而上面提到的 UBS 交流思想的例子展示了另外一种模式，技术和过程通过几次反复得到了提炼。罗斯·史密斯的"42 项目"也是实验的一种，因为他完全是在其他 85 个人的团队范围内开展这个项目，而不是重新思想微软整个的管理模式。正如他所说的，"我们的一个指导前提就是我们是在学习，我们是在实验，我们很谦卑，我们愿意接纳一切反馈。这都是可以选择的。我们并没有发出一个大告示，说'好的，大家开始信任彼此吧'。因而从始至终谨记这个主题非常重要。"

可是在大企业中实验这种语言并不流行（设计研发部门除外）。管理者宁愿谈论原型或者试点，依据是他们认为自己知道在往哪儿走，却仍然存在开放中期需要微调的可能性。然而这种想法即将改变。已经有公司采取了一种更具实验性的方式去革新产品和服务。我希望同种理念也能运用到管理创新中去。我们将在下章进一步讨论这个话题。

为它取个名字。你可能不完全明白，但在公司中一直都在进行着文字游戏。不妨试着告诉你的同事们你想要开展一项重组工程，再看看你将得到什么反应。重组是 1980 年代对商业流程作出巨大改进的热门词汇，但到了 1990 年代中期，它就完全成了昨日黄花，被诸如六西格玛和知识管理这样的概念所取代。因而当许多公司仍然在改进它们的管理时，它们找到了另一种方式来谈论它，以免看上去遥不可及。

　　因此你需要为你的活动或项目取一个名字，这样人们就有了可以依靠的东西。但你必须认真挑选名字。罗斯·史密斯的 42 项目有一点奇怪。UBS 团队选择"思想交流"这个名字是明智的。它并不会让人脉搏加快，但它听上去很时髦，它也准确描述了这个项目。沿着我们此前讨论过的路线，你选择的名字在一定程度上要在你的目标受众间建立合法性。例如，我们将在下章详细讨论的宝洁公司名为"联系与开发"（Connect&Develop）的开放式创新项目。在一定程度上，之所以选择这个名字是为了使公司的员工们意识到他们的业务不会被外包。"联系与开发"模式是为了提高已有的设计和研发能力，而不是取而代之。

　　当它成型时从上司那寻求支持。推动自下而上的创新面临的最大挑战在于知道什么时候以及如何将它交给高层管理者们。有时你不想将自己的孩子拱手让人，有时，你想交出它但主管们手上却全是其他的行动方案。

　　在写书的这段时间里，UBS 和微软的团队仍然在应对这个挑战。UBS 一直在策略和运营上都面临着如此巨大的挑战，以至于"思想交流"小组仍然在低调地运营着。但他们清楚他们早晚都需要支持。正如有人评论的那样，"交接是重要的。如果资助和管理没有到位，即使高管点了头，没有这种支持，它也成不了气候。"

　　同样地，罗斯·史密斯仍然在寻找合适的方式来推动他的实验。正如他所说的："我感觉这将是滚雪球。人们采取措施去改进某件事，他们看到这种改进能够促成变化或节约他们的时间，他们就向前跟进了一点点，这种改进就会持续发展壮大。这是一个源自草根的有机的运动。"

　　罗宾·幕纳是一位微软已退休的高管，他现在是这个团队的顾问。他提供了这句话的背景："重要的是记住这并不是在组织内部进行变革的一种常规方式，这种方式来自罗斯的同侪以及积极主动的整个团队。这并不是 CEO 或领导团队发布命令或指示的结果。它的规模能够超过 85 人吗？它能被复制吗？能给其他团队提供一些指导或我们所学到的一些重要经验吗？我们认为这是可能的。它们是有机的和一体的。它拥有那些人们在其中一直寻找的共同特性，在追寻过程中他们几乎不去考虑在公司的层级、在公司的时间和他们所从事的工作类型。人们只想知道信任的确存在。他们只想知道他们能够实现伟大的事情，他们将得到支持去做这件事。"

一个变革推动者带领的团队可以朝着改变公司的管理模式走上一段很长的路，但他们无法独自完成。归根到底，如果这个过程将会对公司的利益产生深远的影响，它需要 CEO 和管理团队的支持。

第八章要点

这一章和下一章关注的是公司如何开发新的理念和实践来建构独特的管理模式。我的研究表明一般说来管理模式创新为三种因素所驱动：中层变革推动者，高层管理者们以及外部合作者，比如咨询师和学者。这一章阐述了中层变革推动者的议程，他们在没有得到正式允许的情况下尝试作些创新。通过微软、UBS 和亚德诺半导体的案例，提出了五个要点：

1. 计算出你的权限并加以运用。大多数经理所拥有的尝试新事物的空间远远多于他们所意识到的。正如老话说的，通常要求原谅比请求允许要容易些。

2. 在公司内外组建一个联盟。一种方法是挑选在公司内部能够共同完成任务的同事组成团队。另一种方法是利用具有远见卓识的外部智库为你所做的事确立合法性。

3. 采取一种实验性的方式。实验是克服内部阻力的好方法，因为它赋予了你的同事和老板说不的权利。

4. 为它取名。你的项目需要一个你的同事能够为之坚持的名字，来帮助他们理解他们参与的理由。一个好名字能引起人们的好奇，而想知道更多，这将帮助它先声夺人，脱颖而出。

5. 当项目成型时寻求上层的支持。你面临的最大挑战是向那些在公司中层级高于你的人推销你的项目。通常情况下，最好的方法是制造小小的成功，利用你在公司内外的联盟去创造项目背后的某些原动力，这样一来你的老板别无选择只好采用它。

第九章

领导者的议程

2000 年宝洁走到了一个关键的历史转折点上。它的 CEO 迪克·贾捷(Dirk Jager)在上任 18 个月后就离职了。这年 3 月,公司宣布它不可能达到第一季度的既定的赢利目标。股价顿时应声而跌——从 1 月份的每股 116 美元降到 3 月份的 60 美元。《广告时代》(Ad Age)封面故事的标题为:"宝洁依然重要吗?"

宝洁的新任 CEO 拉夫莱(A. G. Lafley)对现实状况的评论一针见血:"我们没有实现分析家和投资者的目标和承诺。宝洁的品牌没有传递良好的顾客价值:'我们并没有持续不断地引领创新,而价格却过于昂贵。我们的成本也太高了。我们与重要客户的关系受到了损害。我们过于关注内部了。'"拉夫莱为这位衰弱的企业病人开出的处方是广泛而深远的。他把公司集中分成四种核心业务、大型主流品牌以及十大国家。由于关停某些业务活动,全球削减了接近 1 万个职位。

而最为大胆的是,拉夫莱开创了一种全新的创新方式。未来,宝洁不再依赖内部的研发部门,其 50% 的创新将来自公司外部。道理很简单,宝洁计算出公司的每一位研发人员在公司外部都对应着 200 名科学家和工程师,他们拥有公司能够加以利用的才能。因此公司研发设计部门的员工不是 7 500 名，在全世界范围内，有 150 万人的知识他们需要利用。研发设计部门化身为"联系与开发部"，公司还恰到好处地设立了一套新的方案来帮助公司利用边界之外的巨大知识库。例如：

- 宝洁主要的 15 位供应商有大约 5 000 名研发设计人员。宝洁建立了一个工厂平台在供应商之间分享技术简讯。

- 宝洁创立了一个"技术企业家"网络——70 名高级技术专家充当"联系与开发部"的眼睛和耳朵，在行业间与供应商和当地市场保持联系。截至 2008 年，技术企业家们向宝洁推出了超过 1 万种产品、点子和技术。

- 宝洁利用了许多开放网络。它加入了 Nine Sigma 这个网站，把子公司与世界各地的研发人员联结起来。它还加入了创意交易网站 InnoCentive，处理更为具体的技术难题。加入了一个在线的知识产权交易市场 Yet2.com。

联系与开发部之所以著名在于它所设定的目标，还在于它非常成功。来自公司外部的新产品的数目从 2000 年的 15％上升到 8 年后的 35％。但不那么有名的是宝洁如何创造出了它的"联系与开发"模式。意料之中的是，它出现时并未完全成型，就像来自海洋的维纳斯一样。相反，由创新与知识部的副总裁拉里·休斯顿（Larry Huston）领导的宝洁人组成的团队为此花费了多年的努力。

联系与开发部是如何诞生的。创立联系与开发部的主意开始于 1990 年代中期。休斯顿是这样描述这个进程的："这就像人们开发产品时会作出草图一样。"他引证了美国宗教主义画家和壁画家托马斯·哈特·本顿（Thomas Hart Benton）如何工作的故事作为这个过程的例证。"他会创造出最终要作画的模型，接着创造出更多的模型，然后他会从各种草图的角度开始工作。在他最终创造出一部成功的画作之前他会长时间地研究那个概念。至于这种新的创新模式，我可能花了五年或六七年的时间来进行研究，最终它在 2000 年诞生。"

休斯顿最初感兴趣的是如何开发出一种新的组织模型用来连接混乱

和秩序。正如他解释的那样："我想创造出一种组织，在这里人们是不固定的，可以到处走动，可以加入好项目，但仍然保护基本业务并适当规定什么地方你不能去或者不能离开。"因此他与许多人进行谈话，比如复杂理论专家斯塔特·卡夫曼（Stuart Kauffman）和 VISA 集团的创始人迪·豪克（Dee Hock）。他还探索了许多不同的策略，包括与一个网络公司合作，在这个网络公司中人们只要参与就能获得奖励。接着，主要的突破到来了：通过研究宝洁之外所进行的创新活动，他们意识到这已经创造出了相当于内部创新两倍之多的价值。休斯顿从这种启示中得到了可能推动宝洁的业务和生产率的新方式。

在 A. G. Lafley 接任 CEO 后，宝洁的首席技术官吉尔伯特·克劳德（Gilbert Cloyd）向休斯顿提出了一个挑战：他能够为公司创造出新的研发设计模式吗？这在本质上是一个创造全新的运营方式的机会。休斯顿花了 6 年的时间来做基础工作。然后他围绕增强能力，为联系与开发部创造了概念上的定位。当拉夫莱公开宣布公司从此将从外部获得一半的创新时，这种尝试获得了许可证。休斯顿评论说："那曾经是一个主要的干扰，因此我们绕开了并一路狂奔。"

毫无疑问，人们的反应是多种多样的。据休斯顿说："有些人的第一反应是：'哇，宝洁正在抛弃它的设计研发部门。它是一个为研发设计或科学所驱动的公司，他们在做什么呢？他们已经疯了吗？'他们没有意识到我们在做的实质上是在加强我们的研发设计能力。"

联系与开发部的定位很重要。首先，它明确地指出它并不是在外包宝洁的研究和开发能力；相反，它在寻找好的点子，加以吸收来加强和利用内部能力。第二点是"联系和开发部"并不是一个"变革"项目。休斯顿说："我们认为变革是一个不够恰当的词汇。关于'联系和开发'，我们很小心地不把它定位为变革——即使它现在是这样。我们说我们拥有一个强大的、强有力的全球性组织，我们已经在全世界范围内建立了这种能力，我们拥有世界级的人才，我们将要做的就是发挥这种已经很强大的能力，然后不断增强它。因此核心理念的基础是我们如何增强。"

宝洁启动"联系与开发"的经验有助于洞察管理创新的过程。对于创业者来说,拉夫莱公开承诺改变公司的创新模式很关键,因为这给了休斯顿和他的团队自主权来尝试他们的理念。与我们在前一章谈到的微软和UBS的团队不同的是,休斯顿的工作有公司首席执行官的全力支持。休斯顿乐于承认那样做的重要性:"这全与领导力有关。一把手清楚地知道哪些地方可以涉足,你将如何取得成功,以及你想要在哪些地方实现发展。而 CEO 和高官们的工作就在于解决这件事情。"

第二点是"联系与开发部"并不是偶然发生的:它建立在休斯顿与他的团队锻造多年的能力之上。休斯顿指出开发新产品与开发新的管理模式之间的异同:"有一点真的非常重要,那就是确保概念正确。宝洁是一个概念驱动型公司。它们的概念就是产品将如何让你的生活变得更美好。因而我们每天都在这里联系概念开发,因为我们必须全身心投入以求进步。"为了"联系与开发"其中一个前提因素,休斯顿为这个概念创造出一个故事脚本,把它带到 21 个不同的目标公司中去。在运用金融模式来检验这个概念是否可以赚钱之前,他们会对这个理念进行评论和批判。只有那时,宝洁才会为那个项目投资。

创新管理模式的四个步骤

下面是对"联系与开发"模型进行介绍的关键概念摘要。从一个自上而下的视角来看,本质上是四个步骤:

1. 理解:宝洁意识到它需要大力加强其创新途径来实现更高水平的有机增长。

2. 评估:人们发现创新的一大障碍在于关注内部集中化的、一枝独大的研发设计部门。

3. 设想:公司寻找可替代的基于集体智慧的创新模式,并且加入到网络和外部智囊社区中。

4. 实验:在拉夫莱的支持之下,休斯顿和他的团队尝试了不同的要素,最后形成了"联系与开发"模式。

显而易见,这一套步骤适用于许多情况。希望他们于你而言也是熟悉的。你可能会记得,在第一章中我们把这些步骤放在前面作为这本书的一个指导框架。在这一章我们会再一次用它来为你提供一个具体的框架,指导你如何创新管理模式。

在这之前,值得记住的一点是,这四个步骤并不总是完全按顺序依次发生的。例如,宝洁的某些设想和试验环节发生在 1990 年代末期,而拉夫莱 2000 年才开始评估这些条件。因此尽管以一个线性的顺序来考虑这些步骤很有用,但你需要记住总是存在改进这个顺序的可能性。[1] 现在我们将进一步观察这四个步骤。

1. 理解:塑造挑战

看到宝洁由于"联系与开发"而取得成功,于是你得出结论:你的公司也许同样可以这样做。这是一件充满诱惑的事情。但那是我要建议的。这本书的一个重要目标是帮助你更好地理解该如何管理企业——让你知道多年来对管理模式所作的潜意识选择,帮助你评估这些选择的成本和收益。而在某些情况下,你可以判断你的管理模式基本上运行良好,仅仅需要一些微调。

但在许多其他情况下,更深地理解管理模式和你在商业环境中所面临的情形将会揭露某些潜藏的问题或挑战。而这种对现状的不满是一种杠杆,你需要它来让公司成员富有创意地去思考新的工作方式。一般来说我们看到当公司面临如下一系列情形时他们将考虑管理模式创新:

应对一场危机。对于一家四面楚歌的公司来说,这是一个尝试些不一样的事情的绝好机会。我们在第三章看到丹麦助听器公司奥迪康如何发展了它的意面组织来应对西门子和飞利浦的竞争威胁。而另一个不那么有名的例子是 Litton 连接器产品公司(Litton Interconnection Products),这是一家从事电脑底板系统组装的苏格兰公司。1991 年乔治·布莱克(Geoge Black)被其美国母公司派来扭转工厂的局面。正如他所解释的那样："我们是一家无路可走的公司,做着与几十家更大的效率更高的竞争者别无二致的组装工作。所以我们在想:我们应该做什么?我们想到的答案是应该与众不同——为我们的顾客提供一种新的服务和一种新的工作方式。这是在故意逆势而行,有一点冒险,但我们已没有多少可以失去的了。"

这种分析使布莱克实施了一种全新的设计:商业细胞式的结构,员工们奉献出的每一个细胞都完全满足每一个顾客的需求。员工们被训练出从制造到销售再到服务在内的许多技能,这使得顾客的反馈得到巨大改进,减少了循环时间,降低了员工流失率。

面临一个新的战略威胁。一个更为常见的情况是当一家公司意识到商业环境的改变时,它已经无力应对,而这要求进行全新的思考。例如,在第三种对 GSK 所作的简单讨论。在 1990 年代末期,诸如 GSK 这样大型的医药公司正因其研发设计活动而遭受着生产力下降的困扰。而与此同时许多生物技术公司,凭借很少的资源却风生水起。在公司设计研发总监杨奇·亚马达(Tachi Yamada)的带领之下,公司彻底重建了 GSK 的医药开发运营系统,把它分成了七个像生物技术公司那么灵活和自治的精英中心,同时仍然从 GSK 的全球销售规模中获益。

克服一个棘手的运营问题。一个不那么引人注目的情形是公司注意到它需要解决阻碍其业绩的棘手的运营问题。摩托罗拉开发出六西格玛方法论来控制制作过程的质量就是一个最好的例证。这个创新可以追溯到 1985 年质量经理比尔·史密斯提出来的"零差错"的概念,而 1987 年 1 月 CEO 鲍勃·加利文首次提出"六西格玛质量计划"。但激发史密斯创新灵感的并不是公司面临的一个具体问题,而是自加利文 1981 年上任之后就一直存在追求卓越制造质量的永动力。从它对摩托罗拉和其他许多公司的结果来看,六西格玛具有革命性的意义。但它只是起源的演变。

解决一个空前的挑战。最后,摩托罗拉公司还会面临一些无法通过常规方法解决的空前的挑战。例如,第三章和第六章我们讨论到艾顿·

迈克劳伦（McCallum）和托普扣德（TopCoder）实施的基于社区的组织化模式。这都要求他们形成一种新的激励方式和协调自由职业者网络的方式。另一例证是 Infosys 公司，截至 2006 年，这家印度工厂服务公司每年都会收到超过 100 万份工作申请。公司如果通过传统方式来处理那么多工作申请几乎是不可能的。因此他们不得不非常审慎地去界定所寻找的潜在员工的关键能力。最终他们开发出了一种自动排序的程序来识别在这大约 10 万份简历中谁应该被送到面试官面前。这是一个典型的例证，说明必要性是创新之母。

这四种不同情形说明了已有的公司与现状不符的多面本质。当然，弄清改变的需求的过程并不一定意味着解决方案就是建立一种全新的管理模式。有时摆在前面的最佳方式可能需要作出策略上的改变（比如再关注产品组合，出售表现不佳的业务），有时它可能只是需要改进运营效率。但不管你最后走哪条路，对你所面临的问题进行清晰的界定是一个好的开始。而你定义的问题越精准越好。

说句题外话，一家创业公司所面临的挑战与已有的公司的挑战是非常不同的。回忆下第二章中快乐公司的例子，这家创业公司从一开始就建立在全新的管理法则上。创业公司常常拥有定义自身独特的管理模式的奢侈，而一旦他们这样做，它将成为其成功的一个关键因素。但有趣的是，大多数公司最后错误地运用了他们在别处所使用的常规的工作方式。在我看来这是一个错失的机会，我希望创业公司在管理实践上像在提供产品和服务上一样富有创新意识。

2. 评估：界定障碍

在一个已有的公司激发改变的下一步就是观察那些阻止人们去做他们想做的事情的障碍。障碍，在我们的语言中，就是那些挡住创新、合作和改变之路的管理模式的方方面面。障碍者的名单上都有这些东西：比如"孤岛思维"（silo mentality）、风险预防、目光短浅、模糊的报告结构以及过多的等级层级。特别是在已有大型公司中,它们创建的传统的管理模式能够提升效率,但却在创新、合作或改变上不那么有效。

让一家大型企业的经理们去清除面临的障碍相当容易。几乎不需要提醒,他们将列出一个与上面那个列表几乎一样的名单来。但要让这种分析更有价值,它还得更深入一点。首先,它要比上面那个名单具体得多。比如,目光短浅是一个常见的障碍,而为奖励人们实现短期销售增长而设计的分红系统是一个具体的障碍。第二,这个障碍得与步骤一的战略挑战相关。例如,假设公司面临的战略挑战是有机增长,关键的障碍就可能是诸如风险预防和目光短浅等事情,而非模糊的报告结构或者孤岛思维。

让我们来看几个公司的例子,它们都非常慎重地去识别障碍:

USB 财富管理。我们在第七章谈论了 USB 财富管理如何取消了它传统的预算系统而建立了一种任务关联模式。在这里公司鼓励每个客户咨询师在一个给定的年份争取实现具有最高可能性的投资回报,而不是朝着一个协商目标而努力。这个新模式的产生是值得一提的。

随着瑞士银行集团与苏格兰联合银行的合并,USB 成为了全球私人银行市场的领导者。但它只占这个高度分化市场的 4% 的份额。其增长潜力非常巨大。因而在 2003 年,由马塞尔·罗诺尔(Marcel Rohner)率领的管理团队开始不再把重点放在成本控制上。正如那时的 CFO 托尼·斯德曼所回忆的那样:"那时我们的战略挑战是从关注成本转到关注增长和效率上。而那需要一种不同的文化,一种不同的态度。"

集团的 20 位最高层的执行官们于 2003 年年底在伦敦一个"几乎没有窗子的房间"里举行了一个远程会议,在这段时间里他们为提升业务而设计了一个清晰的议程。他们开始观察那些阻碍增长的东西,包括集中式的结构和流程,缺乏积极主动的视野。但他们分析出的最大障碍在于公司的预算系统。正如斯德曼观察到的那样:"预算具有高度防御性。它不仅仅是累赘,它根本就在阻碍增长。"这次会议之后,他们成立了一个工作团队来确保和推动增长,同时把废除预算系统作为一个要点列在了议程之上。正如第七章所描述的那样,预算程序理应取消,取而代之的是鼓励咨询师更加像创业者那样思考和行动的模式。[2]

爱尔多(Iredo)。爱尔多实行的是一种非常不同的流程,这是一家为先进的数字娱乐内容运营商提供内容安全产品和服务的公司。爱尔多拥有 900 位员工,中等规模,组建地在荷兰,但其业务遍布全球范围,它需要在东西半球均拥有强劲表现。2007 年,首席执行官格雷厄姆·基尔(Graham Kill)深入思考爱尔多激动人心的全球前景,以及可能会挡住增长之路的因素。他列出的清单的第一项是他所说的公司的"母体主导"综合征。总部的人们暗地里认为他们应该是新方向和新技术唯一的托管人,与此相对应,海外运用业务应向总部负责,因此海外运用业务相对于总部处于更为从属的地位。据格雷厄姆·基尔分析,这个问题刚好会限制那些拥有最大的长期增长潜力的地区,这些地区大多数远离荷兰总部。这将引起许多变动,包括与那些未来有增长潜力的地区的投资关系不那么紧密,使这些地区出色的员工离开公司,因为他们感觉到在公司之外将缺乏职业发展前景。综合这些后果,他认为相对于新兴的亚洲对手而言,他们使爱尔多处于竞争的弱势地位,有可能会阻碍最大的发展机会。

格雷厄姆·基尔提出的改变是在阿姆斯特丹(西半球)和北京(东半球)之间建立一个双核总部来取代阿姆斯特丹的总部。决策权和传统的总部功能将会跨越这两个地区实现共享,而他自己将携家人搬到北京,不久之后又有两个管理团队成员跟了过来。[3]

总之,对 UBS 而言,阻碍有机增长的关键因素是预算系统,而对于爱尔多而言,妨碍全球扩张的关键因素是它的本土主导化——它在阿姆斯特丹的总部。我们无法判断分析出来的这些障碍是否是"对"的,因为事实上在大型的结构复杂的组织中许多相互关联的因素在共同起作用。但重点是在每个案例中通过聚焦某个具体的障碍,罗尔和凯利能够推动各自的团队去作出改变。如果这种分析停留在高度抽象的层面之上,实施起来将会困难得多。

你可以做些什么来识别那些阻碍你实现战略目标的障碍呢？有时它显而易见，有时你可以通过观察诸如 UBS 和爱尔多的公司所采用的方法来获取灵感。但除此之外还有一些更为结构化的方式。例如，一个经常被人们称为"根源分析"的著名方法：它提出一个常见的或者表面问题，然后不断地追问"为什么"，以此来揭示那些导致表面问题存在的潜在问题。图 9.1 是一个案例，它取自微软的罗斯·史密斯在"42 项目"方案中所作的分析。史密斯和他的团队在寻找使微软变得更加具有创意的方式时，承认"如今在公司中人们的想象受到了限制"[4]，这是一个阻碍创新的一大普遍因素。通过不断追问"为什么"，史密斯和他的团队意识到在某种程度上这个问题源于员工们被分配了职责以及在公司范围内缺乏对合作的鼓励。尽管这并不像促使 UBS 和爱尔多提出解决方案的那些分析那么清晰合理，但它为微软随后对改变管理模式所进行的讨论提供了非常重要的内容。

3. 设想：识别新的工作方式

第一步和第二步都在讲弄清需要解决的问题并缩小范围，当这些做好时，解决办法常常会自己跳出来。一旦格雷厄姆·基尔得出结论认为单一依赖于一个阿姆斯特丹总部是问题所在，他理所当然想到的方案是建立一个双核总部。同样地，USB 财富管理认为预算阻碍了增长，这种观点帮助他们迅速地缩小了可替代方案的范围。

但前途通常是不明朗的。我曾指导许多工作室来帮助经理们创新管理模式。而他们通常会在此处受阻。毫不奇怪的是，这个阶段很难的原因在于大多数经理沉浸在他们传统的管理模式中，以至于他们难以想象任何取代已知的方案会是正确的。而他们通常会很快地看到这本书或其他书提出的某些更具想象力的观点的风险或缺陷。

那么我们该做些什么呢？在很大程度上答案就在这本书里所描述的

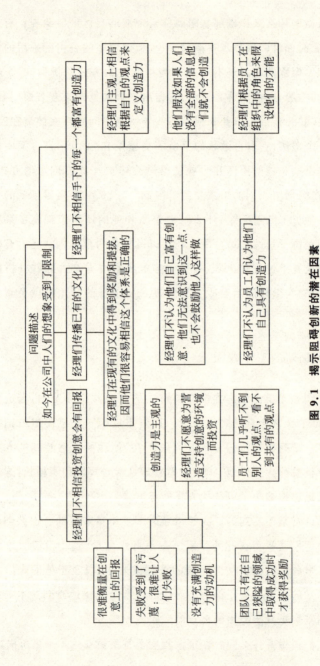

图 9.1 揭示阻碍创新的潜在因素

框架之内。要你去设想以前从未想过的一种全新的工作方式是具有挑战性的，甚至可能是不公平的。但通过为你提供一种框架可以帮助思考今天所处的位置以及未来的发展，你就能够以一种更为结构化的方式开展头脑风暴。

让我们具体地描述这三种方式，你可以运用它们来想象公司里新的工作方式。

去中心化。第一方式就是改变你的视角，通过员工的眼睛来观察公司。心理学家们把这叫做去中心化——从客体的视角出发来观察世界，以此去理解什么东西让他们振奋，什么东西会挫伤他们。一个有趣的事实是，大多数关于管理的书都是从管理者——从事管理工作的人的视角出发而写的。结果是我们的洞察力受到了限制，不知道让员工坚持什么，也得不到他们对运用在他们身上的各种管理方式的真正看法。

例如，我认为在工作场所中，某种层面上的恐惧是水土不服。即使是在那些管理相当完善的公司。在管理学作家加里·哈梅尔最近开展的一次调查中，"减少恐惧、增加信任"的需求被认为是如今大型企业面临的最为重要的一种挑战。恐惧是多方面的，我们担心在一次会议中看起来很蠢，我们担心辜负了期望，我们担心可能会失去工作。而恐惧并不是隐藏在工作场所中的唯一的情绪。[5] 许多员工感到困惑——他们就是不明白为什么他们被要求去做某项工作。其他人则不赞成经理们将他们强推上轨道。这些情绪堆积起来，滋长了愤世嫉俗和低参与度，而这全是因为经理们没能把他们自己放在为他们工作的人的位置之上。

你该如何控制员工们隐藏的情绪呢？对于初学者来说，不妨试着了解他人的工作。我这里有个私人轶闻，或许有助于说明一些问题。不久之前我妻子让我帮忙打扫房子，因为一个房屋经纪人要来为我们的房产估价。我感到困惑不解，因为我并没有看到为一个经纪人而让房子变得焕然一新的重要性。我也不知道该做什么，因为我对"清洁"的标准比我妻子要宽松得多。因此我开始表现得像一个顽拗的员工——她盯着我时我就工作，一旦她不看我，我就玩黑莓手机。我只做了很少的工作，而她完成了大部分的工作。这两个小时里,我成了一个困惑的、愤世嫉俗而又在很大程度上生产力低下的员工。第二天我回去工作了,回到管理者的位置上。我对员工们的恐惧和他们的需求有了更多的体恤。

电脑培训公司快乐公司的 CEO 亨利·斯塔特使用的是另一种更为结构化的方式,我们此前已经谈到过他,在研讨会上,斯塔特喜欢让人们做如下事情:回想最近一次你确实工作高效、全身心投入的情景,并描述这段经历。可能毫不令人奇怪的是,人们一般会描述的项目是他们拥有掌控权、能够发挥个人专长、最终获得个人成就感的项目。换言之,项目主要取决于内在激励。当然在这种描述中并没有提及任何一位经理,这是斯塔特的主意。但经理们仍然有责任建构这样一个项目,这样员工们才获得了许可去完成最出色的工作。还有一些方式在第六章中当我们观察驱动人们自发努力的因素时就已经描述过了。

而英国一家名为克拉斯顿(Clugston)的建筑公司的 CEO 史蒂芬·马丁(Stephen Martin)运用的是一种更激烈的去中心化的方式。他把自己乔装成一位普通员工在公司的建筑工地上工作了一周,隐姓埋名。这让他洞察到员工们对公司的看法,而这些看法是无法通过正式的沟通渠道获得的(框 9.1 给出了细节)。

框 9.1　深入基层

　　说到真正的富有创意的去中心化的方式,不妨看看英国建筑公司克拉斯顿的 CEO 史蒂芬·马丁的案例。2007 年马丁接任 CEO 时就知道公司在以一种非常传统的"他们和我们类型的文化"方式运营着。一个明显的证据就是他被孤立在这幢楼的一端,任何人几乎没可能接近他。他想要改善汇聚到他这里的信息的质量,并把责任下放到最接近一线的地方。但他敏锐地意识到在克拉斯顿里,他对日常工作的了解经过了许多层的过滤。

　　当英国电视制作公司第四频道邀请他参加一个名为《卧底老板》(Undercover Boss)的节目时,马丁接受了这个机会去了解他之前并不知道的员工们的想法。在这个节目中,公司的 CEO 将隐瞒身份,与一线员工一起工作 14 天时间。

因此他在克拉斯顿的建筑工地上以工人的身份工作了两周,有一个电视台工作人员跟着他,其他工人以为这是在拍摄一部纪录片,反映一个普通人尝试做一个新行业。作为一个卧底的 CEO,马丁了解到什么了呢?"工地上的情谊太让人惊讶了。如果有人拥有一种更好的工作方式,他们会描述并对它进行解释,同时给予帮助、支持和质疑。在办公室里你是看不到这些的。"尽管如此,但更麻烦的是,马丁发现,要么因为人们没时间,要么因为人们想知道的就是信息概要,没有人会去读公司用于日常沟通的邮件和新闻信。他还了解到由于熟练工人将要退休以及优质承包商被解雇,一道若隐若现的技能鸿沟正在逐渐扩大。

一回到日常工作岗位上,马丁就实施了一些重大调整。邮件和公告栏被叫停,取而代之的是两周一次的会议,会上管理者给员工 10—15 分钟的时间来谈论最近发生的事情。每月发出简短的新闻信,每个人都会看上一眼。公司还引进了跨级会议,鼓励员工与老板的老板见面,谈论那些困扰他们的事情。马丁每周在办公室里与一线员工开会——没有议程,只有三明治和一般的闲聊,以及发现员工们在想些什么。

马丁充当匿名的管理者的经历很有启发意义。他无法通过其他任何方式与一线员工进行谈话。就这点而言,克拉斯顿并不算什么。许多管理者认为自己思想开明,是个很好的倾听者,但在某种程度上,由于信息发布者会去考虑管理者想听什么,因而管理者获得的信息经过了过滤或者带有偏见。然而你不能叫第四频道来拍摄你在公司的秘密行动,你可能无法仿效马丁在克拉斯顿作出的举动来深入一线,与员工们亲密无间。这就是说,去中心化很难,但并非不可能。作为一名经理,如果你想了解什么能激励你的团队,这是一个重要的开端。

从其他情境中学习。关于创新的一个神话是认为某个富有创意的天才在他的实验室或车库里独自通过多年努力,才最终实现了突破。事实常常并不这么简单。正如管理研究者安德鲁·哈格顿(Andrew Hargadon)在他的著作《突破是如何发生的》(*How Breakthroughts happen*)这本书中所揭示的那样,大多数创新通常是把其他背景下产生的理念放在另一个情境之中。亨利·福特并没有发明组装流水线,他不过是把他在当地的一个屠宰场看到的生产流程移植到汽车制造业中。托马斯·爱迪生并不是孤独的创意天才,他是一个出类拔萃的"技术中介",他以全新的方式把已有的创意组合起来。[6]

在本书中我们已经描述了许多种创新的管理途径,而绝大部分的案例中这些方式都受到了从其他地方获得的经历或观察的启示。比如:

- 弗拉达斯·拉萨斯,一位立陶宛的管理者,他邀请员工来设定他们自己的薪水(见第三章)。他是读了巴西管理者里卡多·赛门勒(Ricardo Semler)的畅销书《最不同寻常的成功企业的故事》(*Maverick*)之后产生了这个想法。

- 拉斯·科林德,奥迪康的 CEO(见第三章),从他深入参与童子军运动的经历中获得了新的管理模式的灵感。正如他所解释的那样:"童子军运动有着强烈的志愿精神的一面,无论童子军什么时候聚集在一起,他们都不分尊卑,在一起高效合作。这儿没有博弈,也没有阴谋。我在童子军中的经理让我建立了一个体系,来鼓励志愿精神和自我激励。"

- 拉里·休斯顿,宝洁"联系与开发"项目的设计师,我们在本章中早些时候谈到过他。他受到了 VISA 创始人皮·胡克开发的协作组织化模式的启发,还为诸如斯塔特·卡尔曼等复杂理论家的观点所启迪。

这些例子给了我们许多直接的提示:广泛阅读商业与非商业书籍;观察那些正在其他行业或其他经济活动中尝试的富有创新意义的工作方式,并与不同领域的专家和思想领袖交谈。这些方式并不要求拥有巨大的创造力,仅仅拥有强烈的好奇心以及愿意打开心扉迎接新生事物就够了。

但你也可以从其他的背景中学到更为结构化的方式。据哈格顿说,托马斯·爱迪生是一个"中介",他跳出常规,把此前孤立运作的技术联系并联结起来。爱迪生和他的团队把时间分割开来,用来应酬电报、电灯、铁路和采煤业的客户,"当他和他的团队看到能够应用于其他地方的主意时,他利用他的工作在这些不同的世界之间架设桥梁"。[7] 同样的方法也能运用到管理实践领域中来。管理咨询师和商学院教授们发现自己正在发挥中介的作用,但为何你不自己做呢——通过在跨行业大会上分享观点,把合作论坛放在一起,或者与其他公司的同行们安排工作调换的机会。[8]

回避你传统的规则。 第三种想象新的工作方式的途径是在基本的管理规则的层面上运作,而非看得见的管理实践。再一次去思考创新是如何发生在其他情境之中的将对你有帮助。加里·哈梅尔曾经认为成功的创新者一般来说是那些持异见的人或者对某个行业该如何运作的成规发起挑战的人。例如,宜家对平整包装家具的发明和戴尔的直销模式都与当时家具业和电脑行业的流行做法背道而驰。而这使他们在很长一段时间内拥有竞争优势。在这里,有可能运用同样的逻辑,用一个根深蒂固的管理规则的概念来代替一个行业的常规概念。比如:

- 对奥迪康来说,分配人员到项目组中的方法效率不高,因而公司尝试着让项目组从第三章中我们看到的新方式来组建。
- BP,自上而下对业绩进行评定的方式有局限性,因而公司尝试了一种同行评审的模式,我们在第三章中讨论过。
- 宝洁,控制创新流程的方法使太多的机会流失,因此它尝试了一种开放和合作的模式,本章此前已经讨论过。

我并不在暗示这些公司的管理者们都经历了这里所描述的深思熟虑的过程。他们的思考往往充满了许多试验和失误。然而,当你在需找更多的具有可能性的方式时,更好地理解传统的与可替代的管理原理能为你提供一种有用的结构。当然,对这些原理的讨论是这本书的一个重要特征。

表 9.1 对上述三步骤进行了总结。对于书中讨论的 6 个公式,我们从战略目标、障碍、创新方案和管理原理几方面进行研究。

表 9.1 六种管理模式创新的摘要

公司	战略目标	障 碍	创新方案	管理原理
宝洁	创新	缺少获得最好的创意的通道	联系加开发	集体智慧
UBS	有机增长	预算流程	取消预算	显现
爱尔多	全球布局	单一总部主导	双核总部	集体智慧
奥迪康	灵活性	传统的资源分配系统	面条式组织	显现,内在激励
HCL	服务创新,非商品化	无效的受控制的管理类型	全方位接受反馈,服务、票据等	倾斜,内在激励
BP	合作	孤岛思维	同行评审	显现

4. 实验:加以尝试并监督过程

贯穿本书的一个主题是在管理中我们需要更多的实验。我们在拉里·休斯顿为宝洁"联系与开发"项目所做的准备工作中看到了实验;我们在罗氏诊断公司团队寻求利用组织的集体智慧而运用的设计中看到了实验(第四章);我们在 USB 投行的"创新交换"团队所运用的按部就班的方式中看到了实验(第七章)。

有些管理模式创新能为其本身提供合适的实验。当人们清晰地界定了假设条件并加以尝试(正如罗氏诊断公司案例那样)时,当活动是自我控制的(正如 USB 创新交换案例那样),实验性的方式就会运转良好并十分灵敏。但你可能已经注意到本书中描述的一些案例属于"大爆炸"的类型。例如奥迪康的意面组织很快就由 CEO 拉斯·克林德所实施。他认为唯一能够让人们不同于以往去思考和行动的方法就是实施一场彻底的变革。他承认实行一种未经检验的管理模式具有一定风险,但他感到这个风险小于无所作为的风险。

无论新的管理模式实施得快还是慢，认真监督过程都有重要意义。由于管理体系本质上是互相关联的，人们不可能总是孤立成功的某个特定维度，但一个重要的原则是去进一步精准地思索你希望达到什么目标，这样你才能找到最合适的具有可能性的方式。

爱尔多提供了如何监督过程的好样本。格雷厄姆·基尔，你应该记得他，2007 年 9 月搬到北京，创建一个双核总部的决定。随后又有两名管理者搬了过去。与奥迪康的拉斯·克林德一样，他认为他需要果断地传递一个信息：事情已经有了变化。一搬到北京，他就把办公桌安在了一套敞开式设计的公寓的中央，而不是任何一间办公室，更不用说是人们预想他会选择的大转角办公室了。正如他解释的那样："这是电击疗法。通过这些改变，我向管理团队传递了一个有意而为之的信息。这样做有一定风险，但打破常规的唯一办法就是去割断联系，然后处理后果。"对于北京的经理们而言，格雷厄姆的开放式办公室不是他们所预料的那样，但它让他们与他建立了比以往更牢固的私人关系。在一家过去在很大程度上从属于阿姆斯特丹总部的办公室里，这是一种缩短管理者与员工之间距离的切实可行的方式。而在阿姆斯特丹，曾经在许多事上对格雷厄姆唯命是从的经理们也开始独当一面。

但为了真正弄清楚发生了什么，格雷厄姆认真地衡量了经过一段时间后人们在态度和行为方面发生的变化。离开北京之前，他对预计发生的事情作出了一些清晰的假设（例如知道北京的机会将会增加，北京总部与欧洲总部的经理们之间的整合水平将会提高）。前往北京之前，他对 30个高层和中层经理们进行了调查，然后在 9 个月和 18 个月之后再次调查他们。经过这个过程，他能够清楚地看到创建双核总部的影响。当然，在管理上整合两个地区并在爱尔多创建一个全球模式的挑战仍然存在。爱尔多并不是第一家尝试去治疗"本土主导"综合征的公司，但它可能是第一家了解这是否会成功的公司。

结 论

在本章结束之前，回到第二章提出的源框架是很有用的，在那个框架中我们找到了管理的四种重要维度以及公司在每个维度下必须要采取的选择的范围。框架的左边是"传统"方法，右边是一个"可替代"的方法。

因为绝大多数大公司的管理模式围绕着传统方法而建，创建一个独特的模式的机会通常来自于形成新的工作方法，这种方法运用了一种或几种可替代方法。的确，我们这里谈到的绝大多数例子涉及新兴协作体的联合、集体决策、间接思考以及内在激励。

但正如我们已经解释过的那样，如果认为存在着一种无法改变的朝向框架右边的趋势，那就错了。每章的讨论当中都有一部分在谈论与新的实践相伴随的风险和局限。希望这些提醒能让你懂得分辨什么时候在什么地方可以运用它。特别是第七章的其中一个主题，如何将四个维度下的选择匹配在一起才是最重要的。建立在严格的目标和宽松的方式之上的管理模式由于赋予人们尝试新观念的自由，而有着某种吸引力。但它也有风险——正如我们在雷曼兄弟和安然上看到的那样，它们形成一种物质化、不辨是非的文化。

框架的左边，更为传统的选择使公司会得到什么回报呢？作为一名管理者，左边赋予你的是控制——通过等级监管、正式条规、联合目标和外在奖励来控制。正如我们在第七章中所看到的，大多数公司经过一段时间后为应对逐渐扩大的运用规模和增加的复杂性，都朝一个更具控制力的管理模式发展。而在危急时刻，公司把管理模式调到右边非常普遍。无论是什么时候，一个新任 CEO 被引进来扭转局面时，他都从采取严格控制开始：自由裁量支出被叫停，每周查看一次账目，强制执行正式的程序等等。这种方法在集中使用时常常很有效，但麻烦在于随后公司的制度和程序得经过很长一段时间才能再次被解放出来。这的确是为什么许多公司发现自己困在框架左边的原因之一。

总的来说，管理谱系中传统的一边并不一定是个坏的去处，但如今商业环境中威胁与机会并存的本质让它逐渐失去了吸引力。大多数管理者面临的挑战是富有创意地找到采用框架右边这些可替代方法的机会，同时也要实事求是地面对伴随新方法和新技术而来的风险和局限。一个好的管理模式能够说明如何作出更为明智的选择，而不仅仅是为采用最新理念而设定的。

第九章要点

最后一章描述了领导者在公司中实行一种新的管理模式时应该遵循的四个关键步骤。这些步骤以一种线性形式呈现，但公司通常会采用一种更为频繁的重复方式，在这些步骤之间不断来回。

1. **理解**。对公司面临的战略使命进行一场深思熟虑的讨论是讨论改变管理模式是否必要的开端。

2. **评估**。第二步是评估在目前的模式中存在哪些障碍阻止人们做需要做的事情。对这些障碍的定义越精准，就越容易提出清除障碍的方案。

3. **设想**。第三步颇有创意：它要求你提出一些新颖的方案来清除阻止你实现战略使命的障碍。我们观察了三种这样做的方式：去中心化、从其他情境中学习以及回避传统的管理方法。

4. **实验**。最后，一旦选择了一种可能的发展方案，建议尽可能以一场小的，而且是实验性质的方法作为开始。一旦你开始实验，认真监督进程也是一种明智的做法。

扩大对再造管理的讨论

　　我在 2009 年秋天写这本书时,全球经济仍处于一种巨大的混乱之中。从医疗保健行业到银行业再到移动通信业,许多重要的行业面临着一个或黯淡或不确定的未来。这场衰退导致了高失业率,甚至提高了发展中大国的债务水平。商业人士,特别是银行家不再为人们所信任。当我们面临如此严重的问题时,自然倾向于炒股票。我们错在哪儿? 有没有更好的方法让我们下次能避免这些问题?

　　这本书认为解决这些严重问题的方式之一就是重新思考和再造管理。当然政策制定者和中央银行家仍然最有能力去采取果断行动,我们仍然依赖他们去解决短期问题。但经济复苏和持久改变必须来自下层——来自构成经济体系的公司和其他机构,来自人们为使这些组织高效和充满魅力而作出的努力。如果我们能真正改进工作方式,那么将对个人生活质量、公司业绩以及整个生产效率产生深远的影响。

　　未来要做的第一步就是知道应该找到那个具体问题。亨利·明茨伯格曾说这些年公司是"被领导过度却管理不足"的,我认为他说得有道理。我们被告知领导力全都是关于创造和描绘一种愿景,并鼓励人们去追求它,而管理就是把工作完成。最近几年许多公司一直缺少一种完成工作的管理能力。太多的管理者认为作为领导者，他们不必参与具体实施工作中来。他们推卸了作为经理的责任，而这将导致漏洞百出的执行、糟糕的客户反馈以及偶然发生欺诈行为等问题。

因而这本书的重要目的在于让你再次认真思考管理。管理是让人们一起完成渴望已久的既定目标的行为。用这种方式表达出来，管理听起来似乎很枯燥。但我认为正是这个定义的简明性使其既深刻又有价值。让人们一起完成目标的方式有很多种，因此在如何实施管理方法上有了创造力和创新的空间。而这种空间存在于两个层面之上。

第一，在公司层面上存在着创新。你对如何管理作出的一系列决策就是我所说的管理模式。而我们已经看到，一个独特的管理模式将成为你的公司竞争优势之源。有些大公司是对管理进行连环创新的创造者，常常在寻找加强或改进他们的管理模式的方法。这些公司包括 GE，常常走在最新的管理时间前沿；宝洁，在 20 世纪 20 年代它是品牌管理的发起者，如今它是开放创新的主要支持者。另外一些公司建立在独特的管理方式之上并且非常努力地维持它们的独特性。这些公司有：W. L. Gore、完全食品市场（Whole Foods Market）、第七代以及谷歌。第三组公司是我所说的低调的管理创新者，它们不像 GE 和宝洁们，它们宁愿远离镁光灯，坚持自己独有的管理方式就好。从定义上来说，这些公司并不知名，但我认为法国食品公司达能、瑞典模具公司山特维克（Sandvik）以及英国工程咨询公司阿勒普属于第三类公司。除此之外还有一些公司也把管理看成是竞争优势的来源，但总的来说，这些公司仍是少数。大多数企业发现它们自己在玩追赶的游戏：它们看到这里点到的公司先进的做法并尝试仿效它们，但它们几乎不去思考这些做法如何能一起创造竞争优势，也不去思考这些方法将会怎样以独特的方式推动它们前行。这些公司暗地里承认它们永远不会从自身的管理模式中获得任何优势。

第二，在个人层面也存在着创新空间。管理实践就像一个俄罗斯套娃。从作为整体的公司所实施的管理模式到个人的管理风格，自始至终以嵌套的方式运用同一种方法。因而无论你的公司的管理模式多么有效,你可以通过协调工作和作出决策的方式以及制定目标和激励员工的方式承担起改进所在团队管理质量的责任。没有什么可以阻止你在所服务的组织的角落里尝试一些创新。不妨回忆一下微软的罗斯·史密斯的例子(第八章)和美国全国保险公司的斯利尼瓦斯·柯石克的例子(第四章),他们都以各自独特的方式作出了不同寻常的事情并获得了有形效益。理想状态下这些创举能在更大范围内成为变革的种子,但不管它会不会发生,这种创举都值得追求。

一个更为广泛的讨论

这本书主要的受众是经理人——有责任通过他人来完成工作的人,不论他们的公司是否上市、是大还是小。但在这篇结语中我想拓宽这场讨论的范围,去考虑其他一些可能发现再造管理具有重要性的受众。

回忆下第一章与第二章中的结论,正如我们现在知道的那样,管理是一种社会变革,它在19世纪晚期成型。从那时起,它在提高生产力和促进经济发展上发挥了巨大作用。但如果没有催生它的一整套制度变革,现代管理可能不会出现。其中一项重要的制度创新是合资公司,它允许投资者把钱投到一个合法的实体公司中,如果它赔钱了,投资者只承担有限的个人责任。其他重要的制度创新还有通过专利和商标、反托拉斯政策以及诸如会计和法律等行业来保护无形资产。这些政策主导的创新如何一起塑造了现代企业的细节在这里并不重要,重点就是管理创新并不是在真空中诞生。它之所以产生是因为更大范围内的法律和经济条件让其成为可能。

因此,展望未来,我相信多方均有推动管理发展的责任。尽管一个公司可以(而且应该)努力从发展一种新的管理模式中获得竞争优势,而在社会层面,更大的收益来自确保那家公司所做的改进能够扩散至整个经济体中。的确,当我们观察过去一个世纪主要的管理创新时,我们真切地看到这一切发生了。丰田在20世纪60年代是全面质量管理领域的领导者。如今比起主要竞争者来，它仍然在生产汽车上更为高效，并且质量更好。但它创新性的工作实践也扩散到了其他汽车公司以及汽车业之外，提高了整个行业的生产力和质量水平。

换句话说，管理模式创新太重要了，以至于只能留给公司和经理们来解决。它既需要各种跨行业经济体的支持和推动，也需要政界和教育界的支持。让我们一一加以研究。

商界议程

许多公司实行的标杆管理是专制的，如果你通过使用狭义的业绩指标来对抗主要竞争对手的方式来记录自己如何做事，如果你的竞争对手也同样这么做，最终你将忙得团团转。你的管理实践将会趋同，你的顾客将不能再辨认出你。标杆管理对于那些远远落后的公司是有帮助的，但如果你做得不错，这将是一种危险的自我参照的行为。

而另一方面，从不同背景的组织——其他行业部门、其他所有的情况——那儿学习具有巨大价值。回忆一下第九章对突破性的创新如何发生的讨论，它是典型的边界管理者，是中介，他们拥有知识和视野来采用其他背景下的实践并把它引进到另一种情况中去。

商界作为一个整体需要考虑的一点是：我们如何才能跨越传统的部门边界来推动观念共享？几乎在定义上，深厚的个人关系似乎总存在于部门之内。但我的观点是，当部门之间的关系断裂之时，才最可能出现改进管理的机会。在部门外部还有许多第三方团体，包括商学院的学者、记者和咨询师，他们认为自己的工作有助于弥合部门之间的鸿沟，但事实上这些沟壑仍然非常巨大。新的管理实践的"市场"是非常低效的。

我希望以商业为主导来引领发展并分享新的管理实践，尽管诸如咨询师的第三方总会起作用，但这也是为了商业的利益，他们学习与其他人直接沟通，这样信息才不会遭到稀释或在翻译过程中流失。当然在商界之外还有很多论坛来推动这些对话。"超越预算圆桌会议"就是其中一个例子,这个跨行业组织举行会谈来寻找先进理念以取代大型组织所运用的传统预算模式。但我不由自主地想到改变规则的机会存在于网络之中。这本书的主题之一是 Web2.0 让人们有可能以前所未有的方式在网上分享观点,进行协作。这些社区存在于社会和经济利益的其他许多领域之中。商业社区没有理由不这样做。

政策议程

此前我曾说过,推动 19 世纪晚期管理创新的其中一个驱动力是在诸如公司管理和产权这些方面所实施的制度创新。今天我们可以看到同样的事情仍在发生,尽管其范围和规模小了一点。例如:

- **新的治理模式**。20 年前,大多数观察家曾经以为股份制上市公司是对一家营利企业进行监管的最先进、最有效的方式。但从那以后,许多不同的治理模式纷纷兴起——私募资本开始起步;家族企业和信托控制的企业再次得宠;公私合作逐渐流行起来。许多社会化的企业模式开始涌现,每一种都拥有自身独特的管理模式。对所有这些各异的模型进行评估已经超出了本书的范围,但如今外部的这些多样性非常重要,原因有二。第一,我们从查尔斯·达尔文那了解到物种是进化之源。第二,新的企业治理模式可能衍生新的管理模式。例如,如果一家公司主要为员工和托管人而运营,而非为无关的股东的利益而运作,那么他采用的制定新目标和激励的方式就会灵活得多。因而在某种程度上政府能够鼓励新的治理模式扩散,这可能会让这种管理实践大大受益。
- **围绕知识产权制定的新规则**。1989 年,为软件业发展而制定的GPL 是一条非常重要的法规,因为它创立了一种鼓励开放式创新的机制。GPL 明确规定一旦某个软件在其规则之下产生,那么其派生工作(比如对它进行强化)也受同一条规则的保护。管理创新的含义再一次变得实质化,因为旧有的控制思想和雇用人们从

事产权工作的假设如今遭到了挑战。一些最具有创意的通往集
体智慧和突发合作的方式诞生在受这条或相关法规影响的高科
技公司之中并不是巧合。

其他法律和政策上的改变也正在兴起。关于隐私的条规，特别是在
网络世界里，如今正受到密切的监督。许多国家的社会政策让人们更容
易在家公干或远程办公。包括挪威和南非在内的一些国家制定的政策明
显带有积极的差别待遇，以增加妇女和黑人担任高层管理职务的比例。
这绝不是全部的名单，但重点是这些改变将在不久的将来直接影响工作
中的管理实践。

我并不是在证明尾巴应该摇狗（这是美国谚语，常用于新闻界，说明
弱的一方反过来左右强的一方这种奇怪的社会现象。——译者注）。就
许多股东的利益而言，必须作出政策上的改变，因此，把目光放得长远一
些非常重要。但我在这儿描述的制度创新的类型的确会对管理实践产生
影响。因此对政策制定者们来说，仔细考虑政策的后果以及在什么地方
采取行动可能会有助于管理的发展非常重要。

教育界的议程

我想用一个更加个人化的笔触来作为结尾。作为一名主流商学院的
教授，我明白对我们来说大规模改变所教的内容是一件多么难的事情，而
我们尝试着这么做又是多么重要的一件事。我的前一任同事思曼托·乔
什（Sumantra Ghoshal）过去常说商学院的影响既比我们所想象的要小，也
比我们所想象的要大。我们对大公司的高官制定决策几乎没有什么直接
的影响。我们的研究常常为商业界所忽略，我们与高官的关系比起他们
与银行业、法律和会计的关系来要差得多。另一方面，我们通过塑造下一
代商业领导者的观念而拥有巨大的间接影响。每年我们的观念和模式潜
移默化地渗透进了成千上万名 MBA 学生的态度和信念体系之中。这些
学生很快就在商界掌握了实权，我们教授给他们的东西最后会对他们的

行为产生巨大影响。

　　那么我们教给了学生什么呢？商学院在金融危机中共同受到的指责是教给了学生一些不合理的狭隘的工具和技术，却没有为他们提供广阔的视角和一个成功的商业生涯所需的基本伦理。我认为这些批评并不完全正确。所有我所熟悉的商学院都提供了广泛的视角（包括基本伦理），并花费了大量时间帮助学生改善自我意识和人际交往能力。而且，商学院也非常清楚地意识到应该与时俱进。他们认真地从学生那里获取反馈，他们具有高度的竞争力，因而我们看到课程内容一直都有重大创新——不仅设有讲解当代最新问题的特定课程，也有全新的核心课程和选修课。

　　但我认为这存在着如下问题。我们花费了大量时间教给学生们商业和管理思想的标准和规则，但我们几乎没花时间让他们对此进行评价和质疑。例如，大多数经济学和金融学的课程建立在所谓的有效市场假设之上，而大多数的战略课程从竞争优势原则讲起，但学生们几乎没有接触到这些理论背后的学术争论。因此学生们没有机会自己去评价这些理论的优点和缺陷，只是一味被要求去接受和运用这些理论，就像这些理论是基本的自然法则。

　　正如此前我在本书中多次说过的那样，这之所以是个问题，是因为没有任何证据表明过去一个世纪创造出的管理"法则"一定是最好的行为方式。在工程学院，学生们被要求运用基本的物理原理来辅助工作，这种假设是可行的，因为这些原理是不可改变的。但管理"法则"是由不同的形式组合而成的：它们永远不可能是确定无疑和不可更改的，因为它们与人类行为有关，而人类行为不完全是理性的或者可以预测的。

　　我希望我们的学生被赋予更多的机会去评价和质疑我们关于人类行为的理论，并帮助我们进行再造管理。而这样做需要加倍小心，因为如果我们在学生们还未完全理解已有的管理实践之前就赋予他们去挑战的权利，我们就要承担了制造混乱的风险。我的建议是：我希望MBA的学生们用项目的一半至2/3的时间来学习管理原理，然后邀请他们把剩下的在商学院的时间用来研究管理再创造。他们应该学习批判性思考的技能，他们应该接触那些对我们刚刚教给他们的理论进行质疑的学术争论。他们应该去学习那些允许他们想象全新的管理实践或布置下一任务的课程。

我已经在小范围内尝试了这些理念。我曾和我的同事加里·哈梅尔一起在伦敦商学院教过两次"管理创新的冒险"这门课程。在课堂上我们要求学生组成团队去想象全新的管理实践。我们要求学生们运用前一章描述过的一些技术来找出公司所担忧的主要战略使命以及组织他们实现目标的最大障碍，然后提出一个彻底的解决方案。我们请高管来挑选最佳方案并选出优胜者。我们这么做的经验表明它在两种情况下效果最好。对于全日制 MBA 学生来说，在两年学制快结束时，当它作为一种挑战和回顾学过的一些知识的方式时效果不错。而对于有经验的"高管型"MBA 学生来说，它在刚开始学习时效果较好，因为他们拥有各种各样的经验，很快就能知道如何有效地运用这些工具。

我认为商学院不应该完全停止授课，因为这儿拥有每一位专业的商业人士都需要的知识体系，他们一到商学院就期待着能学到它。但我们有责任教会我们的学生以更丰富的视角来对待我们教给他们的观点——它们所依据的理论假设，它们所产生的时代以及隐性的原理和显性的管理实践之间的差别。

如果说我对这本书有一个期望的话，那就是把管理学科作为一个重要领域重新纳入到议程之中，商界、政界和教育界人士都应该认真对待它，通过它来思考将来他们为了改进管理实践所做的事情会产生什么样的影响。

注　释

第一章

1. 这个引用以及其他所有关于雷曼和狄克·福德(Dick Fuld)的引用均援引自
Andrew Gowers, "Lehman: consumed by the death spiral" *Sunday Times*,
December 14 and 21, 2008。

2. 关于投资银行的特别报告, "The price of atonement," The Economist,
November 14, 2002。

3. 这个引用使用匿名, 因为在写作本文之时, 此文献尚未公开出版发表。欲知详
情请与作者联系。

4. 在写作本书时, GM 破产保护的问题才刚刚浮现出来, 但是其作为一个独立公
司的未来却远远不能确定。

5. Alfred Sloan, My Years with General Motors (New York: Doubleday, 1964);
Peter Drucker, The Concept of the Corporation (New York: The John Day
Company, 1964).

6. John Kenneth Galbraith, The New Industrial State (London: Hamish
Hamilton, 1967).

7. 节选自 Elmer W. Johnson 在 1988 年 1 月 21 日写给他的管理委员会的备忘
录, 题目是 "Strengthening GM's organizational capability," http://s.wsj.net/
public/resources/documents/BA_gm_memo.pdf。

8. Thomas Moore, "The GM system is like a blanket of fog," *Fortune* Magazine,
February15, 1988.

9. Lydia Saad, "Nurses shine, bankers slump in ethics ratings," Gallup, November
24, 2008.

10. Emma de Vita, "Do you trust your boss?" *Management Today*, September
2009:44.

11. Richard Layard, *Happiness* (London: Penguin Books, 2005).

12. Ronald Purser and Steven Cabana, The Self Managing Organization（New York：The Free Press,1998）,page 3.

13. Roy Jacques, Manufacturing the Employee（Thousand Oaks, CA：Sage Publications,1996）；Peter Drucker, Management, fourth edition（New York：Collins Business,2008）.

14. Peter Drucker 甚至颇为过激地强调"管理或许是 20 世纪最重大的发明了"（Management,fourthedition,op. cit）。

15. 玛丽·帕克·福列特写的书包括 Creative Experience（New York：Longmans, Green and Co. , 1924）；Freedom and Coordination：Lectures in Business Organization（London：Management Publications,1984）；Prophet of Management：A Celebration of Writings from the 1920s,with Pauline Graham（Boston,MA：Harvard Business School Press,1995）。

16. Charles Sabel and Jonathan Zeitlin, "Historical alternatives to mass production：politics, markets and technology in nineteenth-century industrialization,"*Past & Present*,1985,108：1337-176.

17. 这个表格是根据约翰·科特和沃伦·本尼斯的文字描述而画出的。详见 John Kotter, Force for Change：How leadership Differs from Management（New York：The Free Press, 1990）；Warren Bennis, On Becoming a Leader（New York：Addison-Wesley Publishing Co. ,1989）。

18. Nicholas Carr,*The Big Switch*（New York：Norton &. Co. ,2008）.

19. Harold Leavitt, *Top Down*（Boston, MA：Harvard Business School Press, 2005）,page 1.

20. Henry Mintzberg,*Managing*（San Francisco,CA：Berrett Koehler,2009）.

21. Thomas Malone,*The Future of Work：How the New Order Will Shape Your Organization,Your Management Style ,and Your Life*（Boston,MA：Harvard Business School Press,2004）.

22. Howard Rheingold,*Smart Mobs*（Cambridge,MA：Perseus Publishing,2003）, page xii.

23. Jeff Howe,*Crowdsourcing*（New York：Crown Books,2008）,page 18.

24. Robert G. Eccles and Nitin Nohria, *Beyond the Hype：Rediscovering the Essence of Management*（Cambridge, MA：Harvard Business School Press, 1992）,page 19.

25. Jeff Howe, *Crowdsourcing*（New York：Crown Books, 2008）；James Surowiecki,*The Wisdom of Crowds*（New York：Doubleday,2004）.

26. Michael Porter, "What is Strategy," *Harvard Business Review*, 1996, 75(6)：61-70; Patrick Barwise and Sean Meehan, *Simply Better* (Boston, MA：Harvard Business School Press, 2004).

27. 引自茜茜里·德鲁克的一封信："Will GM ever take Peter Drucker's advice?" BusinessWeek, 2009 年 6 月 22 日。

第二章

1. 有关快乐公司(Happy Ltd)案例的相关信息来源于：Julian Birkinshaw and Stuart Crainer, "Management by the (new) book," *Business Strategy Review*, 2008, 19：18-22. See also the company website www. happy. co. uk.

2. 有关 HCL 科技公司案例的相关信息来源于：Julian Birkinshaw, "Employees first," Labnotes, May 2007, 4：1-5, http://www. managementlab. org/publications/casestudies/hcl-technologies. See also Linda Hill, Tarun Khanna and Emily Stecker, "HCL technologies," Harvard Business School case study 408004；and the company website http://www. hcl. in/vineet-nayar. asp.

3. Emkay Research, August 4, 2008, http://www. emkayshare. com/.

4. Peter Drucker, "The theory of the business," *Harvard Business Review*, 1994, Sept-Oct：95-104.

5. 有些读者可能会问"管理模式"是不是不过是"组织文化"的另一种表达方式呢。这两个概念之间当然会有某些重合,但是他们还是有一些重大不同的：组织文化是一个组织内个体共享的信仰体系,行为因由这种信仰而作出；管理模式是指由组织领导者作出的如何完成任务的决定；由此,信仰系统具体体现在现实组织结构、工作流程和系统架构中。

6. 这些管理活动的表格来源于：Henri Fayol, General and Industrial Management (London：Pitman, 1967)；Luther Gulick and Lyndall Urwick, Papers on the Science of Administration (New York：Institute of Public Administration, 1937)；Peter Drucker, Management, 4th Edition (New York：Collins Business 2008)；Henry Mintzberg, Managing (San Francisco, CA：Berret Koehler, 2009).

7. 比如,GE 在 1980 年发展了一个显著不同的实践,称为"锻炼",对于 GE 而言独一无二；随后,其他公司也纷将这一实践转变成适合它们自己特殊情景的管理方法,并冠以不同的名字。

8. Ozco 是一个假名。特定细节已被修改以保护匿名。

9. Gary Hamel, *The Future of Management* (Boston, MA：Harvard Business

School Press,2008),Chapter 1.

10. Jeff Howe,*Crowdsourcing：Why the Power of the Crowd is Driving the Future of Business*（New York：Random House,2008）；Nicholas G. Carr,*The Big Switch：Rewiring the World，from Edison to Google*（New York：W. W. Norton & Co. ,2008）；Gary Hamel,*The Future of Management*，op. cit.

11. Don Tapscott,*Grown up Digital*（New York：McGraw Hill,2009）,page 35.

12. 这项研究是由你在工作（You at Work）所做的,你在工作是一家在浮动收益咨询市场中的领导者。此次研究发表在：Julian Birkinshaw,"Play hard,work hard," People Management,2008 年 10 月 30 日：46 页。

13. David Edery and Ethan Mollick,*Changing the Game*（London：FT Press,2009）；John Beck and Mitchell Wade,*Got Game*（Boston，MA：Harvard Business School Press,2004）.

14. See the website：www. Amillionpenguins. com.

第三章

1. 引用来源于 Tom McNichol,"Roads gone wild," Wired,December 2004。

2. 正式评估由 NHL,应用科学大学作出,http://www. fietsberaad. nl/library/repository/bestanden/Evaluation%20laweiplein. pdf.

3. 大多数观察者会看见介于等级制度和官僚制度之间的界限是模糊的。等级制度经常被视为官僚制度的一个要素；而决策的作出则通常通过一个正式化的官僚程序发生,就像通过等级控制一样。我发现有必要将二者区别开来,因为一个主要聚焦在通盘管理,而另一个则主要聚焦在自上而下的管理；但是我也承认这其中并没有一个清晰的区分。

4. Max Weber,*The Theory of Social and Economic Organization*（London：Hodge,1947）.

5. Paul S. Adler and Bryan Borys,"Two types of bureaucracy：enabling and coercive,"*Administrative Science Quarterly*,1996,41：61-89.

6. 这个引用节选自与苏·怀特教授在兰卡斯特大学的访谈,根据对如下论文研究所得：K. Broadhurst, D. Wastell, S. White, C. Hall, S. Peckover, K. Thompson, A. Pithouse and D. Davey, "Performing ' initial assessment'：identifying the latent conditions for error at the front -door of local authority children's services,"*British Journal of Social Work*,2009：1-19.

7. 浮现机制是斯蒂芬·强生一本著作的书名（New York：Scribners,2001）。这种形式的合作同样也指自组织（self-organization）,对于此现象目前有一大批多学科综合的研究。

8. 关于此类作品的一个比较好而且全面的讨论,请见:Eric ……

9. Margaret Wheatley, © 2007, "The unplanned organization: learning from nature's emergent creativity,"*Noetic Sciences Review* ♯ 37,Spring 1996.

10. Shona L. Brown and Kathleen M. Eisenhardt, *Competing on the Edge* (Boston,MA:Harvard Business School Press,1998),page28.

11. 这个讨论是基于:J. Kao, "Oticon," Harvard Business School teaching case 395144(1995); R. Morgan Gould and Michael Stanford, "Revolution at Oticon: acquiring change competence in a 'spaghetti' organization," IMD teaching case IMD081 (1994); Julian Birkinshaw and Stuart Crainer, "Spaghetti organisation,"*Labnotes* 1,October 2006:7—8.

12. 这些改变被 N. J. Foss 所收录: "Selective intervention and internal hybrids: interpreting and learning from the rise and decline of the Oticon spaghetti organization,"*Organization Science* ,2003,14(3):331-349.

13. 引用 Foss 的文章,同上。

14. Phanish Puranam and Ranjay Gulati, "Renewal through reorganization: the value of inconsistencies between formal and informal organization," *Organization Science* ,2009,20:422-440.

15. 这个基本区分可追溯到罗纳尔多·寇斯在 1937 年的文章 "The nature of the firm."Economica,1937,4:386-405,以及奥利弗·威廉姆森的著作 Markets and Hierarchies (New York:Free Press,1975)。值得注意的是,已发表的学术文章视等级制度为市场的另一种组织原则。我反对传统的学术意见,分割了合作的平行任务(官僚制度)与做决定和沟通的垂直任务(等级制度)。所以,在我的体系里,合作的官僚模式是与合作的以市场为基础的模式相对立的。

16. Jeremy Hope and Robin Fraser, *Beyond Budgeting* (Boston, MA: Harvard Business School Press,2003).

17. 有关 BP 如何从一个同业审核过程转变为一个更加中央控制的模式,详情请见 Michael Goold, "Making peer groups effective: lessons from BP's experiences," Long Range Planning,October 2005, Vol. 38:429-443。

18. Michael Phillips and Salli Rasberry, *Honest Business* (New York:Random House,1981) and John Case,*Open -Book Management*:*The Coming Business Revolution* (New York:HarperBusiness,1995).

19. 这些倡议由 Asda 在 2009 年 10 月 1 日的一封公开信中宣布。网址:your.

asda. com.

20. www. guardian. co. uk/socialaudit.

21. Andrew Kuritzkes,"Risk governance: seeing the forest for the trees," MMC Knowledge Center, January 2009, http//www. mmc. com/knowledgecenter/viewpoint/Risk _Governance.

22. David Demortain, "Credit rating agencies and the faulty marketing authorization of toxic products," *Risk & Regulation*, January 2009, LSE/CARR publication.

23. Elinor Ostrom, *Governing the Commons: The Evolution of Institutions for Collective Action* (Cambridge: Cambridge University Press, 2002).

24. Thomas Malone, *The Future of Work: How the New Order Will Shape Your Organization, Your Management Style, and Your Life* (Boston, MA: Harvard Business School Press, 2004).

25. Morten T. Hansen and Julian Birkinshaw, "The innovation value chain," *Harvard Business Review*, 2007, 85: 121-130.

26. 哈佛商学院案例中心: Robert S. Huckman and Eli Peter Strick, "GlaxoSmithKline: reorganizing drug discovery," Harvard Business School Press, May 17, 2005, ref. 9-605-074.

27. Gary Hamel, *The Future of Management* (Boston, MA: Harvard Business School Press, 2008), page 89.

28. The arguments and quote about Enron Corporation are taken from: Julian Birkinshaw, "The paradox of corporate entrepreneurship," *Strategy + Business Magazine*, Spring 2003, Issue 30: 46-58.

29. 本例来源自: Julian Birkinshaw, John Bessant and Rick Delbridge, "Finding, forming and performing," *California Management Review*, 2007, 49: 67-84.

30. Quote taken from Julian Birkinshaw ahd Michael Mol, "How management innovation happens," *Sloan Management Review*, 2007, 47: 81-88.

第四章

1. 这个故事是基于源自维基百科上关于我的足球俱乐部(the MyfootballClub)的介绍以及一篇文章的数据和引用: S. Macaskill, "Ebbsfleet United's online owners may be forced to sell," The Daily Telegraph, 2009 年 2 月 19 日。

2. http://www. ciao. co. uk /myfootballclub_co_uk_6838432.

3. Gunnar Hedlund, "Assumptions of hierarchy and heterarchy, with applications

to the management of the multinational corporation,"in Sumantra Ghoshal and D. Eleanor Westney （eds）, *Organization Theory and the Multinational Corporation*（London：St Martin's Press,1993）,pages 211-236.

4. Harold Leavitt, *Top Down* （Boston, MA：Harvard Business School Press, 2005）,page 49.

5. Quote from Elliott Jaques,"In praise of hierarchy,"*Harvard Business Review*, January 1,1990,ref. 90107.

6. See, for example, James Surowiecki, *The Wisdom of Crowds* （New York：Doubleday,2004）;Thomas Malone,*The Future of Work：How the New Order Will Shape Your Organization*,*Your Management Style*,*and Your Life* （Boston,MA：Harvard Business School Press,2004）.

7. James Surowiecki,ibid. ;Jeff Howe,*Crowdsourcing*（New York：Crown Books, 2008）;Howard Rheingold,"Smartmobs,"*Demos Collection* ,2004,No. 20:189-204;Don Tapscott and Anthony D. Williams, *Wikinomics：How Mass Collaboration Changes Everything*（London：Atlantic,2008）.

8. Gary Hamel *The Future of Management* （Boston, MA：Harvard Business School Press,2008）,page 250.

9. Julian Birkinshaw and Stuart Crainer,"Using Web 2. 0 to create Management 2. 0,"*Business Strategy Review*,2009,Vol. 20:20-23.

10. 这是一个案例研究,"社会同事（Social colleagues）",这项研究是由你在工作 （You at Work)所做的,你在工作是英国一家浮动收益的提供者。这项调查 基于 2008 年 6 月至 7 月间,1183 个英国工人的问卷回复所得出的。详情请 联系 James Keen,见 www. youratwork. com.

11. Julian Birkinshaw and Stuart Crainer, " E-Jamming," *Business Strategy Review* ,2007,18:23-27.

12. Julian Birkinshaw, "Infosys：growing gains," *Labnotes*, May 2008, Issue 8: 8-11.

13. See：Lynda Gratton and Sumantra Ghoshal, " Improving the quality of conversations,"*Organizational Dynamics* ,2002,31:209-224.

14. Anand Giridharadas, "Democracy 2. 0 awaits an upgrade," *Internationtal Herald Tribune* ,Saturday-Sunday,September 12-13,2009,page 2.

15. 有趣的是,直接民主的支持者也持有同样的结论。某些国家,比如瑞士,经常 使用全民公投的方法获得公民在重大决策上的意见,但是他们却发现公民对 于参与公投的热情是有限的,但是当他们的政府拒绝赋予他们这项权利时,却普遍对这样的想法抱有极大的热衷（目睹英国政府拒绝授予公众就欧盟宪法一事的公投权利）。

16. International Herald *Tribune*, Saturday-Sunday, September 12-13, 2009, page 2.

17. 宝洁公司联合＋发展项目亦由其创始人描述，请见：Larry Huston and Nabil Sakkab, "Connect and Develop: inside Proctor and Gamble's new model for innovation," Harvard Business Review, 2006, 84, May: 58-66. 有关相关学术处理，请见：Mark Dodgson, David Gann and Ammon Salter, "The role of technology in the shift to open innovation: the case of Procter & Gamble," R&D Management, 2006, 36: 333-346.

18. This example is taken from Guido Jouret, "Inside Cisco's search for the next big idea," *Harvard Business Review*, 2009, 87, September: 43-44.

第五章

1. Quote taken from: Linda A. Hill, Tarun Khanna and Emily Stecker, HCL Technologies (B), Harvard Business School teaching case, 9-408-006, July 2008.

2. Quote taken from blog: http://blog. nasscom. in/emerge/2009/01/hcl-technologies-%E2%80%93-employee-first-customer-second/.

3. George Labovitz and Victor Rosansky, *The Power of Alignment: How Great Companies Stay Centered and Accomplish Extraordinary Things* (New York: Wiley & Sons, 1977). Also, Robert S. Kaplan and David P. Norton, *Alignment: Using the Balanced Scorecard to Create Corporate Synergies* (Boston, MA: Harvard Business School Press, 2006).

4. Quote taken from: Simon Caulkin, "No half measures," *Labnotes*, December 2008, 10: 14-15, www. management. org/publications.

5. Rajendra S. Sisodia, David B. Wolfe and Jaddish N. Seth, *Firms of Endearment: How World-Class Companies Profit from Passion and Purpose* (Pennsylvania: Wharton School of Publishing, 2007).

6. Richard Wollheim, "A paradox in the theory of democracy," in Peter Laslett and W. G. Runciman (eds), *Essay in Rhilosophy, Politics and Society* (New York: Barnes and Noble, 1962), pages 71-87.

7. John Kay, "Forget how the crow flies," *The Financial Times*, January 16, 2004.

8. James C. Collins and Jerry I. Porras, *Built to Last: Successful Habits of*

Visionary Companies (New York：HarperBusiness，1994).

9. Sisodia，Wolfe，Seth，op. cit. ，page 132.

10. Alex Edmans，"Does the stock market fully value intangibles? Employee satisfaction and equity prices"(August 12，2009). Available at SSRN：http：//ssrn. com/abstract＝985735. See also：Ingrid S. Fulmer，Barry Gerhard and Kimberly S. Scott，"Are the 100 best better ?：an empirical investigation of the relationship between being a'great place to work 'and firm performance," *Personnel Psychology*，2003，56：965-994.

11. Philip Rosenzweig，The Halo Effect：And the Eight other Business Delusions That Deceive (New York：Free Press，2007). 这里有一个关键问题被称为"存活者偏见"，因为我们只见到那些存活下来的公司，而不是那些身陷困境不能自拔的公司。假设那些追求带有倾斜度原则的公司可能面临更大的风险，因此他们更容易遭受失败。

12. 进步是一个相对较新的名词，因为大多数大学依然称为"发展"或者"校友关系"。

13. 哈佛 260 亿美金的数字来源自 2009 年 9 月 8 日的一份新闻公告，低于一年前 370 亿美金。牛津的数字包括了它所有隶属院校的捐赠，这项数字源自 2009 年的公开信息。

14. John S. Mill，1861，Geraint Williams (ed.)，*Utilitarianism，on Liberty，Considerations on Representative Government，Remarks on Bentham 's Philosophy*，Everyman's Library series (New York：Alfred A. Knopf，1993 edition).

15. Bill Breen，"The thrill of defeat,"*Fast Company*，June 2004，Issue 83.

16. Speaking at the Future of Management conference，Half Moon Bay，CA，2008. Speech written up in：*Labnotes*，September 2008，9，www. managementlab. org/publications/labnotes.

17. Gary Hamel，*The Future of Management* (Boston，MA：Harvard Business School Press，2007)，page 107.

18. Sumantra Ghoshal and Bjorn Lovas，"Strategy as guided evolution,"*Strategic Management Journal*，September 2000，21：875-896.

19. Speaking at the Future of Management conference，op. cit.

20. Jessica E. Vascellaro，"Google searches for ways to keep big ideas at home," *Wall Street Journal*，June 18，2009：B1-B5.

21. Robert H. Tansley，Gordon Murray and Julian Birkinshaw，"Roslin Biomed

（A）"and"Roslin Biomed（B），"London Business School case study，2002，ref. 302-062-1and 302-063-1.

22. 关于第七代公司引用和想法来源自：Simon Caulkin，"Renegades in chief，" Labnotes，2009 年 3 月，11，www. managementlab. org/publications。

23. 来源自公司网站以及和 Sunil Jayantha Narawatne 的面对面访谈。

24. 来源自公司网站以及：Angus Jenkinson and Branko Sain，"Specsavers，an innovative，integrated marketing business model，"Centre for Integrated Marketing，University of Luton，2003.

25. Marjorie Kelly，"Not just for profit，"*Strategy＋Business*，February 26，2009.

第六章

1. 关于 TopCoder 的资料节选自：Stuart Crainer and Julian Birkinshaw，"Who needs employees?" Business Strategy Review，2008，19，Issue 3：18-21.

2. 尽管获胜者得到最高的奖赏，但是 TopCoder 依然付给第二名奖金（通常是第一名奖金的一半），而且所有通过一定标准的提交者都会得到一些积分，这些积分给予提交者们一个每月发放的奖品呈一定比例。

3. 有关 Thomas Czajka 的信息全部来源自互联网，包括：www. cs. purdue. edu/people/czajkat and http://www. cs. purdue. edu/homes/czajkat/.

4. Roy Jacques，*Manufacturing the Employee*（London：Sage Publications，1996）.

5. 定义来源自维基百科。

6. 这些定义直接来源自维基百科。

7. Deci 和 Ryan 的作品被认为是自我决定（Self-Determination）理论。主要发表作品包括：Richard M. Ryan and Edward L. Deci，"Self-Determination Theory and the facilitation of intrinsic motivation，social development，and wellbeing，" *American Psychologist*，2000，55，lssue 1：68-87；Edward L. Deci and Richard M. Ryan，"The what and why of goal pursuits：human needs and the self-determination of behaviour，"*Psychological Inquiry*，2000，11，Issue 4：227-268.

8. DouglasMcGregor，*The Human Side of Enterprise*（1960），25th Anniversary Printing（New York：Irwin/McGraw-Hill Companies，1985）.

9. Described in：Edward L. Deci and Richard M. Ryan，"The what and why of goal pursuits：human needs and the selfdetermination of behaviour，"*Psychological Inquiry*，2000，11，Issue 4：227-268.

10. Frederik Herzberg，*The Motivation to Work*（New York：J. Wiley，1959）.

11. Henry Sauermann and Wesley M. Cohen "What makes them tick? Employee

motive and industrial innovation," working paper, Duke University, Fuqua School of Business, October 2007.

12. Quote taken from: J. Bonasia, "TopCoder finds tech top guns," *Investor's Business Daily*, October 26, 2007.

13. 林肯电力的故事选自两个哈佛商学院案例研究: The Lincoln Electric story is taken from two Harvard Business School case studies: Norman A. Berg and Norman D. Fast, "Lincoln Electric Co.," 1975, ref. 376028; Jordan Siegel, "Lincoln Electric," 2006, ref. 707445.

14. Susan E. Jackson and Randall S. Schuler, *Managing Human Resources Through Strategic Partnerships*, 8th edition (Mason, OH: Southwestern, 2004), page 695.

15. Julian Birkinshaw and Stuart Crainer, "Game on: Theory Y meets Generation Y," *Business Strategy Review*, 2008, 19, Issue 4: 4-10.

16. http://www.seriousgames.org/index.html.

17. "Serious games," *The Economist*, October 23, 2001.

18. 历史例证包括 1714 年经度奖(Longitude Prize)获得者约翰·哈里森(John Harrison),他设计了航海用的精密时钟,1795 年拿破仑的食物保存奖以奖励帮助找到向他的军队提供军饷的更好的方法,以及诺贝尔奖以奖励学术成就。

19. 麦肯锡报告: "'And the winner is…' Capturing the promise of philanthropic prizes," 2009 年 3 月 3 日发表。可从以下地址下载: www.mckinsey.com/clientservice/../And_the_winner_is.pdf

20. 欧瑞莲的资料选自其公司网站, www.oriflame.com.

21. 源自欧瑞莲印度网站, www.oriflame.co.in.

22. 节选自欧瑞莲印度网站。

23. 数据由 Wendy Cartwright, ODA 人力资源总监提供。

24. 这个例子是从两个由英国 CIPD 发布的、有关自主小组的案例研究中提取的。自主小组在劳斯莱斯燃气轮机,通过小组监测学习, http://www.cipd.co.uk/helpingpeoplelearn/_casestudies/.

25. "劳斯莱斯的共享学习计划", "A shared learning programme for Rolls-Royce," http://www.cipd.co.uk/helpingpeoplelearn/_ casestudies/_Arcrllsryc.htm.

26. "自主小组在劳斯莱斯", "Self-directed teams at Rolls-Royce," http://www.cipd.co.uk/helpingpeoplelearn/_rlsryc.htm.

27. Charles Handy, *The Elephant and Flea* (Boston, MA: Harvard Business School Press, 2002).

28. Katherine Blackford and Arthur Newcombe, *The Job*, *The Man*, *The Boss* (New York: Doubleday Page and Company, 1914).

29. Marcus Buckingham, *Now Discover Your Strengths* (New York: Simon & Schuster, 2001).

第七章

1. 这个矩阵的一种版本是把关注点放在个体项目上，请参见：Eddie Obeng and Christophe Gillet, The Complete Leader: How to Lead to Results (London: London Business Press, 2008)。本文的焦点是作为一个整体的、公司的管理模式，而不是某一项个体项目。

2. 在科学象限中，这一批数目大到令人惊叹的公司反映了一个事实，这个公司样本中包含了一些非营利和公共服务公司，而他们在"内部"动力上给了自己高分。

3. Bernard Girard, *The Google Way* (San Francisco, CA: No Starch Press, 2009), page 24.

4. Shona Brown and Kathleen M. Eisenhardt, *Competing on the Edge: Stratgy As Structured Chaos* (Boston, MA: Harvard Business School Press, 1998).

5. Girard op. cit. , pages 107-108.

6. Gary Hamel with Bill Breen, *The Future of Management* (Boston, MA: Harvard Business School Press, 2007), page 111.

7. Hamel, ibid. , page 109.

8. 来源自管理的未来会议上与埃里克·E. 施密特的面对面访谈。全文请见：Labnotes, 2008 年 9 月, 9:6-9. 见 www. managementlab. org/publications。

9. 这里所说的高管，Sheryl Sandberg，后来成为了 Facebook 的首席运营官。见：Adam Lashinsky, "Chaos by design," Fortune, 2006 年 10 月 2 日。

10. Girard, op. cit. , page 115.

11. Hamel, op, cit. , page 117.

12. http://www. google. com/corporate/tenthings, html.

13. Great Places to Work Institute, http://www. greatplacetowork. com/best/100best 2007-google. php.

14. Eric Schmidt interview, op. cit.

15. Girard, op. cit, . pages 66, 79.

16. Great Places to Work Institute, op. cit.

17. Jessica E. Vascellaro, "Google searches for ways to keep big ideas at home," *Wall Street Journal*, June 18, 2009.

18. Julian Birkinshaw and Stuart Crainer, "The danger of desks," *Labnotes*, August 2007, 5: 8-9.

19. John F. Love, *McDonald's: Behind the Arches* (New York: Bantam Books, 1986, 1995), page 150.

20. Eric Schlosser, *Fast Food Nation* (London: Penguin Books, 2002), page 230.

21. John F. Love, op, cit, page 140.

22. Paul Facella with Adina Genn, *Everything I Know About Business I Learned at McDonald's* (New York: McGraw Hill, 2009), pages 62-63.

23. Love, op. cit. , page 263.

24. From a consumer poll by *Restaurants and Institutions* in 2000, cited by Eric Schlosser, op. cit. , page 260.

25. "Skinner's winning McDonald's recipe," *Business Week* online extra, February 5, 2007, http://www. businessweek. com/magazine/content/07 _ 06/b4020007. htm.

26. Paul Facella, op. cit. , page 178.

27. Jerry Newman, *My Secret Life on the McJob: Management Lessons from Behind the Counter* (New York: McGraw Hill, 2007).

28. Philip Augar, *The Greed Merchants* (London: Penguin Books), page 49.

29. Andrew Kuritzkes, "Risk governance: seeing the forest for the trees," MMC Knowledge Center, January 2009, http://www. mmc. com/knowledgecenter/viewpoint/Risk_Governance. php.

30. G. Tett, "Anthropology that explains varying banking behaviour," *Financial Times*, January 18, 20, 2008.

31. Russell Walker, "Managing in a downturn. Fortune favours the well prepared," *Financial Times*, January 30, 2009, Felix Salmon, "Market movers," September 3, 2008, http://www. portfolio. com/views/blogs/marker-movers/2008/09/03/how-jamie-dimon-manages-risk? tid=true.

32. Rodney Chase speaking at LBS event, recorded on DVD, available from author.

33. Simon Caulkin, "The Idea Exchange at UBS," *Labnotes*, June 2009, 12: 1-4.

34. David Owen, "The anti-gravity men," *New Yorker*, June 25, 2007. Other

useful sources for this discussion of Arup were：the website，www. arup. com；
Evelyn Fenton and Andrew Pettigrew，"Integrating a global professional
services organization：the case of Ove Arup Partnership，"in A. Pettigrew and
E. Fenton （eds），*The Innovating Organization*（Thousand Oaks，CA：Sage
Publications，2000），pages 47-60.

35. Cited in the *New Yorker* article，ibid. ，taken from *Ove Arup：Master Builder of the Twentieth Century*，2006，Peter Jones.

36. 公司网站 arup. com.

37. 纽约客文章 op. cit.

38. "Key Speech，"Ove Arup，1970，arup. com.

39. Arup 公司 2008 年年报。

40. 引用纽约客文章，原文注释。

41. "Case study：Arup，"by Colin Henson，Inside Knowledge，Vol. 10，Issue 7，
posted April 12，2007，http：//www. ikmagazine. com/xq/asp/sid. 0/articleid.
3C219ACD-8D7E-462B-A136-98F17A73397C/e Title. Case_study_Arup/qx/
display. htm.

42. Key Speech，Ove Arup，op. cit.

43. Case study：Arup，op. cit.

44. arup. com.

45. Arup Five-Year Plan，available from the company website at arup. com.

46. arup. com.

47. arup. com.

48. HayGroup Summary Report op. cit.

第八章

1. Robert S. Kaplan and David p. Norton，"Putting the Balanced Scorecard to
work，"*Harvard Business Review*，September 1993：2-16.

2. 这个关于 Art Schneiderman 和平衡记分卡的案例研究源自于：Michael J. Mol
and Julian Birkinshaw，Giant Steps in Management （London：Financial Times/
Prentice Hall，2007）；亦可参见施耐德曼的个人网站，www.
schneiderman. com。

3. 加里·哈梅尔在他的《启动革命》一书中用"银发革命者"形容变革的促进者
（Boston，MA：Harvard Business School Press，2000，2002）。其他类似称谓是
"革新勇士"和"企业开拓者"。

4. 这个案例研究来自于朱利安·伯金肖和斯图尔特·克瑞纳, This case study comes from Julian Birkinshaw and Stuart Crainer, "When Gen Y meets Theory Y," *Business Strategy Review*, 2008, 19, Issue 4:4-10.

5. John F. Helliwell and Haifang Huang, "Well-being and trust in the workplace," Working Paper 14589 (Cambridge, MA: National Bureau of Economic Research, December 2008).

6. Interest in the work of the team continues to spread across Microsoft and beyond, through a "Friends of 42Projects" email alias, Readers can join Friends @42projects. org by going to http://www. 42projects. org/4. html.

7. Information the UBS case study drawn from Simon Caulkin, "The Idea Exchange at UBS," *Labnotes*, June 2009, 12:1-4.

第九章

1. 欲知更多关于管理创新过程的详情,请参见 Julian Birkinshaw, Gary Hamel and Michael Mol, "Management innovation," Academy of Management Review, 2008。

2. 案例源自: This example is drawn from: Julian Birkinshaw, "Breaking away from budgeting ", *Labnotes*, February 2007, 3:2-5.

3. Julian Birkinshaw, "Mothership, Inc. ," *Labnotes*, May 2008, 8:12-13.

4. 请注意,这个信息源自加里·哈默尔 "Moon shots for management," Note that this blocker was taken from Gary Hamel's "Moon shots for management," *Harvard Business Review*, 2009, 87, February:108-109.

5. 在本书交付印刷的过程中,这个调查的结果还没有公布于众。欲知结果,请登录 www. managementlab. org。顺便说一句,这个结果与 W. 爱德华·德明的"全面质量管理"中的"14 点计划"中的一个重要观点一致,即"驱逐恐惧"。

6. Andrew Hargadon, *How Breakthroughs Happen* (Boston, MA: Harvard Business School Press, 2003), page 17.

7. Hargadon op. cit. , page 35.

8. Job swapping may sound unusual but in fact it is a recognized practice for facilitating personal development and gaining new insights. For example, see: http://en. wordpress. com/tag/job-swapping/.